SEGURANÇA DIGITAL
Proteção de dados nas empresas

O GEN | Grupo Editorial Nacional – maior plataforma editorial brasileira no segmento científico, técnico e profissional – publica conteúdos nas áreas de concursos, ciências jurídicas, humanas, exatas, da saúde e sociais aplicadas, além de prover serviços direcionados à educação continuada.

As editoras que integram o GEN, das mais respeitadas no mercado editorial, construíram catálogos inigualáveis, com obras decisivas para a formação acadêmica e o aperfeiçoamento de várias gerações de profissionais e estudantes, tendo se tornado sinônimo de qualidade e seriedade.

A missão do GEN e dos núcleos de conteúdo que o compõem é prover a melhor informação científica e distribuí-la de maneira flexível e conveniente, a preços justos, gerando benefícios e servindo a autores, docentes, livreiros, funcionários, colaboradores e acionistas.

Nosso comportamento ético incondicional e nossa responsabilidade social e ambiental são reforçados pela natureza educacional de nossa atividade e dão sustentabilidade ao crescimento contínuo e à rentabilidade do grupo.

SEGURANÇA DIGITAL
Proteção de dados nas empresas

Patricia Peck Pinheiro
Coordenadora

Cristina Sleiman
Henrique Rocha
Larissa Lotufo
Leandro Bissoli
Marcos Sêmola
Marcos Tupinambá
Rafael Siqueira

Prefácio
General-de-Exército Edson Leal Pujol
Comandante do Exército

■ O autor deste livro e a editora empenharam seus melhores esforços para assegurar que as informações e os procedimentos apresentados no texto estejam em acordo com os padrões aceitos à época da publicação, e todos os dados foram atualizados pelo autor até a data de fechamento do livro. Entretanto, tendo em conta a evolução das ciências, as atualizações legislativas, as mudanças regulamentares governamentais e o constante fluxo de novas informações sobre os temas que constam do livro, recomendamos enfaticamente que os leitores consultem sempre outras fontes fidedignas, de modo a se certificarem de que as informações contidas no texto estão corretas e de que não houve alterações nas recomendações ou na legislação regulamentadora.

■ Fechamento desta edição: 05.10.2020

■ O Autor e a editora se empenharam para citar adequadamente e dar o devido crédito a todos os detentores de direitos autorais de qualquer material utilizado neste livro, dispondo-se a possíveis acertos posteriores caso, inadvertida e involuntariamente, a identificação de algum deles tenha sido omitida.

■ **Atendimento ao cliente:** (11) 5080-0751 | faleconosco@grupogen.com.br

■ Direitos exclusivos para a língua portuguesa
Copyright © 2021 *by*
Editora Atlas Ltda.
Uma editora integrante do GEN | Grupo Editorial Nacional
Rua Conselheiro Nébias, 1.384
São Paulo – SP – 01203-904
www.grupogen.com.br

■ Reservados todos os direitos. É proibida a duplicação ou reprodução deste volume, no todo ou em parte, em quaisquer formas ou por quaisquer meios (eletrônico, mecânico, gravação, fotocópia, distribuição pela Internet ou outros), sem permissão, por escrito, da Editora Atlas Ltda.

■ Capa: Fabricio Vale

■ **CIP – BRASIL. CATALOGAÇÃO NA FONTE.**
SINDICATO NACIONAL DOS EDITORES DE LIVROS, RJ.

S459

Segurança digital: proteção de dados nas empresas / Cristina Sleiman ... [et al.]; organização Patricia Peck Pinheiro. São Paulo: Atlas, 2021.

Inclui índice
ISBN 978-85-97-02605-4

1. Internet – Legislação – Brasil. 2. Sistemas de informação gerencial – Medidas de segurança. 3. Proteção de dados. 4. Empresas – Redes de computadores – Medidas de segurança. I. Sleiman, Cristina. II. Pinheiro, Patricia Peck.

20-66831 CDU: 343.452:004.738(81)

Meri Gleice Rodrigues de Souza – Bibliotecária – CRB-7/6439

SOBRE A COORDENADORA

PATRICIA PECK PINHEIRO, advogada especialista em Direito Digital, Propriedade Intelectual, Proteção de Dados e Cibersegurança. Graduada e Doutorada pela Universidade de São Paulo, PhD em Direito Internacional. Pesquisadora convidada do Instituto Max Planck de Hamburgo e Munique, e da Universidade de Columbia nos EUA. Professora convidada da Universidade de Coimbra em Portugal e da Universidade Central do Chile. Professora convidada de Cibersegurança da Escola de Inteligência do Exército Brasileiro. Advogada Mais Admirada em Propriedade Intelectual por 13 anos consecutivos (2007 a 2019). Recebeu os prêmios Leaders League – Brasil 2020, Compliance Digital pelo LEC em 2018, Security Leaders em 2012 e 2015, a Nata dos Profissionais de Segurança da Informação em 2006 e 2008, o prêmio Excelência Acadêmica – Melhor Docente da Faculdade FIT Impacta em 2009 e 2010. Condecorada com 5 medalhas militares, sendo a Medalha da Ordem do Mérito Ministério Público Militar em 2019, Ordem do Mérito da Justiça Militar em 2017, Medalha Ordem do Mérito Militar pelo Exército em 2012, a Medalha Tamandaré pela Marinha em 2011, a Medalha do Pacificador pelo Exército em 2009. Presidente da Comissão Especial de Privacidade e Proteção de Dados da OAB/SP. Árbitra do Conselho Arbitral do Estado de São Paulo – CAESP, Vice-Presidente Jurídica da Associação Brasileira dos Profissionais e Empresas de Segurança da Informação – ASEGI. Professora e coordenadora de Direito Digital em várias Instituições de Ensino. Autora/coautora de 27 livros de Direito Digital. Sócia do escritório PG Advogados (anterior Peck Advogados), da empresa de educação EDOOKA (anterior Peck Sleiman Edu) e Presidente do Instituto iStart de Ética Digital. Programadora desde os 13 anos, autodidata em Basic, Cobol, C++, Html. Certificada em Privacy e Data Protection EXIN.

SOBRE OS AUTORES

CRISTINA SLEIMAN é advogada e pedagoga, mestre em Sistemas Eletrônicos pela Escola Politécnica da Universidade de São Paulo, com Extensão em Direito da Tecnologia pela FGV/RJ, Educadora Virtual pelo Senac SP com Simon Fraser University (Canadá), curso livre "Introduction to International Criminal Law". Sócia da Peck Sleiman EDU, sócia majoritária do escritório Cristina Sleiman Sociedade de Advogados, conselheira jurídica do Instituto iStart. Presidente da Comissão Especial de Educação Digital da OAB/SP, 2ª Vice-presidente da

Comissão de Direito Digital e Compliance da OAB/SP, membro da Comissão de Direito Antibullying da OAB/SP (todos no mandato de 2016 a 2018) e do Grupo de Estudos Temáticos de Direito Digital e Compliance da Federação das Indústrias do Estado de São Paulo (FIESP), no mandato de 2016 a 2018. Mediadora certificada pelo Conselho Nacional de Justiça (CNJ). Professora da pós-graduação em Direito Digital e Compliance da Faculdade Damásio, e da pós-graduação em Gestão de Segurança da Informação da Faculdade Impacta de Tecnologia. Coautora do audiolivro e pocket book *Direito digital no dia a dia*, coautora da cartilha *Boas práticas de direito digital dentro e fora da sala de aula*, coordenadora e coautora do *Guia de segurança corporativa da OAB/SP*, autora do *Guia do professor – programa de prevenção ao bullying e cyberbullying OAB/SP* e do *Guia de educação digital em condomínios OAB/SP*.

HENRIQUE ROCHA é gerente jurídico e responsável pelo time de respostas a incidentes digitais, gestão de crise e demandas envolvendo tratamentos de dados pessoais do escritório PG Advogados. Mestrando em Direito. Advogado. Pós-graduado em Direito Processual Civil e em Direito Digital e Compliance. Certificado pela WIPO em Propriedade Intelectual, em direitos autorais pela Harvard, em Privacy and Data Protection e em Information Security pela EXIN e em Relações de Consumo pela FGV. Coautor do livro *Advocacia digital* (RT). Coautor da obra coletiva *Direito digital 3.0* (RT). Membro da Comissão de Direito Digital e Privacidade da OAB/SP, Subseção Barueri. Professor nos cursos de Gestão da Inovação na FIA e Direito Digital e Compliance no Damásio Educacional.

LARISSA LOTUFO é jornalista pela Universidade Estadual Paulista Júlio de Mesquita Filho (Unesp) e graduanda em Direito também pela Unesp. Autora do livro *Desmitificando as cores do autismo*, autora e coautora de artigos/obras na área de Direito Digital. Colunista especialista em gestão de negócios no site E-commerce Brasil. Analista de Comunicação da empresa Alternativa Sistemas, Assistente de Pesquisa em Direito Digital do escritório Pires e Gonçalves Advogados Associados.

LEANDRO BISSOLI é advogado graduado pela Faculdade de São Bernardo do Campo e pós-graduado em Negociações Econômicas Internacionais pelo Programa San Tiago Dantas. Possui especialização em Política Comercial Internacional pela Fundação Getulio Vargas e Cooperação Internacional ao Desenvolvimento pela Universidade de São Paulo. Certificado em Sun Microsystems nos cursos SL-110, SL-275, OO-226, SL-285 e SL-314; ICS Professional pela Impacta Certified Specialist; Cutting Edge Hacking Techniques (GHTQ) e certificado pelo Global Information Assurance Certification (GIAC), em arquitetura e gerenciamento de bases de dados como MSSQL, MYSQL e ORACLE. Coautor do audiolivro *Eleições digitais* e dos livros *Direito digital aplicado* e *Direito digital aplicado 2.0*.

SOBRE OS AUTORES | VII

MARCOS SÊMOLA é sócio de cybersecurity da Ernst & Young, especialista em governança, risco e conformidade, professor da Fundação Getulio Vargas e da Fundação Dom Cabral, palestrante, mentor, escritor com cinco livros nas áreas de segurança da informação e inteligência competitiva. Conselheiro da ISACA (Associação de Controles de Auditoria e Sistemas de Informação), da ABINC (Associação de Internet das Coisas), do CEBDS (Conselho Empresarial para o Desenvolvimento Sustentável). Vice-presidente do Instituto Smart City, membro da IAPP (Associação Internacional de Profissionais de Privacidade de Dados), membro de honra da ANPPD, membro fundador do Conselho Empresarial Brasileiro para Segurança Cibernética, diretor da aceleradora de startups Founder Institute, mentor de startups Endeavor e investidor membro da Anjos do Brasil. Tem formação em Ciências da Computação pela UCP e especialização em Estratégias Disruptivas pela Harvard Business School, em Negociação pela London Business School, MBA em Tecnologia Aplicada pela FGV e é mestrando em Inovação pela HEC Paris. Premiado SECMASTER Profissional de Segurança da Informação do Ano em 2003, 2004 e 2008, Profissional NATA Top 50 em 2007, com certificações profissionais nacionais e internacionais nas áreas de segurança da informação e privacidade de dados: CISM, CDPSE, PCS-DSS, EXIN PDPP e ISO27K.

MARCOS TUPINAMBÁ é bacharel em Direito, especialista em Direito e TI (ESA/OAB/SP). Professor concursado de "Investigação de Crimes Eletrônicos" da Academia de Polícia do Estado de São Paulo (Acadepol), professor convidado da pós-graduação em Gestão da Inovação e Direito Digital da FIA (Fundação Instituto de Administração), professor convidado da pós-graduação em Direito Digital e Compliance da Faculdade Damásio, professor convidado da pós-graduação em Direito e Processo Penal da Unifor (Universidade de Fortaleza), professor convidado do Curso de formação de DPO do Infi (Instituto Febraban de Educação). Foi professor e conteudista do Curso de Inteligência Cibernética da SENASP/MJ (2018); premiado como "Most Valuable Professional" pela Microsoft Corp. em 2011/2012/2013/2014/2015/2016 na categoria "Enterprise Security"; participante do Grupo de Estudos Temáticos de Direito Digital e Compliance da Federação das Indústrias do Estado de São Paulo (FIESP); coordenador técnico do Laboratório de Análise de Crimes Eletrônicos da Polícia Civil de São Paulo (11/2014 a 02/2019). É autor do caderno didático da disciplina de "Crimes Eletrônicos" do Curso de Alinhamento de Procedimentos de Polícia Judiciária e Perícia Criminal da Senasp/MJ (2018); autor do capítulo sobre investigação cibernética do livro *Feminicídios: diretrizes para o atendimento de local de crime e investigação de mortes violentas de mulheres* (Ed. Acadepol/SP, 2019); coautor do livro *Combate às fake news* (Ed. Posteridade, 2019); autor do livro *Investigação policial de crimes eletrônicos* (Ed. Acadepol/SP, 2019).

RAFAEL SIQUEIRA é advogado especialista em Direito Digital, com experiência em consultoria multinacional. Possui formação em Tecnologia e em Direito. Com habilidades multidisciplinares, atua tanto na área técnica de Segurança da Informação e Tecnologia Forense (nas respostas a incidentes) como em avaliações de governança e riscos jurídicos de Sistemas de Gestão de Segurança da Informação. Certificado pela ISACA (COBIT 5 Foundation) e pela EXIN (Privacy and Data Protection Foundation). É coautor do livro *Direito digital aplicado 3.0*.

PREFÁCIO

"Nada é permanente, exceto a mudança" – Heráclito

Em 2011, quando assumi a Chefia do Centro de Inteligência do Exército, tive a oportunidade de conhecer pessoalmente a Dra. Patricia Peck e seu trabalho. Desde então foi estabelecida uma relação de cooperação profissional, principalmente nos campos da Inteligência, da Cibernética e do Direito Digital, motivo pelo qual fui honrado com o convite de prefaciar essa obra que é de grande relevância aos interessados sobre o tema.

Nos idos de 2008, já em sua primeira edição, a então inédita *Estratégia Nacional de Defesa,* marco transformador dessa atividade – a Defesa – fundamental para qualquer estado-nação, definia para o Brasil, como setores estratégicos de defesa: o *espacial,* o *nuclear* e o *cibernético;* tal classificação tem perdurado nas atualizações do diploma citado, até a presente data.

Coube ao Exército Brasileiro a condução do setor estratégico cibernético no âmbito da defesa nacional; deste então, foram construídas estruturas, em meios materiais e de pessoal e, acertadamente adotada, também, uma visão conjunta e interagências, qual seja, a participação de militares das três Forças Armadas e de pessoal civil relacionado com as infraestruturas estratégicas críticas nas novas capacidades criadas.

Assim, a partir 2012, paulatina e consistentemente, a sucessão de grandes eventos ocorridos no Brasil, citando os principais (Rio+20; Copa das Confederações/2013; Copa do Mundo/2014 e Olimpíadas do Rio de Janeiro/2016), permitiu ao então novel Centro de Defesa Cibernética acumular capacidades e experiência nesse setor. Em 2016, é criado mais um degrau da estrutura de Defesa: o Comando de Defesa Cibernética (ComDCiber), sediado hoje em Brasília-DF, dentro da estrutura regimental do Comando do Exército.

Reflita o leitor que, neste exato momento, na denominada *Era da Informação,* assistimos todos às transformações, perceptíveis ou não, em nosso dia a dia, na digitalização de rotinas e possibilidades, tendência sempre crescente na velocidade e volume de dados, em um tráfego frenético pelas redes da internet. A transição (não uniforme, cita-se), da Era Industrial do Séc. XX para a Era da Informação no Séc. XXI, certamente trouxe no bojo dessa transformação novas capacidades, mas também ameaças de diferentes matizes, não apenas para a defesa nacional, mas no próprio modo de vida e – segurança – dos cidadãos; há, portanto, que se estabeleçam critérios de *segurança digital* em um ambiente diferenciado – o cibernético – regulado em normas e leis que conciliem a segurança com a liberdade de acesso às informações que trafegam neste universo de *bytes,* na proteção de pessoas, instituições, empresas, enfim, da Sociedade, perante esta realidade virtual mutante e veloz. Entre tantos outros problemas, estão, portanto, postos ao sistema jurídico os desafios de regulamentar e disciplinar as necessárias relações e transações entre todas as partes envolvidas nessa nova dimensão.

Outra faceta importante que afeta a vida de todos, em termos de Estado Brasileiro, é a proteção de Infraestruturas Críticas (serviços essenciais como energia, água, telecomunicações) os quais também foram "digitalizados" em suas rotinas de geração e fornecimento, desde o "chão de fábrica" até o cidadão que os consome. Qual nossa dependência da eletricidade, por exemplo e apenas para destacar este aspecto, seja em nosso lar, ou seja, no trabalho? Temos então um rol enorme de "alvos", agora como País, à mercê de ameaças cibernéticas: estatais, terroristas ou mesmo oriundas do crime organizado. Quem está nesta linha de defesa, no Brasil? Desde 2015, o Governo Federal deu publicidade à Estratégia de Segurança da Informação e Comunicações e de Segurança Cibernética da APF (Administração Pública Federal), como um importante instrumento de apoio ao planejamento dos órgãos e entidades do Governo, cujo objetivo foi de melhorar a segurança e a resiliência das infraestruturas críticas e dos serviços públicos nacionais. Esse documento impulsionou as discussões sobre o tema no âmbito da APF, e também em outros setores da sociedade. Já o Decreto nº 9.637, de 26 de dezembro de 2018 instituiu a Política Nacional de Segurança da Informação e indica, em seu art. 6º, que a Estratégia Nacional de Segurança da Informação seja construída em módulos, a fim de contemplar a segurança cibernética, a defesa cibernética, a segurança das infraestruturas críticas, a segurança da informação sigilosa e a proteção contra vazamento de dados. Em cumprimento ao estabelecido na Política Nacional de Segurança da Informação, e considerada a Segurança Cibernética como a área mais crítica e atual a ser abordada, o GSI/PR (Gabinete de Segurança Institucional da Presidência da República), como órgão coordenador da atividade elegeu, em janeiro de 2019, a *Estratégia Nacional de Segurança Cibernética – E-Ciber* como primeiro módulo da Estratégia Nacional de Segurança da Informação, a seu cargo, a ser elaborada, sendo atualizada então, por intermédio do Decreto no 10.222, de 05 de fevereiro de 2020. Citam-se esses diplomas legais pelo necessário amparo normativo estabelecido, em prol da Defesa da Sociedade, em seu sentido mais amplo;

seus aspectos legais decorrentes serão fundamentais complementos, a cuja reflexão este livro também propõe.

Então, caro leitor, foram apresentados conceitos de *Defesa* e *Segurança*, dentro desta dimensão cibernética. São abordagens semelhantes, mas com interpretações variadas. A Defesa traz um conceito predominantemente *coletivo*, o qual chega ao nível político ou mesmo ultrapassa o conceito de nação e pode referir-se a um grupo de países, unidos por um modelo de acordo político, como a OTAN (Organização do Tratado do Atlântico Norte), vigente desde 1948. O direito internacional, aliás, reconhece o direito das nações à sua autodefesa contra uma agressão externa. E se tal acontecer no universo cibernético? Até o presente, rastrear a origem do agressor e comprová-la, não tem sido uma tarefa simples, até porque um *ciberataque* pode ter origem em um sistema de dados de um terceiro ou mais países, a partir de um computador, digamos, em uma biblioteca ou um *cibercafé* e, assim, restringir a imputabilidade do dano. No estamento militar brasileiro adotamos os conceitos de *Defesa Cibernética* para o nível Político – entenda-se o Ministério da Defesa e superiores – e o de *Guerra Cibernética* para os níveis operacionais e táticos, na paz ou em situação de conflito. Deduz-se que, ao menos no nível nacional da defesa, o ComDCiber, já citado, deva ter capacidade de atuar nas redes de defesa 24/7, permanentemente; ainda, colaborar também com o GSI/PR na segurança de infraestruturas estratégicas e da APF. A esta primeira linha de defesa agregam-se entidades de cunho privado, mas ainda importantes para a sociedade, como, por exemplo, o sistema financeiro, os de geração de energia ou os serviços de transporte; tudo deve ser capaz de atuar em um ambiente interagências em caso de uma crise, incluindo se a origem for cibernética e, portanto, devemos estar preparados e há que ser treinada a atuação coletiva de defesa para tais emergências. O exercício *Guardião Cibernético*, coordenado pelo ComDCiber, tem sido uma experiência prática e agregadora nesse universo, com participação crescente de agências e órgãos públicos e privados; na verdade, o Brasil estaria no "pelotão da frente" de trinta países, na maratona para buscar e manter as necessárias capacidades cibernéticas.

Ao voltarmos nossa atenção ao indivíduo, o conceito de *Segurança* é mais presente; em verdade, a segurança pode ser até mesmo *percebida* pela pessoa, função inclusive do local, horário, tipo de ameaça presente ou imaginada. Caminhar no centro de uma cidade ao meio-dia é uma situação rotineira para muitos, em dias úteis. E em uma manhã de Domingo ou à meia-noite? A sensação de segurança seria igualmente percebida? A Segurança Pública, a Segurança Alimentar, a Segurança Hídrica, são modelos de garantias que o Estado deve proporcionar aos seus cidadãos. Assim seria também na Segurança Cibernética e na proteção dos dados individuais a partir, por exemplo, em que você forneça seu nome, endereço, CPF em uma simples compra no comércio local; este conjunto de dados será arquivado e estará disponível para análise posterior – para o bem e para o mal – de modo que o fato de o leitor receber uma oferta de um produto ou serviço que não estava necessariamente interessado, já é uma nova face da propaganda, em tempos digitais. O poder público e a iniciativa privada, por uma parte, e o cidadão, por outra, terão direitos e deveres nesta moderna relação em um mundo onde a *informação*, ou o dado, como preferiram, tornou-se, reafirmo, um valor ainda mais valioso. Defesa e Segurança precisam estar atentas ao novo desafio e serem capazes de responder a contento às ameaças que surgirem, a qualquer momento, em uma dimensão ainda não muito bem mapeada e os caminhos percorridos não reconhecem fronteiras físicas, necessariamente.

Neste escopo, a presente obra vem, em boa hora, trazer considerações sobre a *Segurança Digital e Aspectos Técnicos e Regulatórios da Cibersegurança*; a recente Lei Geral de Proteção de Dados Pessoais (LGPD – Lei nº 13.709/2018) incluiu o Brasil no rol de países que contam com uma legislação específica para proteção de dados e da privacidade dos seus cidadãos, semelhante ao *Regulamento Geral sobre a Proteção de Dados da União Europeia*, de 2018. A LGPD cria um conjunto de novos conceitos jurídicos, como "dados pessoais sensíveis", estabelece as condições nas quais tais dados possam ser tratados, define um conjunto de direitos ou obrigações para as partes, tudo para que haja maior cuidado com o tratamento de dados pessoais e compartilhamento com terceiros.

O público terá, ao longo do trabalho da Dra. Patricia Peck Pinheiro e equipe, uma abordagem necessária e interessante sobre as ameaças do mundo cibernético da atualidade. Alertado sobre o problema, o leitor poderá compreender a importância da proteção dos dados, pessoais ou corporativos, frente aos crimes cibernéticos. Mas o crime compensa? Fica o dado, que o livro cita na sua apresentação, que os custos empresariais com o *cibercrime* cresceram 11% em 2019, totalizando em US$ 13 milhões gastos, sendo que a previsão de risco para os próximos cinco anos é de US$ 5,2 trilhões em todo o mundo. Dados indicam que, no Brasil, uma empresa pode passar mais de seis meses antes de perceber ter sido vítima de espionagem cibernética sobre seus dados corporativos.

Toda essa situação ocorre sem a necessidade de emprego de violência física e em busca do "ouro" do Séc. XXI, a informação. Some-se a isso a dificuldade de atribuição, decorrente do elevado nível de anonimização das ações e de lacunas existentes na legislação e normas que regem as relações no espaço cibernético. O direito e a responsabilidade das pessoas, grupos e organizações precisam ser contextualizados nesta 5a dimensão (virtual), conhecida como um verdadeiro *universo cibernético*. Esta obra propõe tal reflexão.

No Estado-Nação BRASIL o Exército tem a missão, delegada pelo Ministério da Defesa, de estruturar as capacidades cibernéticas das Forças Armadas em cumprimento às suas missões constitucionais. A Dra. Patricia Peck, uma das pioneiras no tema, dedica-se ao estudo e à prática relacionados ao Direito Digital e esta obra que passarão a desfrutar, discorre, oportuna e objetivamente, sobre aspectos técnicos e jurídicos desse universo cibernético no qual todos estamos inseridos.

O aspecto da Segurança Digital, portanto, é necessário e, mais ainda, é urgente em nossas rotinas em um mundo crescentemente conectado. O trabalho nestes distintos, porém relacionados, aspectos de uma mesma missão atinente ao espaço cibernético aproximou o Exército e a Dra. Patricia Peck, profissional do Direito sempre na vanguarda de explorar tais temas.

Os leitores desta importante obra certamente encontrarão nas páginas seguintes informações de extrema relevância para todos aqueles que estudam e se interessam por esses assuntos.

GENERAL-DE-EXÉRCITO EDSON LEAL PUJOL
COMANDANTE DO EXÉRCITO

Comandante do Exército Brasileiro, General de Exército, proveniente da Arma de Cavalaria. Foi o Comandante da Força de Paz na Missão de Estabilização das Nações Unidas no Haiti (MINUSTAH) de 2013 a 2014. Além de diversos cursos de Aperfeiçoamento, de Comando e Estado-Maior e de Política, Estratégia e Alta Administração do Exército, e no sistema das Nações Unidas, possui formação na Escola Nacional de Administração Pública (ENAP), MBA Executivo em Administração de Negócios e Curso de Gerenciamento de Projetos pela Fundação Getúlio Vargas (FGV).

APRESENTAÇÃO

Com os avanços da tecnologia, vieram não apenas as oportunidades trazidas pela inovação, mas também os novos riscos relacionados ao uso cada vez maior e mais difundido dos recursos de TI. Por este motivo, praticamente nos últimos anos cresceu a preocupação com a gestão dos riscos cibernéticos, que são aqueles "associados a um evento imprevisto que envolva falha ou mau uso da TI, ameace um objetivo empresarial, e ele já não se limita mais ao departamento de TI ou a central de dados de uma empresa".[1]

Por este motivo, inclusive, o IBGC (Instituto Brasileiro de Governança Corporativa) publicou o guia *Papéis e responsabilidade do conselho na gestão do risco cibernético*[2] para orientar e apoiar as instituições na atualização das melhores práticas de governança corporativa relacionadas justamente a essa questão do risco cibernético.

De acordo com a pesquisa realizada pela Marsh, no Brasil 57% das organizações classificam o risco cibernético como uma de suas cinco principais preocupações e cerca de 17% o consideram o seu risco número 1.[3]

Um dos pontos de aumento de preocupação é justamente o crescimento dos incidentes relacionados ao vazamento de dados que, dentro de um novo contexto regulatório, com legislações mais rigorosas que exigem maior proteção das informações e impõem multas altas, faz levantar o alerta dos gestores – o que provoca a necessidade de maior ênfase e investimentos em cibersegurança, que é uma das medidas de mitigação e contenção das ameaças relacionadas aos ataques cibernéticos.

De acordo com análises recentes,[4] os custos empresariais com o cibercrime cresceram 11% em 2019, totalizando US$ 13 milhões gastos, sendo

---

[1] WESTERMAN, George; HUNTER, Richard. *O risco de TI*. São Paulo: M. Books, 2008. p. 1-3.
[2] Disponível em: <https://conhecimento.ibgc.org.br>. Acesso em: 20 ago. 2020.
[3] Pesquisa "Percepção de Risco Cibernético" publicada em 2019 com participação de 1.500 empresas de diversos países.
[4] Pesquisa *"Cost of Cyber Crime"* publicada em 2019 e que foi realizada em 11 países e 16 setores econômicos, por meio da entrevista de 2.647 líderes seniores de 355 empresas.

que a previsão de risco para os próximos cinco anos é de US$ 5,2 trilhões em todo o mundo.

Esses números mostram que a preocupação com o crime cibernético é fundamentada em fatos e deve fazer parte da estratégia empresarial das organizações e do cotidiano de todos.

Sendo assim, foi feita a escolha da temática da segurança digital, também chamada de cibersegurança, para permitir aprofundar mais o conhecimento sobre um assunto tão necessário e atual e que precisa se tornar uma prática no dia a dia dos indivíduos e das instituições para que possamos construir uma sociedade digital sustentável.

Por isso, a obra reuniu um grupo seleto de especialistas que, ao longo dos capítulos, vão apresentando conceitos, estudos de casos, explicando de forma mais didática e detalhada as particularidades da problemática da cibersegurança em cada contexto e trazendo sugestões de solução e melhores práticas aplicáveis. Mais do que isso, os autores exploram os assuntos de maneira multidisciplinar, abordando tanto a questão sob a ótica técnica, como jurídica e comportamental.

No Capítulo 1 é apresentado o histórico da segurança da informação, considerando a sua evolução na história da humanidade e a contextualização do cenário de transformação digital vivenciado pelas empresas do Brasil e do mundo.

O Capítulo 2 explora os conceitos do direito digital e a sua contextualização no espaço cibernético, de maneira a explicar o que é crime digital e por que este crime desafia o modelo tradicional das fronteiras e dos ordenamentos jurídicos.

Já no Capítulo 3 é possível imergir no mundo dos ataques cibernéticos e entender como o autor desse novo tipo de crime atua, assim como se prevenir dos possíveis ataques.

Ainda no contexto dos ataques virtuais, o Capítulo 4 explora o mundo da proteção de dados sob a perspectiva regulatória contemporânea, trazendo dicas valiosas para quem está buscando a conformidade com a privacidade e a proteção de dados pessoais.

Os Capítulos 5 e 9 trazem os aspectos técnicos que envolvem a implementação de uma boa prática de cibersegurança corporativa, ao desvendar os procedimentos acerca da análise de vulnerabilidade e o passo a passo da adoção de uma política de cibersegurança organizacional.

O Capítulo 6 explora todos os aspectos dos indesejados vazamentos de informações, apresentando quais são as medidas para tratar esse tipo de incidente, tanto sob uma abordagem preventiva como reativa, considerando a necessidade de elaboração de uma boa política e as melhores práticas para sua implementação. A engenharia social é o tema central do Capítulo 7, que destaca como o elo mais fraco entre os elementos que compõem a proteção à informação continua sendo o mesmo: o ser humano. Assim, é abordado que as estratégias de gestão da segurança devem considerar as falhas humanas na hora de desenvolver um sistema.

Mas será que "vale tudo" na hora de se proteger dos ataques? O Capítulo 8 traz praticamente um "raio-x" dos aspectos da aplicação do princípio da legítima defesa digital, considerando o previsto pelo Código Penal, explorando as possibilidades e apontando os seus limites.

No Capítulo 10 são apresentados os aspectos envolvidos na contratação de terceiro, servindo como um guia de *como lidar com a terceirizada de maneira segura*.

Já os Capítulos 11 e 12 desvendam os aspectos do "para onde vamos", já em um contexto de utilização de inteligência artificial, internet das coisas e outros recursos, que se tornam a cada dia mais presentes, e quais são os seus impactos sociais e econômicos, bem como que novos riscos podem trazer para o futuro.

A obra foi realizada pensando em como contribuir para que você aprofunde seus conhecimentos sobre segurança das informações, em um modelo evolutivo, que vem da gestão dos riscos de TI, e passou a ser a gestão dos riscos cibernéticos, que exige medidas de cibersegurança para que possamos proteger mais os ativos intangíveis que são não apenas recursos computacionais e bancos de dados, mas também envolvem a proteção da própria reputação. E, para alcançar isto, é possível desfrutar de uma boa leitura e se divertir com as curiosidades do mundo cibernético.

Desejamos bons estudos e uma experiência enriquecedora ao navegar pelos capítulos e conteúdo produzido.

Patricia Peck Pinheiro e *Larissa Lotufo*
São Paulo, 25 de agosto de 2020.

SUMÁRIO

1. INTRODUÇÃO **1**

1.1 Breve histórico, conceito e intersecção com o direito digital............... 1
Larissa Lotufo

1.2 O que diferencia os crimes digitais dos crimes comuns?.................... 4
Larissa Lotufo

1.3 Transformação digital e a mudança organizacional......................... 6
Cristina Sleiman

2. DIREITO DIGITAL E O CIBERESPAÇO **11**
Larissa Lotufo

2.1 Legislações e o aspecto internacional (sem fronteiras)..................... 11

3. ATAQUES E CRIMES CIBERNÉTICOS **15**
Marcos Tupinambá

3.1 Ataques e crimes objetivando funcionários e a alta direção da empresa.. 16
    3.1.1 *Phishing* 16
        3.1.1.1 *Spear phishing* 16
    3.1.2 *Malware* 17
        3.1.2.1 *Ransomware* 18
    3.1.3 Ataques em comunicadores instantâneos................... 19
    3.1.4 Golpe do falso boleto 21
    3.1.5 Furto de dados por funcionários e terceirizados........... 22
        3.1.5.1 Furto de dados e extorsão na vigência da LGPD....... 22
    3.1.6 *Botnets*.. 23
    3.1.7 *DDoS*... 23
    3.1.8 Armazenamento indevido de dados ilícitos................. 24

3.1.9	Fraudes em meios de pagamento e formulários web............	24
3.1.10	Acessos diretos e indevidos a base de dados.....................	26
3.1.11	Espionagem industrial e comercial	26
3.2 Simulação empresarial e aproveitamento parasitário.......................		27
3.2.1	Vulnerabilidades em sistemas...	28
3.2.2	Ataques ao DNS..	28
3.2.3	Ataques por vetores físicos	29
Conclusão...		30

4. PROTEÇÃO DE DADOS PESSOAIS.. 31

Patricia Peck Pinheiro e Larissa Lotufo

4.1	Proteção de dados no ciberespaço...	31
4.2	Legislação brasileira: LGPD	32
4.3	Melhores práticas em proteção de dados.....................................	33
4.3.1	Adotar uma política de segurança da informação sólida.......	33
4.3.2	Definir bem os atores responsáveis pela proteção de dados na organização..	34
4.3.3	Assegurar a execução dos direitos dos titulares de dados	35
4.3.4	Adotar a anonimização ou pseudoanonimização dos dados se possível..	35
4.3.5	Emitir o Relatório de Impacto de Proteção de Dados (RIPD) como uma prática..	36
4.3.6	Construir um Comitê de Proteção de Dados e enfocar a figura do DPO..	37
4.3.7	Atentar às particularidades da transferência internacional de dados...	38

5. COMO IMPLEMENTAR UMA CIBERSEGURANÇA CORPORATIVA?... 41

Larissa Lotufo, Leandro Bissoli e Rafael Siqueira

5.1	Sistema de Gestão de Segurança da Informação (SGSI)	41
5.2	Normas gerais de segurança da informação...............................	44
5.2.1	ISO 27000..	46
5.2.2	*NIST Cybersecurity Framework* – componentes.................	48

5.3	Normas específicas de segurança da informação	51
5.4	Código de ética	51
5.5	Código de conduta do colaborador	53
5.6	Termos de uso	54
5.7	Política de redes sociais	56
5.8	Regras sobre perfil de acesso dos usuários	59
5.9	Monitoramento e inspeção	61
5.10	BYOD	62
5.11	Comunicadores instantâneos	63
	5.11.1 Análise de comunicadores instantâneos – particularidades do WhatsApp	66
	5.11.2 Uso de ferramentas com sincronização entre celular e computador: WhatsApp Web e WhatsApp Desktop	66
	5.11.3 *Backup* de informações – uso de diretórios em nuvem de terceiros	68
	5.11.4 Análise de políticas de privacidade – dados coletados	69
5.12	Melhores práticas para acompanhamento de controles de segurança	73

6. VAZAMENTO DE INFORMAÇÕES **75**
Marcos Sêmola

6.1	Gestão de riscos e vazamento de informações	75
	6.1.1 Conceitos estruturantes e plano de resposta a uma crise real	75
6.2	Estratégia de gestão de riscos de segurança da informação	77
6.3	Vazamento de informações	79
	6.3.1 Caso *Snowden*	80
	6.3.2 *Ransomware*	81
6.4	Respostas a incidentes	82
	6.4.1 Equipe	90

7. ENGENHARIA SOCIAL **95**
Larissa Lotufo

7.1	Pessoas: o elo fraco da corrente (ainda)	95

8. ESTRATÉGIAS DE LEGÍTIMA DEFESA DIGITAL: QUAL O LIMITE? ... 103
Henrique Rocha

8.1 Da legítima defesa digital e suas limitações 103
    8.1.1 Considerações sobre a legítima defesa 104
    8.1.2 Breves considerações acerca do *ethical hacking* e da legítima defesa digital 108

8.2 As possíveis implicações quando do manejo de medidas de legítima defesa digital 113

Conclusão 115

9. ANÁLISE DE VULNERABILIDADES 117
Leandro Bissoli e Rafael Siqueira

9.1 Cuidados ao realizar/contratar análise de vulnerabilidades 117

9.2 Considerações quanto à contratação de testes de vulnerabilidades executados por parceiros de negócio 118
    9.2.1 Autorização 119
    9.2.2 Escopo e dever de aviso 119
    9.2.3 Acesso a conteúdos 120
    9.2.4 Danos, controle de danos e indenização 120
    9.2.5 Equipe técnica 121
    9.2.6 Território dos testes 122
    9.2.7 Regulação setorial 122
    9.2.8 Regulação por tipo de serviço 124
    9.2.9 Proteção à privacidade e proteção de dados pessoais 125
    9.2.10 Propriedade das informações 127
    9.2.11 Engenharia social 127
    9.2.12 Produtos finais e cronograma do projeto 129

9.3 Áreas envolvidas 130

Conclusão 131

10. TERCEIRIZADOS: COMO LIDAR? 133
Cristina Sleiman e Larissa Lotufo

10.1 Vulnerabilidade empresarial 133

10.2 Contextualização legal e mercadológica 136

	10.2.1	Reputação vale "ouro"	140
	10.2.2	Segurança da informação	141
10.3	Supervisão e fiscalização		142
	10.3.1	NDA (*Non-Disclosure Agreement*) – "Acordo de Confidencialidade"	142
	10.3.2	Proteção de dados pessoais e a terceirização	142

11. IOT, INTELIGÊNCIA ARTIFICIAL E *SMART CITIES* 149
Cristina Sleiman, Larissa Lotufo e Marcos Tupinambá

11.1	Para onde vamos (ou já estamos)?	149
11.2	Entendendo cada tecnologia e suas especificidades	153
	11.2.1 IoT – *Internet of Things* (internet das coisas)	153
	11.2.1.1 IoT – Segurança	155
	11.2.2 Inteligência artificial	156
	11.2.3 *Smart cities*	157
	11.2.3.1 *Smart cities* – segurança da informação, privacidade e continuidade dos negócios	157
	11.2.3.2 Riscos da IoT, *smart cities* e inteligência artificial	159
	11.2.4 *Machine learning* – reprodução de preconceitos e injustiças sociais	159
	11.2.4.1 *Machine learning* – perda de controle	159
11.3	Aspectos e considerações jurídicas acerca das novas tecnologias	160
	11.3.1 Proteção de dados pessoais	165
11.4	Cuidados em segurança gerais em IOT, IA e *smart cities*	170

12. *SECURITY BY INFORMATION*, UM ENSAIO SOBRE O FUTURO ... 175
Marcos Sêmola

12.1	Segurança digital na sociedade da informação líquida	175
12.2	*Security by information for information*	180

CONSIDERAÇÕES FINAIS 181
Patricia Peck Pinheiro

REFERÊNCIAS BIBLIOGRÁFICAS 183

ANEXOS **195**

ANEXO 1 – Modelos de Documentos 195

ANEXO 2 – "Patente: US4405829A" 239

ANEXO 3 243

1

INTRODUÇÃO

1.1 BREVE HISTÓRICO, CONCEITO E INTERSECÇÃO COM O DIREITO DIGITAL

LARISSA LOTUFO

Diferentemente do que se pode imaginar, a história da segurança digital remonta à década de 1970 e nasceu de um projeto de pesquisa realizado por Bob Thomas. Mais precisamente, a cibersegurança nasceu em 1971, quando Thomas trabalhava para a Bolt, Beranek e Newman Inc.

Thomas investigava se seria possível que um programa de computador se movimentasse através da rede, deixando um leve rastro enquanto fizesse tal movimento.

Thomas conseguiu desenvolver o programa com tais características e escolheu deixar como rastro a seguinte mensagem "I'M THE CREEPER: CATCH ME IF YOU CAN" ('Eu sou o rastejador: pegue-se se conseguir'). Enquanto o programa se movia pelo sistema TENEX através da Arpanet, essa mensagem era impressa, deixando um rastro (Figura 1):

```
BBN-TENEX 1.25, BBN EXEC 1.30
@FULL
@LOGIN RT
JOB 3 ON TTY12 08-APR-72
YOU HAVE A MESSAGE
@SYSTAT
UP 85:33:19    3 JOBS
LOAD AV   3.87    2.95    2.14
JOB TTY   USER        SUBSYS
 1   DET  SYSTEM      NETSER
 2   DET  SYSTEM      TIPSER
 3   12   RT          EXEC
@
I'M THE CREEPER : CATCH ME IF YOU CAN
```

FIGURA 1 – A demonstração de "creeper" criada por Bob Thomas
Fonte: CORE WAR.

Assim, de maneira despretensiosa e pacífica, nascia o primeiro *worm* (verme) digital. Pouco tempo depois de Thomas demonstrar a sua ideia aos estudiosos da informática, Ray Tomlinson pegou o *worm* criado por ele e o reescreveu em uma versão otimizada, que possibilitava que o *worm* se autorreplicasse também, em vez de somente se mover.

Ray chamou a sua versão de *Reaper* (Ceifador) e a distribuiu pela Arpanet, sendo que o *Reaper* começou a apagar as cópias de *creeper* que encontrava. Assim como nasceu o primeiro "vírus" com o *worm* de Thomas, nascia o primeiro mecanismo antivírus com o *Reaper* de Ray, na primeira batalha digital que a internet já observou.

Embora essa primeira batalha tenha sido pacífica e inofensiva, o mesmo não se pode dizer da segunda luta cibernética experimentada pelo mundo digital.

Isso porque, do mundo acadêmico – da experimentação e do desenvolvimento –, rapidamente a história da cibersegurança passou a ganhar contornos mais sombrios e preocupantes. Mas antes de contar o início o lado obscuro da internet, enfoquemos um pouco mais a história acadêmica.

Em 20 de setembro de 1983, a primeira patente de cibersegurança foi concedida nos Estados Unidos, quando o MIT (Massachusetts Institute of Technology – 'Instituto de Tecnologia de Massachusetts') desenvolveu um sistema e método de comunicação criptografada – a Patente 4,405,829.

Esse sistema foi criado pelos pesquisadores do MIT, Ronald L. Rivest, Adi Shamir e Leonard M. Adleman, e foi essencial para o desenvolvimento de sistemas de criptossegurança de chave pública ao introduzir o algoritmo RSA (Rivest-Shamir-Adleman) de forma aplicável e bastante prática.[1]

Tal inovação foi muito importante no mundo da segurança digital e criou bases para que todo o campo se desenvolvesse de maneira mais consolidada e com parâmetros mais seguros e claros. Até hoje o algoritmo RSA é utilizado, apesar de existirem outras tecnologias, que são mais ágeis e modernas.

Iniciando a história obscura da segurança digital, em 1986, o alemão Markus Hess conseguiu hackear um portal em Berkeley e usou essa conexão para acessar a Arpanet, conseguindo hackear 400 computadores militares com informações sensíveis, inclusive materiais do Pentágono, com a intenção de vender a informação para a KGB.

O plano de Hess foi frustrado por Clifford Stoll, um astrônomo que detectou a invasão e implantou uma técnica de *honeypot* para desmascarar todo o esquema. Essa foi a segunda batalha cibernética do mundo e que já ganhava contornos preocupantes.

---

[1] Confira a esquematização original da Patente no Anexo 1.

Dois anos depois, em 2 de novembro de 1988,[2] Robert Morris tentou o seu experimento na área da cibersegurança, que ficou conhecido como o "Morris *worm*" ('Verme de Morris', em tradução livre).

A intenção de Morris era testar o calibre da internet; para isso, o pesquisador criou um programa que deveria se propagar pela internet, se infiltrar nos terminais Unix usando um bugue conhecido e depois se autorreplicar nesses ambientes.

O problema é que o experimento saiu do controle e a replicação passou a acontecer de maneira tão agressiva que diversos danos foram causados ao longo do caminho, inclusive tornando a internet mais lenta durante vários dias, já que a rede ficou sobrecarregada.

Isso fez que Morris fosse a primeira pessoa no mundo a ser autuada sob o *Computer Fraud and Abuse Act*[3] e ficasse conhecido por causar o primeiro ataque do tipo *Denial-of-Service* (DoS).

Desde esses primórdios da internet, até o surgimento do *World Wide Web* (www) de Tim Berners-Lee, na década de 1990,[4] houve um rápido e crescente processo de popularização democrática do acesso à grande rede virtual.

E, com essa popularização e expansão da internet, os crimes digitais passaram a se desenvolver de maneira cada dia mais frenética.

Tal desenvolvimento é tão notável que a ciência jurídica passou a criar leis específicas para lidar com esse tipo de delitos e realizar modificações nos códigos de normas que já existem, para que a ação dos criminosos digitais não fique impune.

Este é um dos campos de estudo ao qual o direito digital se dedica, sendo que os crimes digitais se tornam cada dia mais protagonistas do nosso cotidiano, e seus conceitos, apesar de estarem em constante desenvolvimento, já apresentam contornos delimitados e recebem um espaço especial na seara jurídica.

---

[2] Informações do estudo feito por Tim Matthews para a *Cibersecurity Insiders* para a campanha de calendário 2019.

[3] De acordo com a Associação Nacional de Defesa Criminal dos Advogados dos Estados Unidos (*National Association of Criminal Defense Lawyers* – NACDL) o *Computer Fraud and Abuse Act* (Ato de Fraude de Abuso de Computador – CFAA) foi promulgado em 1986 por meio de uma emenda à primeira Lei Federal de Fraude Computacional, com a intenção de lidar com os *hackers*.

[4] O surgimento do www é de importância histórica no processo evolutivo da internet, isso porque o www foi o primeiro projeto que encontrou sucesso na rede mundial de computadores. A grande contribuição do www foi disponibilizar espaço para a criação de sites mais dinâmicos e com um design mais interessante e intuitivo, o que tornou a sua popularização crescente e consolidou o seu uso entre os internautas.

1.2 O QUE DIFERENCIA OS CRIMES DIGITAIS DOS CRIMES COMUNS?

Larissa Lotufo

Os crimes digitais surgem no contexto contemporâneo e em meio à digitalização das relações sociais. É sabido que os crimes são um comportamento que faz parte da sociedade humana e a internet oferece mais um espaço para que os crimes aconteçam. A culpa não é da tecnologia e sim dos humanos e seus desvios de comportamento.

Sob a ótica conceitual, os crimes digitais ou crimes cibernéticos são os delitos cometidos por pessoas por intermédio do uso de computadores e/ou dispositivos conectados a uma rede de conexão. É o chamado *crime meio*,[5] tendo em vista que, apesar de a sua ocorrência se dar no meio virtual, os resultados de tal ocorrência são analógicos e sentidos diretamente na vida das vítimas.

Afirma-se que, no contexto dos crimes digitais, o bem jurídico em questão é o valor ético-social protegido pelo Direito e que tem como objetivo a garantia da harmonia das relações, o bem-estar social e a proteção das pessoas e organizações contra os ataques e lesões que podem decorrer das condutas criminais digitais.

De acordo com Marcelo Crespo, os crimes digitais podem ser divididos em duas classes principais: a dos crimes digitais próprios ou puros e a dos crimes digitais impróprios ou mistos:

1. crimes digitais próprios ou puros	2. crimes digitais impróprios ou mistos
Condutas proibidas por lei, sujeitas a pena criminal e que se voltam contra os sistemas informáticos e os dados. São também chamados de delitos de risco informático. São exemplos de crimes digitais próprios o acesso não autorizado (*hacking*), a disseminação de vírus e o embaraçamento ao funcionamento de sistemas;	Condutas proibidas por lei, sujeitas a pena criminal e que se voltam contra os bens jurídicos que não sejam tecnológicos já tradicionais e protegidos pela legislação, como a vida, a liberdade, o patrimônio etc. São exemplos de crimes digitais impróprios os contra a honra praticados na Internet, as condutas que envolvam trocas ou armazenamento de imagens com conteúdo de pornografia infantil, o estelionato e até mesmo o homicídio[6].

---

[5] Conceituação de Patricia Peck em seu livro *Direito digital*. Mais informações em: PECK PINHEIRO, Patricia. *Direito digital*. 6. ed. São Paulo: Saraiva, 2016.

[6] CRESPO, Marcelo Xavier de Freitas. Crimes Digitais: do que estamos falando? Canal Ciências Criminais, 17 jun. 2015.

Em suma, diferenciam-se os crimes digitais próprios dos impróprios da seguinte forma: (i) os *crimes digitais próprios ou puros* surgem depois da criação da internet e por influência desse novo meio de comunicação e atuação humana, sendo uma consequência direta da digitalização das relações; (ii) os *crimes digitais impróprios ou mistos* são crimes que já "existiam no mundo" quando a internet surgiu, somente passaram a utilizar o meio digital como mais um ambiente da sua prática.

Há uma grande variabilidade do modo como os crimes digitais são abarcados e manuseados de um país para outro. Voltando nosso olhar para o contexto brasileiro, nota-se que, até 2012, não havia a sinalização dos crimes digitais próprios no ordenamento nacional.

Isso trazia problemas para a resolução de alguns crimes no cenário brasileiro, o que levou ao surgimento de duas leis ordinárias criadas especialmente para a resolução de crimes digitais: as Leis 12.735/2012 e 12.737/2012, popularmente conhecidas como "Lei Azeredo" e "Lei Carolina Dieckmann", respectivamente.

O atual panorama legislativo brasileiro para a resolução de crimes cibernéticos é extenso e esparso, como pontua a Figura 2:

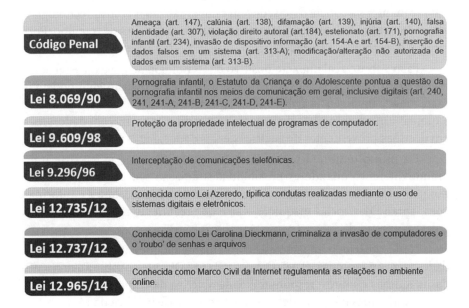

FIGURA 2 – Cenário regulatório brasileiro dos crimes digitais
Fonte: Autoria própria.

Apesar de o ordenamento brasileiro apresentar leis próprias e códigos que pontuam de maneira específica os crimes digitais, é importante ter em mente que nem sempre os casos práticos encontram previsão na lei; portanto, é natural que esse quadro evolua com o tempo junto com as necessidades sociais.[7]

1.3 TRANSFORMAÇÃO DIGITAL E A MUDANÇA ORGANIZACIONAL

CRISTINA SLEIMAN

Antes de tecer qualquer comentário sobre transformação digital, cabe esclarecer que se entende, para este tópico, como ambiente corporativo todo o ambiente e as relações que envolvam uma empresa. Embora tecnicamente possa haver distinção entre ambientes corporativo e empresarial, aplicaremos o sentido macro.

Podemos encontrar diversos entendimentos sobre transformação digital, mas é indiscutível o fato de que ela está relacionada à evolução tecnológica e seu impacto para a sociedade, portanto, na forma de se relacionar, interagir, consumir e de produzir – como produtos digitais, entre outros.

Assim, a evolução tecnológica atinge as empresas, de forma que estas, para se manter na concorrência, devem estar atualizadas com as tecnologias, afetando as relações jurídicas, a infraestrutura e as relações de trabalho. Portanto, a governança é essencial.

Falar sobre o real impacto positivo da tecnologia no dia a dia é relativamente fácil; o desafio está nos riscos a serem mitigados. Inicialmente, podemos mencionar a inteligência artificial (IA), que traz muitos benefícios ajudando a moldar um novo modelo de negócios baseado não apenas em dados, mas em decisões provenientes de análises de tais dados, feitas por máquinas.

Há muito tempo já temos decisões automatizadas, mas existe uma grande diferença quando as possibilidades de ação são programadas pelo homem e quando as decisões são baseadas em dados coletados e informações "aprendidas" pelas máquinas – se é que realmente podemos utilizar a palavra "aprendidas".

Neste cenário, o impacto está diretamente na questão de responsabilidade: quem é o responsável pelas decisões da IA? Discute-se sobre a autonomia das máquinas e sobre a responsabilidade objetiva da empresa que as coloca no mercado, mas há quem defenda a personalidade jurídica da IA.

---

[7] Um exemplo dessa situação é a crescente discussão acerca da possibilidade ou não de crimes praticados por máquinas inteligentes.

Esse é um exemplo que nos remete às questões jurídicas e é o motivo pelo qual as empresas necessitam de apoio especializado, pois todo projeto deve nascer visando à mitigação de possíveis riscos. Portanto, ainda que não exista uma lei específica para determinada situação, os direitos fundamentais sempre serão protegidos e a empresa deve buscar o melhor cenário, sem deixar de estar preparada para os riscos passíveis de se materializar.

Contudo, esse é apenas um exemplo para o impacto das tecnologias nas decisões empresariais. Podemos mencionar outros, como o fenômeno Bring Your On Device (BYOD), em que os funcionários levam seus próprios dispositivos particulares para uso profissional.

Essa é uma situação muito delicada, pois é preciso lembrar que a empresa tem o poder diretivo, ou seja, dita as suas próprias regras dentro dos limites legais e tem o poder fiscalizador, para verificar se tais regras são realmente cumpridas. Nesse ponto, a empresa tem duas vertentes: pelo olhar de produtividade e impacto financeiro, pode aparentemente ser benéfico, ou seja, para a gestão em análise de risco pode, em princípio, parecer positivo; no entanto, pelo olhar de segurança da informação, pode ser extremamente arriscado.

Além disso, há a problematização do *Shadow IT*, quando dispositivos pessoais são utilizados no ambiente corporativo, sem autorização organizacional, sem controle, sem que a empresa sequer tenha conhecimento, o que também gera uma vulnerabilidade.

A segurança da informação tem como base três pilares, assim, visa a garantir a integridade, a confidencialidade e a disponibilidade; portanto, toda empresa possui informações confidenciais, sejam elas segredos industriais, informações financeiras, lançamentos de novos produtos, campanhas de marketing, entre outros. Tais informações precisam de garantias de sua integridade, ou seja, de que não sofreram alterações, e, também, de que seja mantida sua confidencialidade de forma a ter acesso a elas apenas quem está autorizado e disponível, quando necessário.

Voltando ao exemplo do BYOD, temos alguns impasses jurídicos que podem obstar as regras de segurança, pois todo dispositivo particular, utilizado para fins pessoais e profissionais, pode ser vulnerável, tendo em vista os acessos e a utilização de risco que muitas vezes não podem ser objeto de monitoramento do empregador, pois se esbarra diretamente na questão da privacidade; no entanto, tais questões podem ser mitigadas, com planejamento. Por exemplo: uma solução técnica que permita segmentar acessos pessoal e corporativo, possibilitando assim, mediante consentimento, o monitoramento desse ambiente.

Não se pode deixar de mencionar o Marco Civil da Internet (MCI), a Lei 12.965/2014, que estabelece princípios, garantias, direitos e deveres para o uso da internet no Brasil, tendo um forte impacto para os provedores de aplicativo e de conexão.

Seu impacto mais significativo para as empresas, no meu entendimento, pode ser considerado a obrigação na guarda de dados que permitam a identificação de usuários. O MCI formalizou uma prática que já existia, mas até então muitas decisões baseavam-se na responsabilidade civil de quem ofertava o serviço. Após a lei ser sancionada, o embasamento passou a ser o próprio Marco Civil da Internet.

E qual o impacto para as empresas? Quando estas oferecem recursos digitais como aplicativos, seja de internet ou de celular, elas passam a ter a obrigação de guarda de tais dados pelo período de seis meses; já para os provedores de conexão, o prazo é de um ano.

Contudo, o Marco Civil da Internet não é mais novidade, e o mercado corre para se adequar a uma nova lei, que é voltada à proteção de dados pessoais.

E, mais uma vez, evoluímos no caminho da maturidade unificando regras existentes em legislações esparsas.

Falamos agora da Lei Geral de Proteção de Dados Pessoais – 13.709/2018 –, conhecida como LGPD.

Eu, particularmente, entendo que todos os cuidados exigidos pela nova lei já eram necessários e esperados como conduta ética e condizente com a boa-fé, até porque a responsabilidade civil já existia.

É fato que sempre houve muita dificuldade de investimentos em segurança da informação (SI), até que incidentes começaram a ocorrer, e, mais do que isso, traziam consigo impactos para os negócios. Portanto, a SI sempre corre contra o tempo; novidades evolutivas aparecem para o bem e para o mal e a segurança tem seu papel estabelecido e sedimentado, tendo em vista as ocorrências mundialmente conhecidas, incluindo não apenas ataques corporativos, mas guerra cibernética também.

Em uma sociedade movimentada por dados, obviamente o valor de tais ativos passa a ser imensurável e o uso indiscriminado de dados pessoais passa a ser discutido, merecendo atenção e proteção especial.

Com a LGPD, a discussão sobre responsabilidade no uso de dados pessoais segmenta-se em legislação própria, na qual, um dos principais impactos é a possibilidade de multa de até 2% do faturamento bruto da empresa, grupo ou conglomerado, no limite de 50 milhões, incidência esta por infração.

A incidência por infração tem o condão de penalizar pelo não cumprimento da lei, sendo que o *compliance* afeta todas as áreas de uma empresa, desde a área responsável pela coleta, como qualquer outra que lida com tais dados. Exemplos mais comuns, RH que lida com dados pessoais dos contratados, Marketing, secretarias, jurídico etc.

Portanto, diante da nova lei, será preciso mapear o fluxo de dados pessoais e estabelecer regras para seu tratamento, chegando à possibilidade decisória para eliminação ou solicitação de consentimento de dados anteriormente coletados, ou seja, "o legado".

Fazer o diagnóstico e planejar suas ações é um passo muito importante, bem como a adequação de toda documentação e capacitação das equipes.

Quando a sociedade muda, temos que nos adequar. Em 2017, Gartner[8] fez alguns apontamentos significativos, mas algumas mudanças derivam de fatores comportamentais. Por exemplo, foi previsto que, até 2021, as marcas pioneiras que redesenharem seus sites para suportar pesquisas visuais e de voz aumentarão as receitas do comércio digital em 30% –impacto relevante derivado da conduta do próprio internauta, consumidor, que busca mais facilidades e que está cada vez mais movido pela atratividade do lúdico, da interatividade visual.

Há outras previsões como a de que, em 2021, mais de metade das organizações gastará mais por ano em criações de *bots* e *chatbots* do que com os desenvolvimentos de aplicativos tradicionais para dispositivos móveis e, também, a previsão de que, até 2022, metade de todos os investimentos de segurança para a internet das coisas (IoT) irá para remediação de falhas e recuperação de desastres, em vez de proteção.

A empresa moderna atende a clientes cada vez mais digitais e deve oferecer experiências positivas, com atendimento personalizado e, ao mesmo tempo, garantindo a confiabilidade em transações online, ainda que seja uma mera comunicação, pois é comum voltar a segurança para questões financeiras, mas a guarda adequada de todos os dados importantes para a empresa, seus clientes e parceiros – principalmente pessoais – se faz necessária.

Esta é a nossa realidade: com a transformação digital crescem os benefícios, mas também os riscos, sendo necessário buscar formas de mitigação, não apenas para riscos técnicos, mas também jurídicos.

Portanto, em linhas gerais, as empresas precisam "mergulhar" na transformação digital, beneficiando-se dos recursos tecnológicos que lhes estejam disponíveis e possíveis; no entanto, é preciso precaução. Recursos de segurança serão necessários, mas ajustar seus contratos com o consumidor, a Política de Privacidade, os Termos de Uso, os contratos com fornecedores, os

---

[8] GARTNER. Hyper cycle for consumer goods, 2017.

contratos com colaboradores, entre outros, é parte essencial para a segurança jurídica, sem esquecer da necessidade de atualizar a Política de Segurança da Informação e suas normas.

Por fim, fecho este artigo, lembrando que as ações planejadas possuem alicerces mais sólidos e servirão como apoio para qualquer projeto, bem como a capacitação e a sensibilização das equipes, pois são essenciais. Não adianta criar as regras se não educar o público para isso.

2

DIREITO DIGITAL E O CIBERESPAÇO

Larissa Lotufo

2.1 LEGISLAÇÕES E O ASPECTO INTERNACIONAL (SEM FRONTEIRAS)

Como pontuado anteriormente, os crimes digitais têm uma concepção própria. Por isso, é necessário compreender as particularidades dos crimes e fraudes no ambiente virtual.

O conceito expandido de crimes digitais aponta que eles podem ser entendidos como aqueles que ocorrem com a utilização da internet, podendo ou não contar com a utilização de um computador: o essencial é que haja o uso de conhecimentos especializados em tecnologia para executar os crimes.[1]

E, para entender esses delitos mais a fundo, se faz necessário estudar o que leva as pessoas a cometerem um crime no meio cibernético.

As motivações que levam as pessoas a cometer esses desvios de conduta são muitas, porém a criminologia – ciência dedicada ao estudo do crime – traz uma luz sobre a temática de maneira a criar um ponto de elucidação sobre a matéria.

---

[1] Lima (2014) conceitua os cibercrimes da seguinte forma: "os crimes virtuais, ou cibercrimes, que são quaisquer atos ilegais onde o conhecimento especial de tecnologia de informática é essencial para as suas execuções [...] De um modo geral, as condutas indevidas praticadas por computador podem ser divididas em crimes virtuais e ações prejudiciais atípicas. Estas causam algum transtorno para a vítima, porém não existe uma previsão legal, podendo, o causador, ser responsabilizado no âmbito civil somente, como, por exemplo, casos de acesso não autorizado a redes de computadores. Já aqueles podem ser subdivididos em abertos e exclusivamente cibernéticos. Os primeiros são aqueles que podem ser praticados da forma tradicional ou por meio de computadores, como, por exemplo, casos de crime contra a honra. Os segundos somente podem ser praticados com o uso do computador ou de qualquer recurso que permita o acesso à internet, como, por exemplo, casos de *carding* (clonagem de cartão) por meio de sistema de informática". In: LIMA, Simão Prado. Crimes virtuais: uma análise da eficácia da legislação brasileira e o desafio do direito penal na atualidade. *Âmbito Jurídico*, n. 128, 2014.

Neste sentido, a criminologia aponta um entendimento técnico acerca dos tipos e estilos de cibercriminosos, categorizando os delitos e os criminosos:

> O criminólogo Marc ROGERS, da Universidade de Manitoba, Canadá, classifica os *hackers* em sete diferentes categorias (que não necessariamente se excluem): *newbie/tool kit* (NT), *cyberpunks* (CP), *internas* (IT), *coders* (CD), *old guard hackers* (OG), *professional criminals* (PC), and *cyber-terrorists* (CT). Tais categorias estão numa ordem hierárquica que varia do menor nível técnico (NT) para o maior (OG-CT).
>
> A categoria NT é formada por *hackers* que possuem técnicas limitadas. Utilizam-se programas prontos que obtêm na própria internet. A categoria CP é composta por *hackers* que geralmente possuem bons conhecimentos de computação e são capazes de desenvolver seus próprios programas, conhecendo bem os sistemas que atacam. Eles praticam condutas mal-intencionadas como alterar páginas e enviar sequências de *e-mails* com o fim de esgotar a capacidade da caixa postal da vítima. Muitos estão envolvidos em fraudes com cartões de crédito e telefonia.
>
> A categoria IT é formada por empregados descontentes ou ex-funcionários que se aproveitam dos conhecimentos técnicos adquiridos na empresa para atacá-las como forma de retaliação. Segundo ROGERS este grupo é responsável por 70% de toda atividade criminosa envolvendo computadores (VIANNA, 2003, p. 31-32).

Como se pode ver, grande parte dos crimes de fraude digital é cometida por funcionários ou ex-funcionários.

Essa alta taxa de cibercriminosos dedicados ao ataque de empresas deve criar um alerta entre os gestores que buscam proteger os ativos de sua empresa, tendo em vista que as informações empresariais – como processos, procedimentos internos, dados sobre faturamento etc. – são de extrema valia no mercado e se caírem nas mãos erradas podem levar a empresa à ruína.

De acordo com a empresa Static Brain,[2] em 2014, as fraudes cometidas por funcionários nos Estados Unidos totalizaram um montante de US$ 50 milhões desviados das empresas onde trabalhavam.

Outro estudo realizado nos EUA pela Association of Certified Fraud Examiners (ACFE),[3] apontou que 77% das fraudes ocupacionais ocorridas em 2014 foram praticadas por colaboradores das áreas de contabilidade, operações, vendas, gestão executiva, atendimento ao cliente, cobranças e finanças; ou seja, setores que envolvem muita confiança da empresa para com o colaborador.

---

[2] A Static Brain é uma empresa de pesquisas de mercado norte-americana (informações retiradas do site da Security Report, 2017).

[3] A Association of Certified Fraud Examiners é a maior entidade de fiscalização de fraudes dos EUA (informações retiradas do site da Security Report, 2017).

Apesar desse cenário, é possível ver uma luz ao fim do túnel. Isso porque o Relatório Global de Fraude e Abuso Ocupacional de 2018 da ACFE[4] apontou que 40% das formas de detecção inicial das fraudes se dão por meio de dicas, sendo que mais de 50% dessas dicas vêm de funcionários da própria empresa.

Portanto, ainda que alguns funcionários desviem seu propósito e quebrem a confiança que a empresa neles depositou realizando as fraudes, uma boa parte dos colaboradores busca combater esse problema junto com a empresa.

De qualquer forma, o impacto causado pelos funcionários que se corrompem é bastante significativo no contexto global:

FIGURA 3 – Países em que as fraudes foram reportadas à ACFE e a média de prejuízo por região
Fonte: ASSOCIATION OF CERTIFIED FRAUD EXAMINERS, 2018, p. 7.

---

[4] A pesquisa foi realizada em 125 países com 23 diferentes tipos de indústrias e analisou 2.690 casos reais de fraude ocupacional ocorridos entre janeiro de 2016 e outubro de 2017.

Por isso, a prevenção, a conscientização e a implantação de mecanismos de controle à fraude são tão importantes dentro das empresas, tendo em vista que as fraudes ocupacionais podem ser reflexos de problemas de gestão interna, como falta de utilização de mecanismos de controle, falta de supervisão da rotina dos colaboradores, cultura institucional fraca ou falta de consciência acerca da conduta ética esperada pela empresa.

O Relatório Global da ACFE ainda aponta que metade das fraudes cometidas em 2017 se deu em razão de falhas dos mecanismos de controle interno.

Foi o que aconteceu com o Banco Central de Bangladesh e o Federal Reserve Bank of New York em 2016, quando o BC de Bangladesh sofreu um grande ataque de *hackers*[5] que realizaram um dos maiores roubos a banco da história: o prejuízo totalizou US$ 80 milhões.

Esse caso é um ótimo exemplar de crimes digitais ocasionados por falhas de controle interno.

Os especialistas de segurança que analisaram a situação apontaram que os *hackers* tinham informações detalhadas acerca do funcionamento do BC e obtiveram esse conhecimento por meio de espionagem dos funcionários da instituição.

Fica evidente que, se uma empresa ainda não adota mecanismos eficientes de prevenção e controle de fraude, está correndo um grande risco desnecessário e que pode trazer muitos prejuízos.

---

[5] Esse caso é particularmente curioso, porque os criminosos que invadiram o sistema do BC de Bangladesh fizeram cinco pedidos de transferência de cerca de US$ 20 milhões cada, os quatro primeiros foram liberados pelo FED de NY, o quinto só foi barrado porque os *hackers* erraram o nome da ONG que estava sendo utilizada como fachada: os criminosos escreveram "Fandation" em vez de "Foundation". Se não fosse essa falha no "processo" dos *hackers*, a quinta transferência teria sido realizada e o prejuízo seria maior ainda (informações do jornal *O Estado de S. Paulo*).

3

ATAQUES E CRIMES CIBERNÉTICOS

Marcos Tupinambá

Os crimes cibernéticos, também chamados de crimes eletrônicos, por meios eletrônicos ou digitais, entre outras denominações, ao contrário do que aponta o senso comum, não é um fenômeno recente, ele surgiu na década de 1970 e cresceu exponencialmente conforme a informatização da sociedade.

Colaboram ainda para a multiplicação dos crimes eletrônicos a circulação monetária em meio digital, os erros de desenvolvimento e concepção dos produtos e aplicações, o uso de técnicas avançadas de engenharia social pelos criminosos aliado à inabilidade de alguns usuários e, principalmente, a monetização da informação que, neste ano de 2020, é um dos principais ativos da nossa sociedade.

Apesar de as técnicas de investigação desses crimes terem avançado, juntamente com a criação e o desenvolvimento das provas digitais e da própria ciência forense computacional, o vácuo legislativo quanto à adequada punição de crimes cibernéticos que, por serem majoritariamente cometidos sem violência física, têm um tratamento leniente, muitas vezes leva a um certo grau de impunidade dos criminosos, sendo que outro fator, que será explorado mais profundamente à frente, é a internacionalização de algumas atividades de cibercriminosos.

Diversas técnicas e falhas são desenvolvidas diariamente. Alguns ataques visam a indivíduos, de forma específica ou em massa, outros visam a empresas, outros objetivam fornecer meios tecnológicos para o cometimento de outros crimes e, por fim, alguns se destinam a governos e ao terrorismo. Neste capítulo, vamos explorar um pouco esses ataques com enfoque corporativo.

3.1 ATAQUES E CRIMES OBJETIVANDO FUNCIONÁRIOS E A ALTA DIREÇÃO DA EMPRESA

3.1.1 *Phishing*

O *phishing* ou *phishing scam*, apesar de descrito desde a década de 1990, ainda é o maior vetor de ataques e fraudes cibernéticas em 2020.

Traduzido livremente como "pescaria" ou "golpe de pescaria", consiste em uma simulação, na qual a vítima é atraída ou enganada para que, pensando se tratar de um conteúdo legítimo, clique em um *link* falso, acesse uma página falsa ou execute algum arquivo para que haja furto de dados, ou acesso e elevação de privilégios. É uma técnica de engenharia social.[1]

Um dos vetores mais conhecidos e mais presentes nas fraudes empresariais, ainda em 2020, é o *e-mail*. Apesar da maciça informação sobre a necessidade de não clicar em *links* de desconhecidos ou descontextualizados, mesmo com diversas campanhas produzidas nas empresas para que tais condutas sejam evitadas, temos esse canal como uma das maiores fontes de ataques bem-sucedidos no meio corporativo.

Contudo, é importante deixarmos claro que tais ataques acontecem em diversos meios como SMS, comunicadores instantâneos, redes sociais, páginas da web, aplicativos maliciosos, documentos digitais e qualquer outro meio digital que possibilite a execução dessa técnica criminosa.

3.1.1.1 Spear phishing

Não podemos deixar de destacar essa modalidade de *phishing* que poderia ser traduzida como "pescaria com lança", ou seja, que é direcionada, com alvo específico. Isso é o *spear phishing*, um ataque em que o criminoso mira em um funcionário específico de uma organização, buscando alcançar dados corporativos, instalar *malware* e obter acesso à infraestrutura de TI da empresa, entre outras possibilidades escusas, podendo ser, ainda, uma ferramenta para alcançar dados e acessos de executivos ou informações que exijam escalação de privilégios.[2]

---

[1] Mais informações sobre engenharia social podem ser encontradas no Capítulo 7.
[2] Quando o atacante obtém acesso à rede ou a aplicativos de uma empresa e busca obter um nível de acesso diferente, elevando-o com a exploração de vulnerabilidades ou falhas existentes nos serviços de TI, equipamentos e sistemas da empresa.

3.1.2 *Malware*

O *malware* é um software malicioso, podendo ser popularmente chamado de vírus de computador.

Antigamente, tais artefatos geralmente causavam danos aos arquivos da vítima e ao sistema operacional, sendo desenvolvidos quase que em competição, um buscando ser mais destrutivo que o outro, menos detectável ou de potencial de alastramento maior.

Nos dias atuais, os *malwares* normalmente visam à subtração de informações, ao controle da máquina e da infraestrutura de rede, à disseminação local ou remota, a ser um vetor de ataques e à extorsão por sequestro dos dados ou vazamento de informações, podendo ter um ou mais desses propósitos como funcionalidade e, além desses, podemos listar as seguintes técnicas e objetivos:

- → gravação de dados digitados – realizado pelos *Keyloggers*;
- → gravação de informações exibidas nas telas – realizada pelos *Screenloggers*;
- → modificação de dados, como dados de boletos;
- → invasão de privacidade, captura de imagens de webcams e de áudio de microfones, muitas vezes com o objetivo de extorquir a vítima posteriormente;
- → modificadores de serviços de nomes de domínio;
- → destruição de dados;
- → sequestro de dados para fins de extorsão;
- → captura do tráfego de dados;
- → captura de credenciais de acesso a *e-mails*, redes sociais etc.;
- → captura de credenciais de autenticação e validação de serviços bancários;
- → captura de credenciais de acesso a serviços corporativos;
- → furto de dados corporativos e pessoais;
- → realização de fraudes bancárias e comerciais;
- → espionagem empresarial, pessoal e governamental;
- → furto de criptomoedas, como os Bitcoins;
- → instalação de aplicativos de mineração de criptomoedas;
- → atos de guerra cibernética;
- → invasão de outros dispositivos conectados em uma mesma rede;
- → invasão de outros dispositivos conectados em outras redes;

> → controle de *Botnets*;
> → controle remoto de máquinas, servidores e dispositivos;
> → disseminação do próprio *malware*.[3]

O *malware*, para não ser detectado, muitas vezes se utiliza de formas de ocultação, tais como a compressão, a criptografia de código e a mutação. Tais processos têm como objetivo enganar os softwares de proteção da máquina, como o antivírus.

Como fontes de *malwares* temos as páginas da web comprometidas, a instalação de complementos, os *links* e anexos de *e-mails*, programas e arquivos oriundos de violação de propriedade intelectual (por exemplo: softwares "piratas"). Entretanto, não apenas por ação do usuário é possível a contaminação de uma máquina. Pode ocorrer o simples acesso a uma página legítima que tenha sido comprometida, na qual, por exemplo, o criminoso executa um silencioso código JS[4] diretamente ou pelo uso de outras técnicas.[5]

Outra forma de infecção é a busca ativa, por parte do atacante, de equipamentos que estejam com vulnerabilidades presentes e remotamente detectáveis nos quais, com a exploração dessas vulnerabilidades, ocorre a instalação do *malware*.

Quando a empresa permite que os colaboradores usem seus próprios dispositivos[6] para acessar os recursos corporativos de rede ou de sistemas, cuidados adicionais devem ser tomados, garantindo a integridade do equipamento, gerenciando a segurança do dispositivo e segregando certos acessos desse dispositivo, além de monitorar os acessos que partirem desses dispositivos, entre outras medidas que possam ser aplicáveis conforme o contexto de utilização do equipamento.

3.1.2.1 Ransomware

O *ransomware*[7] é um *malware* utilizado para o sequestro dos dados das vítimas e, atualmente, tem duas formas de atuação, concomitantes ou não.

---

[3] TUPINAMBÁ, Marcos. *Investigação policial de crimes eletrônicos*. São Paulo: Acadepol, 2019.
[4] Javascript: linguagem de programação muito utilizada em sites e aplicações na web.
[5] Um bom exemplo de outra técnica muito utilizada é o XSS (*cross site scripting*).
[6] BYOD: Bring Your Own Device.
[7] 'Software de sequestro', em tradução livre.

Na primeira modalidade, é infectada a máquina e os dados do dispositivo são criptografados, sendo gerado um arquivo acessível, geralmente na área de trabalho ou apresentado em um navegador web em que o criminoso pede um resgate – geralmente a ser pago em criptomoedas – prometendo o envio de um código que possibilite que os dados sejam decriptografados, o que muitas vezes não acontece, ainda que seja efetivado o pagamento do "resgate".

Na segunda modalidade, ocorre o mesmo processo supracitado, porém, o criminoso envia os dados da vítima – e da empresa inteira em algumas oportunidades – para servidores remotos, podendo ou não os criptografar, exigindo o resgate para não revelar informações sigilosas que a empresa possua.

Em ambos os casos, a "negociação" é feita habitualmente por *e-mail*, sendo que no segundo caso, muitas vezes é o criminoso quem procura a empresa, demonstrando estar de posse dos dados. Os serviços de *e-mail* escolhidos pelos criminosos são aqueles que não guardam *logs*[8] de conexão, autenticação ou acesso, dificultando o rastreio dos autores. Atualmente, alguns *ransomwares*, como o Maze, pedem que a vítima acesse um site da *deepweb*[9] em que poderá, após pagamento, ser obtida a chave de decriptografia necessária para a recuperação dos dados.

O motivo pelo qual os dados são de difícil recuperação é decorrente das ações do *ransomware* que, após a infecção, criptografa os dados com chaves criptográficas utilizando algoritmos complexos e, em seguida, ele realiza o apagamento seguro dos dados originais, impossibilitando ou dificultando muito a recuperação desses.

3.1.3 Ataques em comunicadores instantâneos

Com a ascensão da comunicação em meio móvel as empresas aderiram pesadamente a essa forma de manter suas equipes em contato, além de atender consumidores e fornecedores. Aplicativos como WhatsApp ou Telegram, apesar de não terem sido desenvolvidos inicialmente para a comunicação corporativa, são amplamente utilizados para tal fim, tanto que o WhatsApp e outros serviços lançaram plataformas de acesso comercial às suas redes.

Para entendermos alguns dos golpes relacionados aos comunicadores instantâneos, não podemos esquecer dos aspectos psicológicos envolvidos nesse tipo de contato em que, pela proximidade e hábito, existe um ambiente

---

[8] Registros digitais.

[9] Denominação genérica de uma rede que tem como principal recurso o anonimato, funcionando estruturalmente de forma voluntária e em camadas, o que oculta a verdadeira origem dos dados, geralmente relacionada à rede TOR.

de confiança entre as pessoas envolvidas em um mesmo grupo da empresa, por exemplo.

Ocorre que se um atacante conseguir acesso a uma conta de WhatsApp de um funcionário, ele conseguirá também, provavelmente, um acesso privilegiado às informações e até a valores financeiros da empresa.

Tais ataques são possíveis com o uso de várias técnicas criminosas, como as seguintes:

Troca do SIMCard[10-11]

Tal técnica é executada com a utilização de um comparsa do criminoso na empresa de telefonia celular ou em revenda dessas ou, ainda, com a invasão à rede sem fio de lojas pertencentes aos revendedores de empresas de telecomunicações, e com o uso de uma credencial cedida ou subtraída que permita acesso aos sistemas da empresa.

Nesse tipo de golpe, o criminoso, de posse de um SIMCard "virgem" da operadora-alvo, pede a transferência da linha para o SIMCard dele e, ao ter a linha transferida, o usuário legítimo perde o acesso ao seu WhatsApp e a todos os outros sistemas de autenticação vinculados ao serviço de SMS do seu número de telefone, bem como a outros sistemas pessoais e corporativos existentes no seu aparelho móvel que estejam vinculados ao seu número de telefone.

De posse desse acesso, o criminoso instala o aplicativo-alvo, como WhatsApp por exemplo, e valida o telefone no aplicativo, podendo imediatamente interagir com grupos existentes na conta daquele usuário. Geralmente, tal conduta ocorre objetivando a transferência, por membros dos grupos e outros contatos, de quantias monetárias para a conta corrente ligada ao atacante.

No entanto, já temos conhecimento de casos em que o propósito de tal ação era obter acesso aos sistemas ou informações corporativas, sendo, portanto, nesses casos, um ataque direcionado à empresa, tendo como vetor o usuário vítima e, como meio, o comunicador instantâneo e o número de telefone irregularmente transferido.

Obtenção do código de autenticação do número do telefone

Uma segunda versão desse golpe envolve a instalação do aplicativo pelo criminoso e um pedido do código de autenticação do número de telefone, que é fornecido geralmente em conversa telefônica, quando o atacante, usando subterfúgios para iludir sobre a causa do contato, convence a vítima a fornecer

---

[10] SIM: *Subscriber Identity Module* ('módulo de identificação do assinante', em tradução livre); conhecido popularmente como "chip" de celular.
[11] Técnica nomeada como SIM *Swap* – Troca do SIM.

o código recebido por SMS, que foi enviado ao telefone da vítima no momento da instalação do aplicativo pelo atacante. Após validar a instalação, o criminoso terá controle sobre as novas mensagens recebidas e acesso aos grupos da vítima, sendo que o número de telefone da própria vítima aparecerá para os demais usuários (seus contatos).

Ataque simples de **impersonating**[12]

Uma variação mais recente e simplificada desse golpe é realizada quando o criminoso se passa pelo usuário "X", informando à vítima que trocou de número do telefone e, novamente utilizando técnicas de engenharia social, o criminoso consegue acesso a informações privilegiadas ou sensíveis, ou, ainda, acesso a valores financeiros da empresa.

Prevenção

Uma maneira adequada de evitar os efeitos corporativos de tais ataques é a existência e o cumprimento de uma política de segurança da informação realmente eficiente, que limite a troca de informações em canais não oficiais da empresa ou, ainda, que limite a troca de informações confidenciais ou sensíveis fora dos meios controlados da empresa, e que, preferencialmente, tais meios não incluam comunicadores instantâneos de uso pessoal, uma vez que a empresa não poderia controlar os dados que lá trafegam.

Os operadores de contas comerciais devem ser informados e treinados contra esses golpes, além de ser orientados a não trafegar informações sigilosas e pessoais nesses tipos de aplicativos.

3.1.4 Golpe do falso boleto

Esse golpe funciona de duas formas: na primeira, o criminoso apenas envia um boleto – o que é aparentemente legítimo – para uma vítima e esta, por ter relação comercial com a entidade que está listada como cedente, acaba pagando tal boleto e descobrindo, posteriormente, se tratar de uma fraude. Essa modalidade não é nova e já existia desde a época em que os boletos eram enviados por correspondência física.

Outra forma mais elaborada desse golpe envolve a infecção da máquina com um *malware* que detecta boletos gerados em páginas da web e em *e-mails*, alterando sua linha digitável e os códigos de barras, direcionando, portanto, um boleto originalmente legítimo para a conta do criminoso. Muitos bancos adotaram a solução de não mais gerar boletos diretamente na página web

---

[12] Usamos a expressão *impersonating* quando um atacante se faz passar por uma terceira pessoa.

e, sim, mostrar um *link* para o boleto em PDF, o que, muitas vezes, inibe a ação do *malware*.

3.1.5 Furto de dados por funcionários e terceirizados

Os furtos de dados perpetrados contra empresas têm o objetivo da obtenção de dados que possuem um valor econômico, com o fim de repassá-los a concorrentes ou vendê-los para outras empresas de segmentos diversos.

Outro fim muito comum é o da extorsão de dinheiro da empresa, quando o criminoso está de posse de dados sigilosos ou sensíveis da corporação e exige vantagem financeira para não divulgar publicamente tais dados.

Em ambos os casos, em diversas oportunidades, os dados são fornecidos por funcionários ou terceirizados da própria empresa.

Cabe aos administradores dos sistemas e da rede, auxiliados preferencialmente por profissional de segurança da informação, evitar que tais atos criminosos sejam bem-sucedidos.

Para evitar tais ocorrências, devem os responsáveis implementar sistemas ou serviços de *Data Loss Prevention* (DLP)[13] que cubram o vazamento e a cópia de dados para ambientes externos aos da empresa ou, ainda, o acesso indevido aos dados.

Além disso, as políticas de segurança da informação devem delimitar o acesso e a extração de dados, norteando os responsáveis pelos sistemas e serviços de TI na aplicação de serviços de DLP eficazes.

Outra medida que auxilia na eficácia dos serviços de DLP, principalmente quanto a dados sigilosos e sensíveis, é a classificação da informação.[14]

3.1.5.1 Furto de dados e extorsão na vigência da LGPD

Quando da vigência plena da LGPD,[15] teremos um motivo adicional para buscar a proteção dos dados pessoais e sensíveis presentes em nossos sistemas, pois, além dos motivos e penalidades expostos na lei, antevemos um aumento das ocorrências de furtos de dados com o objetivo de extorsão.

Nesse futuro breve, a empresa terá que se preocupar com o vazamento de tais informações pelos motivos naturais e terá que se precaver do efeito

---

[13] Prevenção a perda de dados.
[14] Mais informações sobre o tema podem ser encontradas no Capítulo 5 desta obra.
[15] Lei 13.709, de 14 de agosto de 2018. Disponível em: <http://www.planalto.gov.br/ccivil_03/_ato2015-2018/2018/lei/L13709.htm>. Acesso em: 2 set. 2020.

punitivo da lei. Portanto, nesse momento, terão maior importância e valor as medidas de prevenção contra o furto de dados corporativos.[16]

3.1.6 Botnets

Botnets são redes de computadores que foram previamente invadidos e infectados com *malwares* que permitem que esses sejam controlados remotamente.

As finalidades de uma *botnet* são diversas, como a disseminação de *malware* e a mineração de criptomoedas, porém, uma das aplicações mais comuns é a realização de ataques coordenados, denominados DDoS, tema que trataremos no próximo item.

As *botnets* são comandadas por um servidor de comando e controle (C&C),[17] podendo ser alocado em qualquer parte do mundo e tendo sua conexão mascarada por uma origem obscura, vinda de uma VPN[18] ou oriunda de redes criptografadas e com impossibilidade de rastreamento, como as presentes na rede TOR.[19]

Uma rede corporativa ou alguns de seus equipamentos que tenham sido infectados com *malware* e que sejam parte de uma *botnet* trazem muitos riscos e perdas para a empresa.

Os principais riscos são o vazamento de dados e a possível responsabilização civil no caso de ataques, caso seja comprovado que a empresa não tomou as medidas necessárias para evitar ou mitigar a infecção e operação remota.

3.1.7 DDoS

Os ataques DDoS (*Distributed Denial of Service*)[20] são realizados com o objetivo de gerar indisponibilidade de servidores, gerando milhares (às vezes milhões) de acessos simultâneos a um site ou a qualquer outro serviço na internet.

Ao ser gerada uma requisição de acesso ao servidor, é separada uma pequena porção de memória, banda e, às vezes, armazenamento. Quando milhares de

---

[16] Mais informações sobre o tema podem ser encontradas no Capítulo 6 desta obra.
[17] Command and Control (C&C) servers.
[18] VPN (*Virtual Private Network*/'Rede Privada Virtual') é uma rede que tem seu tráfego protegido por um "túnel" criptográfico. Tal serviço tem como objetivo a privacidade e a proteção dos dados que trafegam por ele. É oferecido na internet por diversos provedores que, estando em países que o permitem, não registram a origem da conexão, dificultando investigações e o rastreio da origem das conexões.
[19] TOR (*The Onion Router*/'O Roteador Cebola') é uma rede que tem como principal recurso o anonimato, funcionando estruturalmente de forma voluntária e em camadas, o que oculta a verdadeira origem dos dados.
[20] 'Ataque distribuído de negação de serviços', em tradução livre.

conexões simultâneas são requisitadas, o servidor-alvo não suporta a quantidade de "usuários" e acaba "caindo", gerando a indisponibilidade desse servidor.

Em empresas que têm parte dos seus serviços na web, um ataque como esse pode gerar imenso prejuízo.

A principal medida que pode mitigar um ataque DDoS é o bloqueio das conexões na borda[21] da rede do cliente, ou seja, uma medida tomada pelo provedor de conexão à internet ou por outro serviço que faça a intermediação entre a internet e a rede-alvo.

3.1.8 Armazenamento indevido de dados ilícitos

Quando servidores são comprometidos, geralmente pela infecção por *malware*, é possível que eles sejam utilizados para o armazenamento de conteúdo ilícito, como pornografia infantil ou, ainda, conteúdos oriundos de violação de direitos autorais, como filmes.

Esse armazenamento tem como fim comum a distribuição de tais conteúdos para outros criminosos.

A solução para esse tipo de problema é o monitoramento constante da rede e, principalmente, a varredura em busca de conteúdo ilícito. Ferramentas de *e-discovery*[22] podem ajudar nessa tarefa. A revisão constante de *logs* pode evidenciar tais problemas também.

As medidas supracitadas somente serão efetivas se os conteúdos estiverem sendo armazenados de forma aberta. Se estiverem criptografados, eles não serão encontrados e, portanto, as buscas e os monitoramentos devem visar à localização de arquivos grandes em formatos não acessíveis e ao tráfego não usual, bem como a grandes e constantes operações de escrita e leitura de dados ou a acessos estranhos à rede.

Em alguns casos, a hospedagem de tais conteúdos não é feita por ação de *malwares* ou criminosos externos, sendo responsáveis os próprios funcionários da empresa. Somente uma vigilância eficiente e constante poderá combater tais atividades.

3.1.9 Fraudes em meios de pagamento e formulários web

Empresas que lidam com *e-commerce* B2B ou B2C[23] têm habitualmente alguns problemas com pagamentos na modalidade "cartão não presente", em

---

[21] Ponto mais extremo e próximo do exterior.
[22] Descoberta digital de dados.
[23] B2B: *Business to Business* ('negócios entre empresas'); B2C: *Business to Consumer* ('negócios entre empresas e consumidores finais').

que, como o nome diz, o usuário do cartão não está fisicamente no local da compra, e a fraude geralmente é descoberta apenas quando o titular recebe a fatura ou um aviso de compra em seu celular, vindo a contestar a compra fraudulenta posteriormente, na central de atendimento.

Se o *e-commerce* for uma parte importante do negócio, é interessante buscar empresas e recursos antifraude, pois o prejuízo das compras contestadas na modalidade de "cartão não presente" geralmente recai sobre o estabelecimento que, além desse prejuízo financeiro, pode ter sua imagem afetada em virtude de ter acolhido tais compras.

Outro ponto de atenção para empresas que trabalham com *e-commerce* reside na segurança dos formulários web que, se desenvolvidos com falhas, permitirão manipulação do lado do cliente.[24] Temos notícias de grandes sites de *e-commerce* que há poucos anos foram vítimas da exploração de falhas em seus serviços, por manipulação de formulários, em que os "clientes" conseguiram, sem nenhuma invasão ou alteração no servidor, inserir descontos absurdos na aquisição de produtos, apenas alterando o comportamento do formulário do seu lado (*client-side*).

Outra ameaça presente em alguns sites de *e-commerce* comprometidos é o chamado JS *Skimmer*[25] em que o invasor consegue explorar alguma falha nos servidores ou serviços instalados e instala o *malware* que vai capturar dados de cartões de crédito dos clientes no momento do *checkout*.[26]

Para evitar as duas últimas ameaças descritas neste item, é importante uma auditoria de segurança constante nos formulários web existentes, bem como a verificação de notícias de vulnerabilidades em serviços executados no servidor. A troca de informações entre empresas do mesmo ramo e outros usuários dos mesmos serviços ou produtos pode ajudar na rápida ação de proteção contra esses criminosos.

Deste ponto, podemos também extrair a visão da importância de um contrato bem elaborado e do suporte jurídico eficiente pelos tomadores de serviços e contratantes de soluções, para que o provedor do serviço defeituoso possa ser corretamente responsabilizado e o bom nome da empresa contratante preservado.

---

[24] *Client-side*: 'lado do cliente'. Uma aplicação web pode ter uma parte rodando no servidor (*server-side*) e outra no cliente (*client-side*).
[25] Javascript *Skimmer*: Javascript é uma linguagem de programação muito utilizada na web e *Skimmer* é o nome técnico do "chupa-cabra" (dispositivo ilícito para captura de dados de cartões de crédito); essa seria uma versão digital do "chupa-cabra".
[26] *Checkout*: 'página de pagamento'.

3.1.10 Acessos diretos e indevidos a base de dados

Os bancos de dados das empresas são um dos pontos que mais necessitam de uma observação atenta no que se refere à segurança da informação.

Se utilizados em conjunto com aplicações web expostas ao público, devem ser redobradas as análises que verifiquem se estão protegidos os dados contra acessos indevidos, consultas arbitrárias e vazamento de dados, utilizando, por exemplo, táticas de *SQL Injection*.[27]

Outro ponto que deve ser observado, principalmente em tempos de LGPD, é a possibilidade de acesso direto ao banco de dados pelo pessoal de TI, com o uso de senhas de administrador ou outras de alto grau de privilégio.

O log de acesso ao banco de dados deve ser revisado com frequência e qualquer acesso não justificável deve ser apurado.

Outra falha presente em diversos bancos de dados é o uso de senhas fracas. Este mal não aflige apenas os bancos de dados, contudo, nesses componentes, o problema se torna mais crítico. Não é rara a existência de credenciais de acesso que incluam ou sejam formadas apenas pelo nome da base de dados.

Portanto, deverão fazer parte da auditoria de segurança os critérios de força de senha aplicáveis às bases de dados, bem como a restrição da utilização de acessos diretos a elas.

3.1.11 Espionagem industrial e comercial

Em um mundo altamente conectado, no qual a informação é um bem valioso, é esperado que concorrentes busquem ilicitamente informações estratégicas da empresa, como bases de dados, informações sobre clientes, estratégias de negócios ou produtos, com atividades de concorrência desleal.

Já falamos anteriormente do uso de técnicas de *malware* ou *spear phishing* para a obtenção ilícita dos dados, mas o arcabouço de ataques não fica restrito a esse escopo. Não é raro, por exemplo, o suborno de funcionários para fornecerem dados a concorrentes ou, até, para infectarem a rede da empresa com *malwares*.

Assim, para uma proteção adequada contra essas ameaças, é importante que sigamos as etapas de proteção contra *malware*, treinamentos e testes constantes contra *phishing*; é necessário que as informações da empresa

---

[27] Técnica de acesso privilegiado ou elevado a bancos de dados que, com o uso de chaves específicas, permite a listagem ou exibição dos dados sem que estejam presentes as credenciais ou os requisitos de privilégio necessários para que os dados sejam acessados.

sejam classificadas e, principalmente, compartimentadas, garantindo que apenas pessoas autorizadas e com legítimo interesse tenham acesso a certos dados da empresa.

3.2 SIMULAÇÃO EMPRESARIAL E APROVEITAMENTO PARASITÁRIO

Este tópico será deslindado de três formas, de acordo com as modalidades criminosas atualmente praticadas.

Na primeira modalidade, a fraude acontece no mundo digital, mas tendo seus efeitos reais no mundo físico. O golpe começa com a criação de um nome de domínio parecido com o utilizado por determinada empresa, com a mudança, subtração ou acréscimo de uma letra ou sigla.

Após essa primeira etapa, o criminoso entra em contato, geralmente por *e-mail*, e envia um pedido à outra empresa; se necessário for, dados e documentos da empresa que realmente existe são enviados. Na data combinada, um transportador, partícipe ou não da ação delituosa, comparece ao depósito da empresa e retira os produtos. Geralmente, a empresa vítima só descobre a fraude quando as faturas não são pagas. Alguns poderiam pensar em certa ingenuidade, mas no geral, para a fraude, os fraudadores usam dados de empresas consagradas, com capacidade de pagamento inegável e bom nome na praça.

A segunda modalidade criminosa funciona no sentido inverso, quando é montado um site falso que simula ser o site da empresa emulada e, lá, consumidores realizam compras. Usam-se o logotipo e a identidade visual da empresa original, com a única diferença no nome do domínio, que é montado como no exemplo anterior. Os consumidores obviamente não recebem os produtos e procuram a empresa legítima, que, evidentemente, desconhece a venda e, por consequência, ignora a fraude. O site fraudulento, nesses casos, fica no ar apenas alguns dias.

A terceira modalidade acontece com a criação de um site similar ao de um comércio eletrônico normal, que vende produtos geralmente de marcas consagradas. Então, o criminoso envia produtos falsificados, ou entra em contato com o cliente e, informando que o produto comprado acabou, oferece um desconto e um produto de marca distinta, em ação clara de aproveitamento parasitário da marca renomada.

Nas duas últimas modalidades, geralmente, são usados *links* patrocinados em buscadores ou anúncios em sites de grande audiência. Nestes dois últimos, também é importante frisar que, apesar de a empresa original não ser vítima dessas atividades, ela pode ter sua reputação manchada pela justa insatisfação dos consumidores.

Por isso, nas três hipóteses, a melhor medida preventiva é que as empresas monitorem habitualmente seus nomes comerciais e suas marcas na internet, identificando o uso indevido de seus nomes e, nas duas últimas hipóteses, zelando pelos seus canais de venda legítimos.

Esse monitoramento também pode ser útil para a detecção de *fake news*[28] envolvendo suas marcas e a reputação da empresa na internet, medidas que objetivam a proteção de sua imagem corporativa e do seu bom nome comercial.

3.2.1 Vulnerabilidades em sistemas

Sistemas estão sujeitos a falhas no desenvolvimento ou a vulnerabilidades nos seus componentes e devemos estar atentos, pois sempre haverá alguém disposto a testar a segurança das nossas aplicações expostas na internet ou, ainda, fazer engenharia reversa e outras análises em produtos tecnológicos que fazem parte da nossa infraestrutura.

Cabe ao responsável de TI da empresa, auxiliado por profissionais de segurança da informação, se estiverem disponíveis na sua realidade empresarial, a manutenção de um inventário de softwares e hardwares instalados da empresa ou particulares, autorizados a serem usados em ambiente corporativo.

De posse desse inventário, preferencialmente de forma automatizada, devem ser examinados boletins de segurança dos fabricantes e aplicados os *patches*[29] de segurança disponibilizados, bem como, no caso de aplicações críticas ou que contenham dados sigilosos ou sensíveis, recomendamos que rotineiramente sejam realizados testes e auditorias de segurança.

3.2.2 Ataques ao DNS

O DNS[30] é o sistema que permite a resolução de nomes de domínios para endereços IP. Nele existem tabelas que indicam para qual IP a conexão deve ser direcionada quando certo domínio é digitado.

Relegado quanto à segurança em diversas empresas, precisamos ter uma atenção muito grande com esse serviço de rede, pois, se atacado, ele poderá comprometer toda a segurança da empresa e os usuários poderão ser

---

[28] Até setembro de 2020, o legislativo brasileiro analisava o Projeto de Lei 3.683/2020, conhecido como a "PL das *Fake news*", que visa regular de forma mais ativa as condutas praticadas nas redes sociais e demais dispositivos digitais.
[29] Correções.
[30] *Domain name system*: 'sistema de nomes de domínio'.

direcionados para sites falsos, que podem trazer infecções ou servir como meio de subtração de credenciais, inclusive de acesso bancário.

Existem *malwares* que atacam, entre outros itens, arquivos locais que cumprem a função de resolução de nome de domínio para certas necessidades. Esse é o arquivo HOSTS da máquina que, se for alterado por alguma ação criminosa, poderá direcionar o usuário para algum site ilegítimo, mesmo que ele tenha digitado o endereço correto, como no caso da alteração no DNS da rede.

3.2.3 Ataques por vetores físicos

Ultimamente, temos visto um aumento das proteções lógicas (software) das empresas e, ao mesmo tempo, o crescimento de ataques físicos à infraestrutura e à segurança dos dados corporativos.

Um ataque por vetores físicos pode ser realizado, por exemplo, a partir do uso de um dispositivo USB comprometido, ou, até mesmo, pela instalação de dispositivos de captura de tráfego de rede,[31] quando o atacante poderia coletar todos os dados trafegados em uma rede para obter credenciais de acesso ao sistema e dados sigilosos.

Geralmente, tais ataques são realizados de forma dolosa por funcionários ou prestadores de serviços da própria empresa.

Eventualmente, a instalação de dispositivos não autorizados em uma rede, como um roteador para prover acesso sem fio a dispositivos dos funcionários, pode representar um grande risco.

Tal ameaça é denominada *Shadow IT*,[32] e é um risco muito comum em diversas empresas, podendo causar desde interrupções do funcionamento de certos dispositivos por duplicidade de endereço IP, até a exploração de vulnerabilidades presentes no dispositivo não autorizado, resultando em vazamento de dados ou outros resultados nefastos.

Isso demanda, aos responsáveis pela TI da empresa, a adoção de medidas lógicas que impeçam a conexão de dispositivos não autorizados à rede da empresa, como a adoção de controles e regras presentes na norma IEEE 802.1X, o bloqueio de portas USB em dispositivos nos quais o usuário não necessite desse tipo de conexão – sendo os demais usuários treinados para o uso seguro de dispositivos USB. Todos esses procedimentos não dispensam uma vistoria habitual física e lógica dos dispositivos de rede presentes na empresa.

---

[31] Chamados de *sniffers*.
[32] 'Tecnologia da Informação Sombra'.

CONCLUSÃO

Como pudemos ver, existem inúmeros vetores de ataques e pouca cultura de segurança na maioria das empresas e, para a continuidade de negócios em uma era na qual a informação tem um valor financeiro elevado, é indispensável que esse cenário seja mudado.

Quanto aos vetores de ataques, precisamos do desenvolvimento de produtos e tecnologias que sejam amplamente testados, além do comprometimento de fabricantes e desenvolvedores no sentido de providenciarem correções cada vez mais rápidas para as falhas descobertas.

Dos profissionais de TI, em geral, precisamos que estejam plenamente envolvidos com as questões de segurança da informação e, dos proprietários das empresas, a consciência de que investimentos sempre serão necessários.

Quanto aos governos, precisamos de penas mais rigorosas para os crimes envolvendo sistemas informáticos e, acima de tudo, precisamos de uma coalizão global para o desenvolvimento de acordos de fornecimento de dados investigativos de uma forma rápida para que as investigações não estejam restritas a fronteiras que os criminosos não conhecem.

Por fim, esperamos que estas breves considerações, apresentadas neste capítulo, possam despertar novos profissionais de segurança, preocupados em tornar o mundo um ambiente menos hostil e perigoso, pelo menos dentro do universo digital.

4

PROTEÇÃO DE DADOS PESSOAIS

Patricia Peck Pinheiro e Larissa Lotufo

4.1 PROTEÇÃO DE DADOS NO CIBERESPAÇO

Dados pessoais são informações naturalmente importantes e vulneráveis, mas no espaço digital essa importância ganha novos contornos devido à rápida capacidade de disseminação e ao amplo alcance que um vazamento de dados pode tomar.

Isso porque não há limites materiais e fronteiriços na rede virtual, permitindo que uma informação pessoal – muitas vezes confidencial e privada – possa ser transferida de um local ao outro de forma ágil e difícil de ser combatida.

Por conta disso, diversos países em todo o mundo passaram a criar legislações específicas para a proteção dos dados pessoais. Tais normas cumprem dois objetivos práticos: (i) asseguram os direitos dos titulares de dados pessoais; (ii) apontam boas práticas e regras claras para as organizações públicas e privadas que realizam o tratamento de dados pessoais.

Em comum, as duas situações evidenciam que as regras especializadas em proteção de dados pessoais têm como objetivo geral instituir uma nova cultura de privacidade e proteção às informações pessoais.

Essa nova cultura é aplicada tanto aos titulares de dados – que passam a se tornar mais conscientes e educados acerca de seus direitos e posturas ideais – quanto às organizações – que passam a ter acesso a regras mais claras sobre como realizar o manuseio dos dados pessoais de forma ética e coerente.

De todo modo, é preciso ter em mente que a instituição de boas práticas em proteção de dados não se dá de maneira instantânea. É um processo gradual e que leva tempo e investimento.

É o que têm demonstrado os países mais consolidados no regramento de proteção de dados, como é o caso dos países da União Europeia. De acordo com o portal *Financial Times*, as empresas menores têm sido mais "particularmente afetadas pelos custos de conformidade com o Regulamento Geral de Proteção de Dados (GDPR)".[1]

Mas isso não é uma particularidade das pequenas empresas, já que todos os setores – públicos e privados – têm assinalado dificuldades em ficar em conformidade com as regras de proteção de dados impostas por seus países.

Esse desafio torna-se maior ainda em um contexto de atuação global, tendo em vista que, nessa situação, a organização precisa estar em *compliance* com a legislação de dois ou mais países.

Trazendo esse aspecto para o cenário brasileiro, observa-se que o país passa por dificuldades próprias no contexto da regulação de dados pessoais:

i) instabilidade regulatória do país frente ao tema, tendo em vista a "novela" que 2020 viveu em relação ao prazo de vigência da LGPD;
ii) falta de direcionamento por parte da Autoridade de Proteção de Dados nacional.

4.2 LEGISLAÇÃO BRASILEIRA: LGPD

A Lei 13.709/2018 ou Lei Geral de Proteção de Dados (LGPD) foi promulgada pelo ex-presidente Michel Temer no dia 14 de agosto de 2018, sendo resultado da PLC 53/2018. Em termos gerais, pode-se dizer que a norma é bastante técnica e fundamentada nos direitos humanos.

A lei foi muita discutida na sociedade brasileira e passou por modificações legais pela Lei 13.853/2019. Em 2020, todas as discussões sobre a LGPD se centraram na data da vigência da norma.

No início de 2020, a vigência da lei estava marcada para agosto de 2020, todavia, com a pandemia ocasionada pelo novo coronavírus, as discussões sobre a sua entrada em vigor prolongaram-se, causando muita instabilidade jurídica acerca da temática.

Até meados do mês de agosto de 2020, a lei continuava sem data para "passar a valer" em decorrência dos sucessivos adiamentos legislativos. O Congresso, na época, discutia duas situações: (1) o início da vigência da

---

[1] ESPINOZA, Javier. EU admits it has been hard to implement GDPR. *Financial Times*, 23 jun. 2020.

norma em agosto de 2020, com exceção de suas sanções;[2] (2) o adiamento de sua vigência como um todo para agosto de 2021.[3]

No dia 26 de agosto de 2020, o Senado Federal aprovou o Projeto de Lei de Conversão 34/2020. Em resumo, o Senado aprovou a MP nº 959/2020, que entendia que a LGPD seria adiada como um todo para agosto de 2021. Apesar disso, o Senado entendeu que o art. 4º da MP: "Art. 4º A Lei nº 13.709, de 14 de agosto de 2018, passa a vigorar com as seguintes alterações: 'Art. 65. (...) II – em 3 de maio de 2021, quanto aos demais artigos.' (NR)", foi considerado "prejudicado".

Ou seja, o Senado encaminhou à sanção presidencial a MP 959/2020, porém, sem as disposições relacionadas à vigência da LGPD. Com isso, a partir da sanção presidencial que decorreu 15 dias após a aprovação do Senado, a LGPD passou a vigorar em 18 setembro de 2020.

Importante notar que a vigência da LGPD iniciou em setembro, mas as sanções mantiveram o seu adiamento para maio de 2021, conforme o Projeto de Lei 1.179/2020, transformado na Lei 14.010/2020[4].

De todo modo, o fato é que a nova postura em proteção de dados já havia recebido contornos mundiais em maio de 2018 quando o General Data Protection Regulation (GDPR) entrou em vigor apontando a todos os países um novo caminho a ser seguido: o caminho da proteção à privacidade e da segurança dos dados pessoais.

4.3 MELHORES PRÁTICAS EM PROTEÇÃO DE DADOS

Aplicar uma boa política de proteção de dados é particular a cada organização, mas existem alguns fatores macroexistenciais que devem ser levados em consideração no desenvolvimento de boas condutas na hora de realizar um tratamento de dados. Este tópico é dedicado a esse assunto.

4.3.1 Adotar uma política de segurança da informação sólida

Para que uma organização tenha uma boa postura em segurança da informação, é necessário implementar um Sistema de Gestão de Segurança da Informação (SGSI).

Isso porque os incidentes cibernéticos são o mais temido risco de negócio segundo empresas de todo o mundo, sendo responsáveis por 39%

---

[2] PL 1.198/2020.
[3] MP 959/2020.
[4] PIRES E GONÇALVES ADVOGADOS. 9º Radar LGPD. 2020.

das respostas dos participantes[5] do levantamento *Allianz Risk Barometer*, publicado em janeiro de 2020.

Por essa razão, implementar um bom SGSI é essencial para que todos os processos e procedimentos internos da organização estejam de acordo com as boas práticas de segurança da informação e, consequentemente, protejam os dados pessoais em tratamento.[6]

4.3.2 Definir bem os atores responsáveis pela proteção de dados na organização

A LGPD traz apontamentos específicos acerca dos responsáveis por cada atividade em seu regramento.[7] Por conta disso, é um passo obrigatório para todas as organizações definir os atores envolvidos em cada procedimento.

De forma geral, é necessário ter bem delineadas as atividades do:

a) controlador	pessoa natural ou jurídica que toma as decisões referentes ao tratamento de dados pessoais;
b) operador	pessoa natural ou jurídica que realiza o tratamento de dados em nome do controlador;
c) encarregado	pessoa natural ou jurídica que atua como canal de comunicação entre os titulares de dados e a organização e entre a Autoridade Nacional e a organização.

Tais agentes são centrais no desenvolvimento de toda e qualquer atividade que envolva o tratamento de dados pessoais, e devem ter seus papéis e ações definidas desde o início do projeto.

É preciso ter em mente que, mesmo que cada um dos agentes tenha a sua atividade própria, caso haja algum incidente com dados em tratamento, todos respondem de forma solidária. Daí a importância de adotar uma postura de transparência e de boas práticas comuns para todos esses atores.

Para guiar essa divisão, é importante atentar a três etapas centrais:

1. identificação da posição ocupada no tratamento	controlador ou operador;

---

[5] O estudo da Allianz analisou a resposta de + 2.700 especialistas em gerenciamento de riscos em + 100 países do mundo. Para maiores informações, acesse: <https://www.agcs.allianz.com/news-and-insights/reports/allianz-risk-barometer.html>.

[6] Para se aprofundar mais sobre o tema, leia os Capítulos 5 e 9.

[7] O art. 5º da LGPD traz todas as definições gerais.

2. aplicação de medidas e procedimentos do agente	especificadas logo no projeto inicial;
3. formalização dos termos em contrato	é essencial formalizar tudo o que for acertado, inclusive com a utilização de aditivos contratuais.

4.3.3 Assegurar a execução dos direitos dos titulares de dados

A LGPD traz direitos específicos em relação aos titulares de dados e ao tratamento de dados pessoais realizado com suas informações, sendo eles:

→ acesso;
→ alteração;
→ eliminação;
→ revogação de consentimento;
→ não discriminação no uso dos dados;
→ revisão de decisões automatizadas.

Isso quer dizer que a organização deve estar preparada para garantir o exercício dos direitos dos titulares de dados, durante todo o fluxo processual do tratamento de dados em realização.

Portanto, é necessário verificar se todos os fluxos processuais estão aptos a atender aos direitos e às requisições dos titulares dos dados pessoais. Caso contrário, a empresa poderá enfrentar penalizações duras.[8]

É importante observar que, no caso das requisições, não há uma sinalização da LGPD em relação ao tempo em que o titular deve ser atendido – a lei usa o termo "tempo razoável". Porém, o GDPR define o tempo de resposta em, no máximo, 72 horas; se a sua empresa busca seguir os padrões internacionais, é interessante adotar o apontado pelo GDPR.

4.3.4 Adotar a anonimização ou pseudoanonimização dos dados se possível

A LGPD não considera os dados que passam por processo de anonimização como dados pessoais.[9] Por isso, sempre que for possível realizar a

---

[8] O art. 52 da LGPD aponta penas que vão desde a advertência até multas limitadas a um total de 50 milhões de reais por infração.
[9] "Art. 12. Os dados anonimizados não serão considerados dados pessoais para os fins desta Lei, salvo quando o processo de anonimização ao qual foram subme-

anonimização ou pseudoanonimização, é indicado que a organização adote tais procedimentos.

Segundo Bruno Bioni, os dados anonimizados são a antítese dos dados pessoais.[10] E, para que seja possível a realização de tais procedimentos, é necessário cumprir alguns requisitos:

> - elencar os processos de trabalho;
> - identificar os dados a serem anonimizados ou pseudoanonimizados;
> - analisar o ciclo de vida dos dados sob o aspecto da mitigação de riscos, com o intuito de propor o arquivamento ou eliminação de informações desnecessárias;
> - avaliar o risco de identificação dos titulares dos dados anonimizados e/ou pseudoanonimizados;
> - definir um plano de comunicação de incidentes em caso de violação de dados;
> - documentar e relatar violações e incidentes;
> - adotar uma política de análise de riscos periódica;
> - conscientizar todos os colaboradores e equipes acerca dos processos e procedimentos necessários para a garantia da segurança dos dados.

4.3.5 Emitir o Relatório de Impacto de Proteção de Dados (RIPD) como uma prática

Emitir o RIPD[11] é uma obrigação imposta às organizações pela LGPD,[12] e pode-se dizer que a adoção de tal procedimento também faz parte da implementação de um bom SGSI.

De forma resumida, os Relatórios de Impacto de Proteção de Dados são documentos em que há a descrição dos procedimentos adotados pela organização no que diz respeito aos aspectos que podem gerar riscos às liberdades civis e às medidas de mitigação de riscos no tratamento de dados pessoais.

O RIPD pode ser elaborado para a organização como um todo ou de acordo com cada projeto, dependendo da complexidade e dos riscos

---

tidos for revertido, utilizando exclusivamente meios próprios, ou quando, com esforços razoáveis, puder ser revertido."

[10] BIONI, Bruno. Compreendendo o conceito de anonimização e dado anonimizado. In: DONEDA, Danilo; MENDES, Laura; CUEVA, Ricardo (Org.). *Lei Geral de Proteção de Dados*. São Paulo: Thomson Reuters/Revista dos Tribunais, 2020. p. 39.

[11] No GDPR, esse documento equivale ao *Data Protection Impact Assessment* (DPIA).

[12] Arts. 5º, XVII e 10, II, § 3º, da LGPD.

envolvidos na operação. De acordo com o governo federal, o fluxo de desenvolvimento do RIPD é o apresentado na Figura 4, abaixo:

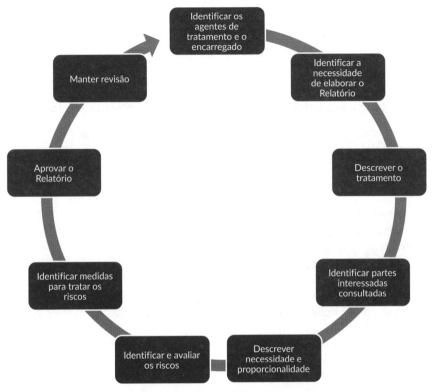

FIGURA 4 – Fluxo de elaboração do RIPD
Fonte: BRASIL, 2020.

4.3.6 Construir um Comitê de Proteção de Dados e enfocar a figura do DPO

Para que todas as atividades relacionadas à conformidade em proteção de dados sejam realizadas de maneira mais organizada e controlada, é necessário construir um Comitê de Proteção de Dados.

Deste modo, é possível garantir a centralização das informações, a otimização dos procedimentos e a agilidade na resolução de problemas.

Todos os participantes do Comitê devem ser escolhidos de acordo com os seus conhecimentos úteis e o time deve ser criado sob um viés multidisciplinar, de modo a abarcar conhecimentos jurídicos, técnicos e de comunicação.

Neste contexto, a figura do encarregado de dados ou *Data Protection Officer* (DPO) é de primordial importância. Isso porque o DPO atua como um porta-voz da sua organização, tanto junto aos seus clientes, como junto à autoridade fiscalizadora.

O DPO é responsável por realizar toda a comunicação entre a sua organização e os titulares de dados e entre a sua organização e a Autoridade Nacional, podendo ser uma pessoa física ou jurídica, interna ou terceirizada. De toda forma, é necessário publicizar a figura do DPO de maneira acessível e transparente.

4.3.7 Atentar às particularidades da transferência internacional de dados

No caso das organizações que necessitam realizar a transferência internacional de dados, é necessário observar o previsto pelos arts. 33, 34, 35 e 36[13] da legislação, bem como algumas melhores práticas, visto que esse é um

---

[13] Artigos da LGPD sobre transferência internacional de dados:
"Art. 33. A transferência internacional de dados pessoais somente é permitida nos seguintes casos:
I – para países ou organismos internacionais que proporcionem grau de proteção de dados pessoais adequado ao previsto nesta Lei;
II – quando o controlador oferecer e comprovar garantias de cumprimento dos princípios, dos direitos do titular e do regime de proteção de dados previstos nesta Lei, na forma de:
a) cláusulas contratuais específicas para determinada transferência;
b) cláusulas-padrão contratuais;
c) normas corporativas globais;
d) selos, certificados e códigos de conduta regularmente emitidos;
III – quando a transferência for necessária para a cooperação jurídica internacional entre órgãos públicos de inteligência, de investigação e de persecução, de acordo com os instrumentos de direito internacional;
IV – quando a transferência for necessária para a proteção da vida ou da incolumidade física do titular ou de terceiro;
V – quando a autoridade nacional autorizar a transferência;
VI – quando a transferência resultar em compromisso assumido em acordo de cooperação internacional;
VII – quando a transferência for necessária para a execução de política pública ou atribuição legal do serviço público, sendo dada publicidade nos termos do inciso I do caput do art. 23 desta Lei;
VIII – quando o titular tiver fornecido o seu consentimento específico e em destaque para a transferência, com informação prévia sobre o caráter internacional da operação, distinguindo claramente esta de outras finalidades; ou
IX – quando necessário para atender as hipóteses previstas nos incisos II, V e VI do art. 7º desta Lei.

tema ainda sujeito a regulamentação pela Autoridade Nacional de Proteção de Dados (ANPD). A LGPD traz condições específicas para a legalidade da realização desse tipo de transferência.

> Parágrafo único. Para os fins do inciso I deste artigo, as pessoas jurídicas de direito público referidas no parágrafo único do art. 1º da Lei nº 12.527, de 18 de novembro de 2011 (Lei de Acesso à Informação), no âmbito de suas competências legais, e responsáveis, no âmbito de suas atividades, poderão requerer à autoridade nacional a avaliação do nível de proteção a dados pessoais conferido por país ou organismo internacional.
>
> Art. 34. O nível de proteção de dados do país estrangeiro ou do organismo internacional mencionado no inciso I do caput do art. 33 desta Lei será avaliado pela autoridade nacional, que levará em consideração:
>
> I – as normas gerais e setoriais da legislação em vigor no país de destino ou no organismo internacional;
>
> II – a natureza dos dados;
>
> III – a observância dos princípios gerais de proteção de dados pessoais e direitos dos titulares previstos nesta Lei;
>
> IV – a adoção de medidas de segurança previstas em regulamento;
>
> V – a existência de garantias judiciais e institucionais para o respeito aos direitos de proteção de dados pessoais; e
>
> VI – outras circunstâncias específicas relativas à transferência.
>
> Art. 35. A definição do conteúdo de cláusulas-padrão contratuais, bem como a verificação de cláusulas contratuais específicas para uma determinada transferência, normas corporativas globais ou selos, certificados e códigos de conduta, a que se refere o inciso II do caput do art. 33 desta Lei, será realizada pela autoridade nacional.
>
> § 1º Para a verificação do disposto no caput deste artigo, deverão ser considerados os requisitos, as condições e as garantias mínimas para a transferência que observem os direitos, as garantias e os princípios desta Lei.
>
> § 2º Na análise de cláusulas contratuais, de documentos ou de normas corporativas globais submetidas à aprovação da autoridade nacional, poderão ser requeridas informações suplementares ou realizadas diligências de verificação quanto às operações de tratamento, quando necessário.
>
> § 3º A autoridade nacional poderá designar organismos de certificação para a realização do previsto no caput deste artigo, que permanecerão sob sua fiscalização nos termos definidos em regulamento.
>
> § 4º Os atos realizados por organismo de certificação poderão ser revistos pela autoridade nacional e, caso em desconformidade com esta Lei, submetidos a revisão ou anulados.
>
> § 5º As garantias suficientes de observância dos princípios gerais de proteção e dos direitos do titular referidas no caput deste artigo serão também analisadas de acordo com as medidas técnicas e organizacionais adotadas pelo operador, de acordo com o previsto nos §§ 1º e 2º do art. 46 desta Lei.

Em termos gerais, os principais procedimentos a serem adotados na transferência internacional de dados são:

- impor uma padronização do modelo de cláusulas contratuais a serem observadas pelas instituições, quer seja em suas relações corporativas globais, quer seja em seus códigos internos e certificados;
- adotar política de contratos vinculantes, para prever a indicação do país no qual os serviços serão prestados e o tratamento de dados será necessário, para que o armazenamento, o processamento e a gestão dos dados sejam realizados em conformidade com as normas da LGPD;
- assegurar-se de que os preceitos legais e os princípios, direitos, garantias e deveres trazidos pela LGPD sejam observados e praticados ao longo de todo o fluxo processual da organização com regras claras e disseminadas por meio da governança dos contratos entre as partes;
- garantir que informações relativas às certificações e aos relatórios de auditoria estejam acessíveis;
- caso haja a subcontratação de serviços por parte da empresa que recebe a transferência de dados, a empresa vinculada na cadeia deverá ser notificada;
- comunicar todas e quaisquer mudanças relacionadas às garantias fornecidas à autoridade nacional competente.

Art. 36. As alterações nas garantias apresentadas como suficientes de observância dos princípios gerais de proteção e dos direitos do titular referidas no inciso II do art. 33 desta Lei deverão ser comunicadas à autoridade nacional".

5

COMO IMPLEMENTAR UMA CIBERSEGURANÇA CORPORATIVA?

Larissa Lotufo, Leandro Bissoli e Rafael Siqueira

5.1 SISTEMA DE GESTÃO DE SEGURANÇA DA INFORMAÇÃO (SGSI)

Dentre as preocupações necessárias para o pleno funcionamento de uma empresa, a aplicação de um Sistema de Gestão de Segurança da Informação passou a ser uma obrigação para que todos os processos internos empresariais se mantenham seguros. Isso porque as ameaças cibernéticas têm crescido exponencialmente nos últimos anos, seja no volume dos ataques, seja na sofisticação dos mecanismos invasores. Tal situação tende a tornar-se ainda mais grave com a expansão da internet das coisas.[1]

Os Sistemas de Gestão de Segurança da Informação (SGSI) são sistemas corporativos que abrangem todos os processos organizacionais ou parte deles e buscam proteger as informações da empresa dentro dos critérios de confidencialidade, integridade e disponibilidade (CID) da organização.[2] Neste sentido, os SGSI traduzem-se em planos, estratégias, políticas, medidas e controles voltados para a segurança da informação que têm o intuito de

---

[1] A Pesquisa Global de Segurança da Informação de 2017 realizada pela PwC ressalta que a expansão da internet das coisas introduz "novos riscos que ainda não são bem compreendidos e podem ter implicações abrangentes". Nesse contexto, a pesquisa aponta que 46% das organizações planejam investir em novos modelos de segurança baseados nas necessidades mais recentes do mercado.

[2] FONTES, Edison. *Políticas e normas para segurança da informação*. Rio de Janeiro: Brasport, 2012. p. 17-22.

implementar, monitorar, analisar, manter e melhorar a segurança da informação corporativa.[3]

Todas essas práticas são realizadas para que o risco da empresa seja o mínimo possível. Todavia, esse risco nunca será igual a zero já que, como aponta Tácito Leite, "não existe sistema ou software, por mais avançado que seja, que resolva por si questões relacionadas a riscos e defina sozinho qual a melhor decisão a ser tomada".[4] Isso significa que existem algumas partes do processo de segurança que – ao menos ainda – devem ser avaliadas pela subjetividade humana; por conta disso, além de um aparato de segurança eficaz, é preciso ter uma equipe de gestão de segurança muito bem preparada e pronta para lidar com as reais necessidades da empresa.

Por isso, também é importante apontar que, antes de contratar uma equipe para implementar um sistema de segurança, é preciso avaliar o trabalho dessa equipe, procurar informações sobre a sua atuação no mercado e buscar sempre profissionais sérios, éticos e com impacto positivo no mercado. Às vezes, os/as empresários/as analisam só o valor do investimento e não os retornos que tais investimentos vão trazer para a empresa; isso pode levar a erros e trazer prejuízos desnecessários à empresa. No caso particular dos investimentos em segurança da informação, uma contratação mal realizada pode expor a empresa e destruir a sua imagem perante os clientes e investidores, causando

---

[3] Antônio Leocádio relaciona a segurança cibernética com a gestão de segurança da informação: "A segurança cibernética pode ser definida de forma primária, como: segurança da tecnologia da informação contra acesso não intencional ou não autorizado ou alteração ou destruição dos mesmos. O assunto é sério, especialmente se tivermos um viés no setor de serviços, em que as demandas por novos negócios propiciam a comodidade ao invés de segurança. Essas ações ou pensamento corporativo têm evidenciado o gestor de segurança da informação como um aliado, em face das ameaças digitais. Em um mundo cada vez mais conectado, a segurança cibernética se tornou um pilar estratégico. As estratégias, nos tempos de crise, alavancaram as preocupações corporativas, chegando a ser discutidas, muitas vezes, no 'board' ou conselhos de administração. Todos entendem que qualquer interrupção na sua capacidade de produção, seja física, seja tecnológica, pode ser fatal no atingimento das metas. Portanto, as ameaças digitais acabam sendo vistas com o mesmo viés de riscos das dimensões econômicas, de imagem ou de reputação". LEOCÁDIO, Antônio Ricardo Gomes. Segurança cibernética, pessoas, empresas e governos. Precisamos muito falar sobre isso. *Revista Fonte*, ano 14, n. 18, p. 65-66, dez. 2017.

[4] LEITE, Tácito Augusto Silva. *Gestão de riscos na segurança patrimonial*. Rio de Janeiro: Qualitymark, 2016. p. 52

danos irreversíveis;[5] por isso, fique atento na hora de contratar uma equipe para cuidar da segurança da informação de sua empresa.[6]

A informação, por sua vez, é um conjunto de dados que, processados, ganham um significado; é também um ativo empresarial essencial para que o negócio se desenvolva, independentemente do ramo de atuação ou do tipo de objeto que a empresa negocia. Por conta disso, deve ser protegida de forma adequada e segura. Isso porque garantir a segurança das informações empresariais assegura a manutenção da competitividade e da lucratividade e a firmeza nas tomadas de decisões dentro da empresa, podendo ainda maximizar os retornos sobre os investimentos e as oportunidades relativas ao negócio.

Para que um sistema de segurança da informação seja aplicado dentro de uma empresa, é preciso classificar as informações de acordo com os impactos que a sua perda pode causar. Usualmente, classifica-se a informação em: (i) pública, que pode ser compartilhada interna e externamente; (ii) interna, que deve ficar restrita ao ambiente empresarial; e (iii) confidencial, que é aquela informação à qual somente alguns funcionários específicos têm acesso e que deve ser restrita a essas pessoas e ambiente.

Seguindo essa ideia, a segurança da informação deve ser dotada de alguns princípios, sendo os mais gerais e importantes os conhecidos como CID: confidencialidade, integridade e disponibilidade.[7]

---

[5] Edison Fontes cita uma pesquisa realizada por Brotby para exemplificar a importância da gestão da segurança da informação: "Uma pesquisa realizada pela Universidade do Texas indicou que 93% das organizações que tiveram indisponibilidade de informação por mais de 10 dias seguidos em função de desastres nos recursos de TI, chegaram à falência um ano depois. Em termos de impactos financeiros e perda de clientes, Brotby complementa: 'Uma análise detalhada realizada pela PGP Corporation, em conjunto com a Vontu Company, identificou que 31 companhias que sofreram violações de informação em um período de doze meses tiveram uma perda média de US$ 4,8 milhões, além do que 19% dos clientes deixaram de se relacionar com a companhia e outros 40% dos clientes consideravam a possibilidade de deixar de serem clientes" (FONTES, Op. cit., p. 4).

[6] De acordo com a Pesquisa Internacional da Grant Thornton, os prejuízos por ataques cibernéticos giraram em torno de US$ 280 bilhões de janeiro de 2016 a janeiro de 2017 em todo o mundo; a pesquisa foi realizada com mais de 2.500 líderes de empresas e baseada em 36 economias. GRANT THORNTON. Ataques cibernéticos causaram prejuízo de US$ 280 bilhões, 2017.

[7] PIONTI, Rodrigo. *Políticas de segurança da informação.* 2013. Artigo (Especialização em Tecnologia em Segurança da Informação) – Faculdade de Tecnologia do Estado de São Paulo, Ourinhos, 2013. p. 1-4.

A *confidencialidade* consiste na garantia de que a informação será restrita e seguramente guardada; já a *integridade* busca garantir que a informação será preservada em sua exatidão por meio de métodos de processamento específicos; por fim, a *disponibilidade* garante que os usuários autorizados tenham acesso às informações sempre que necessário.

Pode-se notar que a segurança da informação tem uma ligação direta com os objetivos de cada empresa e, portanto, deve existir para atender às necessidades organizacionais de cada negócio de maneira a auxiliar no alcance de suas metas e objetivos.

Por conta disso, há a necessidade da criação de políticas, padrões e procedimentos dentro de cada corporação. Por meio desse escopo de ações e práticas voltadas à segurança da informação, é possível assegurar que a empresa atenda às suas necessidades internas e ainda esteja em conformidade com as obrigações legais e contratuais que tem com o Estado e com seus clientes.

Como se pode notar, implementar uma rotina clara e adequada de segurança de informação faz parte do conjunto operacional da gestão empresarial, daí a importância de os gestores e empreendedores compreenderem essa área do conhecimento e suas implicações.

5.2 NORMAS GERAIS DE SEGURANÇA DA INFORMAÇÃO

Uma das implicações trazidas com o avanço tecnológico consiste na evolução das abordagens locais para as globais no que concerne à segurança da informação. Nesse sentido, podemos compreender a segurança cibernética como um campo tão amplo quanto a própria segurança, o que diminui as fronteiras entre as iniciativas estatais e privadas e aumenta as necessidades de parcerias entre esses dois setores.[8]

Essa realidade também faz que as empresas busquem cada vez mais estar em dia com as normas e regulamentações relativas à segurança da informação. A norma técnica que apresenta as práticas da gestão de segurança de informação é a ISO/IEC 27001. Por ela, é possível entrar em contato com as melhores práticas para estabelecer um SGSI, com a possibilidade ainda de avaliar e certificar os controles implementados, o que traz mais segurança para a empresa do ponto de vista dos processos internos e melhora a sua imagem junto aos clientes em relação à segurança da informação.

---

[8] De acordo com um estudo realizado pela Intel Security com o Aspen Institute em 2015, dentre 600 executivos de tecnologia de países como França, Alemanha, Reino Unido e Estados Unidos, 86% acreditam que o fortalecimento das parcerias público-privadas de compartilhamento de inteligência é uma das maiores necessidades em segurança cibernética atuais.

Dentre os benefícios trazidos com a ISO/IEC 27001 pode-se apontar:

→ identificação dos riscos em relação à segurança da informação;
→ definição dos mecanismos de controle para gerenciar ou eliminar os riscos;
→ possibilidade de adaptar os controles de acordo com áreas específicas ou com todas as áreas da empresa, conforme a necessidade;
→ proteção da reputação da empresa ao garantir a segurança dos dados por ela tratados;
→ redução dos custos operacionais gerais da empresa em relação à segurança, ao adotar um mecanismo de prevenção de riscos.

No Brasil, a Associação Brasileira de Normas Técnicas (ABNT) é o foro nacional de normatização; por conta disso, no território nacional adota-se a ABNT NBR ISO/IEC 27001 que provê um modelo para que as empresas possam "estabelecer, implantar, operar, monitorar, analisar criticamente, manter e melhorar um Sistema de Gestão de Segurança da Informação (SGSI) conforme as necessidades da organização",[9] de acordo com o especificado pela ISO/IEC 27001.

Essas normas são indicadas para todo e qualquer tipo de organização, seja ela pública ou privada, de forma que a responsabilidade pela criação desse dispositivo de gestão fica a cargo da direção executiva da organização, que deve não só apoiar a criação, a implantação e o desenvolvimento, como também a manutenção do SGSI.

A ABNT NBR ISO/IEC 27001 utiliza o modelo PDCA[10] – *Plan-Do-Check-Act* – para descrever a estruturação de um SGSI, de forma que o plano de ação deve se desenvolver em quatro etapas, como mostra a Figura 5:

Plan (Planejar)	é a primeira das etapas, em que as políticas, os processos, os controles e os procedimentos devem ser levantados, estudados e estabelecidos de acordo com as necessidades e estratégias do negócio;

---

[9] FONTES, Edison. *Políticas e normas para segurança da informação*. Rio de Janeiro: Brasport, 2012. p. 9.
[10] COELHO, Flávia E. S.; ARAÚJO, Luiz Geraldo S. de; BEZERRA, Edson Kowask. *Gestão da segurança da informação*: NBR 27001 e NBR 27002. Rio de Janeiro: Escola Superior de Redes, 2014.

Do (Fazer)	nesta fase, a empresa deve implementar e operar as políticas, os controles, os processos e os procedimentos desenvolvidos dentro do SGSI;
Check (Checar)	após a implementação do SGSI, seu escopo prático deve ser monitorado e avaliado; dessa maneira, é possível ter acesso a resultados que poderão ser analisados de forma minuciosa e crítica;
Act (Agir)	com os dados em mãos e a análise realizada por uma auditoria interna (e independente), é possível executar ações de correção, melhoria e prevenção para que o SGSI esteja em constante melhoria.

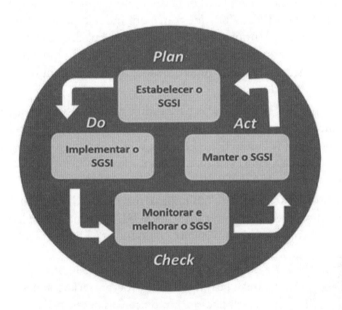

FIGURA 5 – Modelo PDCA
Fonte: PALMA, 2016.

5.2.1 ISO 27000

As normas da família ISO 27000 nasceram em 2006 e surgiram no mercado como uma medida de proteção e prevenção à segurança da informação das redes dentro do meio corporativo.[11] Existem diversas normas na família 27000, de maneira que cada uma possui uma função e um objetivo específico, mas todas têm o intuito de traçar diretrizes para criação, manutenção, análise, melhoria, revisão e funcionalidade de um Sistema de Gestão de Segurança da Informação.

Como acontece com as outras ISOs, a família 27000 garante um selo de qualidade e responsabilidade à empresa certificada, mostrando para o mercado que os processos internos e a gestão corporativa seguem os padrões de qualidade mínimos exigidos. Dentro da constante e rápida evolução tecnológica vivenciada pela contemporaneidade, a segurança da informação deve ser uma preocupação gerencial de qualquer empresa, daí a importância de buscar a certificação dessa ISO.

Essas normas seguem uma lógica de padronização, guias e práticas que auxiliam as empresas a desenvolver um SGSI e *framework*[12] com nomenclaturas e mecanismos comuns. Com a implementação das práticas trazidas por essas normas, as empresas podem descrever a sua postura acerca da cibersegurança, pontuar seus objetivos em relação à segurança digital, identificar e priorizar as oportunidades de melhoria e prática dos processos, além de garantir meios de comunicação internos e externos acerca do risco da tecnologia da informação digital.[13]

É importante ter em mente que o risco nunca será igual a zero dentro de um sistema de segurança da informação, mas a instituição de um *framework* de cibersegurança pautado nas diretrizes da ISO auxiliam as empresas a gerenciar os riscos de maneira eficaz e confiável. Do ponto de vista macro, os domínios de segurança e a segurança cibernética compõem uma estrutura

---

[11] Carlos Valim – auditor da norma NBR ISO/IEC 27001 – pontua que a criação da ISO 27000 veio da dificuldade de proteger os processos de segurança da informação que o mundo vivenciava dentro do ambiente digital e da rápida evolução tecnológica; nesse sentido, o dispositivo busca analisar todas as normas de segurança aplicadas ao uso da tecnologia e da internet.

[12] *Framework* é a estrutura base de trabalho das empresas dentro do ambiente digital. De maneira comparativa, o *framework* é um software que funciona como uma caixa de ferramentas para os projetos; nele, são desenvolvidos formulários de *login*, conexão com bancos de dados, validação de campos etc.

[13] Essas são as diretrizes centrais para a criação de uma infraestrutura de cibersegurança, de acordo com o National Institute of Standards and Technology (NIST).

complexa, que pode ser compreendida por meio de diferentes níveis de atuação e função, conforme a Figura 6:

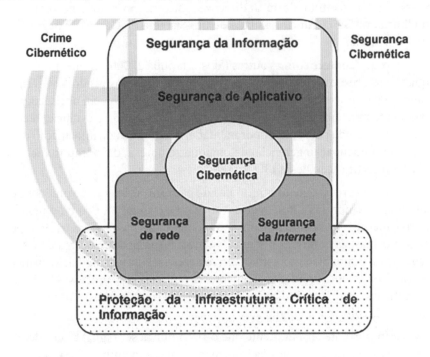

FIGURA 6 – Domínios de segurança e a segurança cibernética
Fonte: ASSOCIAÇÃO BRASILEIRA DE NORMAS TÉCNICAS, 2015, p. 13.

A compreensão desses domínios dentro da individualidade de cada organização é importante para que o desenvolvimento do *framework* esteja em consonância com as necessidades reais da empresa ou entidade. No tópico a seguir, serão demonstrados exemplos de componentes que possam compor um *framework*, de acordo com o Cybersecurity Framework do NIST.

5.2.2 *NIST Cybersecurity Framework* – componentes

De maneira geral, pode-se dividir o *framework* em três setores básicos: (i) *framework core*; (ii) *framework implementation tiers*; (iii) *framework profile*.

O *framework core* é responsável por fornecer um conjunto de atividades necessárias para o alcance da segurança cibernética e serve como referência e orientação para o alcance da segurança. É dividido em quatro partes essenciais em seu núcleo: as funções, as categorias, as subcategorias e as referências informativas, como mostra a Figura 7:

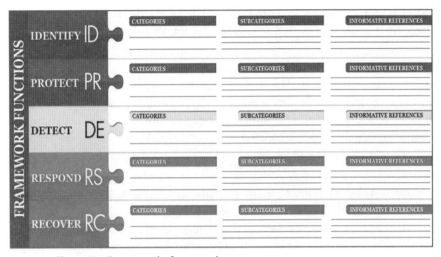

Figura 7 – Estrutura do *framework core*
Fonte: NATIONAL INSTITUTE OF STANDARDS AND TECHNOLOGY, 2018, p. 6.

Cada uma dessas partes segue uma ordem hierárquica, de maneira que as funções representam a organização mais básica das atividades de cibersegurança – como identificação, proteção, detecção, resposta e recuperação das atividades – e buscam auxiliar o processo de gestão da segurança da informação ao organizar e elencar os riscos, as atividades e as ameaças.

As categorias surgem como uma subdivisão das funções e organizam e agrupam as funções em grupos programáticos particulares, como gestão de ativos, controle de acesso, processos de detecção, por exemplo.

As subcategorias, por sua vez, dividem as categorias em resultados específicos de acordo com as técnicas e atividades de gestão especiais de cada processo; são exemplos de subcategorias os dados externos acerca do sistema de informação, as notificações acerca das investigações dos sistemas de detecção etc.

Da mesma forma, as referências normativas são seções específicas das subcategorias que funcionam de forma ilustrativa, demonstrando os métodos de ação necessários para atingir certo resultado apontado na subcategoria.

O *framework implementation tiers* tem a função e o objetivo de fornecer contextos acerca da segurança cibernética e da gestão de riscos processuais para a corporação. De forma resumida, esse setor descreve as práticas de gestão de segurança digital da empresa e informa até que ponto essa segurança se integra às necessidades e aos objetivos da organização de maneira eficiente ou não.

Para fornecer tal descrição, esse setor deve ser dividido em diferentes níveis e dimensões de acordo com as atividades desenvolvidas e os recursos envolvidos na ação de cada processo. Por esse *framework*, a empresa consegue visualizar em que situação o seu processo de gestão de riscos cibernéticos se encontra e quais processos e atividades devem ser priorizados.

Por isso, a recomendação é que esse setor seja dividido em: parcial, risco informado, repetição e adaptação; divisões que traduzem o grau de complexidade da estrutura de gestão de cibersegurança da mais simples – na qual os processos e necessidades ainda estão sendo elencados e identificados – até a mais complexa – quando as práticas já estão estabilizadas e só precisam ser mantidas e atualizadas de acordo com as necessidades evolutivas do negócio.

Já o *framework profile* associa as atividades dos demais setores alinhando as funções, categorias e subcategorias com as necessidades do negócio, sua tolerância a riscos e seus recursos, de forma que a empresa possa estabelecer metas e criar práticas específicas a sua individualidade.

É por esse setor do *framework* que o negócio estabelece quais são as suas melhores práticas e traça planos de ação tanto para o alcance quanto para a manutenção dessas práticas, tudo isso sempre alinhado com a realidade contemporânea da organização associada às necessidades e objetivos da gestão de segurança da informação da empresa.

De forma geral, o desenvolvimento do *framework* em cada uma de suas partes segue o fluxo de informação e decisão que parte do setor executivo para o processual e técnico – sendo que o setor executivo estabelece as diretrizes, as prioridades e os recursos; o processual usa essas informações para somar a realidade da organização às suas necessidades e possibilidades de risco; enquanto o técnico faz a aplicação prática das operações desenvolvidas.

FIGURA 8 – Fluxo de decisão e atividades de uma organização
Fonte: NATIONAL INSTITUTE OF STANDARDS AND TECHNOLOGY, 2018, p. 12.

5.3 NORMAS ESPECÍFICAS DE SEGURANÇA DA INFORMAÇÃO

Além das normas e dos padrões gerais em relação à segurança da informação apresentados no item 5.2, há normas e padrões específicos publicados que detalham itens específicos em relação à segurança da informação.

No caso das normas ISO, a família 27000 consta com diversas normas e padrões técnicos de elementos que compõem um Sistema de Gestão de Segurança da Informação, conforme o Anexo 3.[14]

E tudo isso somente para falar das normas da família ISO 27000!

É importante também ressaltar que algumas dessas normas passaram por revisões, correções e alterações, sendo que é sempre importante estar atento às publicações sobre o tema.

Também, vale notar a convergência entre os temas de segurança da informação e a proteção da privacidade e dos dados pessoais, sendo que uma das últimas inclusões na família 27000 foi a norma ABNT NBR ISO/IEC 27701:2019, que estabelece os requisitos e as diretrizes para gerenciamento de informações e privacidade.

5.4 CÓDIGO DE ÉTICA

A segurança da informação é fundamentada em um tripé:[15] o processo, a tecnologia e a cultura/pessoa. No que concerne à cultura, para que o Sistema de Gestão de Segurança da Informação tenha efetividade, é preciso deixar claros os princípios éticos que o norteiam para as pessoas que trabalham direta ou indiretamente com a informação, já que tanto os funcionários, quanto prestadores de serviços, parceiros e terceirizados podem precisar manusear os dados empresariais. Ao mesmo tempo, o SGSI deve tomar como base as normas e a legislação que indicam a criação de um código de ética.

A criação de um código de ética é importante não somente para prevenir desvios de comportamentos compatíveis com a segurança da informação durante o período em que o colaborador está na organização, mas também quando o colaborador se desliga dessa. Isso porque muitas pessoas carregam consigo os dados relacionados à empresa quando dela se desligam e até mesmo utilizam essas informações posteriormente.[16]

---

[14] Catálogo disponível em: <https://www.iso.org/committee/45306/x/catalogue/p/1/u/0/w/0/d/0>. Acesso em: 16 ago. 2020.

[15] HONORATO, Eduardo. Cibersegurança: qual o risco mundial? *Revista Fonte*, ano 14, n. 18, p. 71, dez. 2017.

[16] Gilmar Ribeiro exemplifica essa situação citando uma pesquisa realizada pela Symantec: "No Brasil, 62% dos profissionais que mudam de emprego levam consigo

Essa conduta é bastante grave e muitas vezes pode ser destacada como um incidente de segurança, por meio de códigos de ética e de conduta claros e transparentes junto à equipe.

As bases traçadas pelo código de ética são transformadas em ações práticas pelo código de conduta do colaborador, material que, usualmente, vem junto do código de ética da corporação.

É importante pontuar ainda que nem toda empresa é obrigada a criar esses mecanismos dentro de sua estrutura organizacional, mas as empresas que pensam e atuam de maneira estratégica e preventiva já têm se adiantado e aplicado esses institutos em seu ambiente corporativo.

Isso porque é por meio desses instrumentos – código de ética, código de conduta, manual de política e regulamentação empresarial – que o processo de segurança da informação lança as suas bases e diretrizes.

É um conhecimento de senso comum que a corrupção e os comportamentos antiéticos em geral trazem diversos malefícios ao mercado e aos negócios; e essa realidade tem se tornado cada dia mais evidente nos últimos dez anos, quando escândalos de corrupção e de conduta antiética envolvendo grandes empresas – como o caso da montadora de veículos que fazia uso de software para alterar informações sobre emissão de poluentes de carros com motor a diesel, denunciado nos Estados Unidos, ou, o forte envolvimento de grandes grupos empresariais brasileiros na Operação Lava Jato no Brasil – têm sido cada vez mais combatidos pelos governos no mundo todo.

Por isso, mesmo que a sua empresa não se encaixe ainda nas obrigações legais, é interessante que já seja desenvolvido um programa de segurança da informação, pois dessa forma é possível evitar problemas futuros e garantir aos seus funcionários, clientes e à própria saúde da empresa que o compromisso com a ética e com a segurança faz parte das prioridades da organização.

---

dados corporativos confidenciais, aponta um levantamento da Symantec, empresa especializada em segurança da informação. Dos entrevistados que admitiram quebrar o sigilo da empresa, 56% disseram que pretendiam usar os dados em uma nova companhia. O porcentual é superior à média dos outros cinco países analisados pela pesquisa, onde 40% dos empregados se acham donos da informação produzida nas empresas. Ainda assim, apenas 33% das companhias dizem tomar alguma atitude quando as políticas internas de sigilo são contrariadas. A Symantec ouviu 3,3 mil profissionais de Brasil, Estados Unidos, Reino Unido, França, China e Coreia. Os resultados do levantamento mostram que muitos funcionários não só acham que é aceitável levar e usar as informações quando deixam uma empresa, mas também acreditam que as organizações não se importam". RIBEIRO, Gilmar. O dilema da proteção de informação nas organizações. *Revista Fonte*, ano 14, n. 18, p. 75, dez. 2017.

Por outro lado, há empresas que não podem fugir desse cenário, sendo obrigadas por força de lei a criar políticas de segurança da informação; é o caso das empresas que possuem ações em bolsas de valores em países como Estados Unidos,[17] por exemplo.

No cenário brasileiro, a Lei 12.846/2013,[18] apelidada de "Lei Anticorrupção", que entrou em vigor em 2014, traz consigo alguns parâmetros de responsabilização de pessoas jurídicas "pela prática de atos contra a administração pública, nacional ou estrangeira" e tem se mostrado bastante impactante na realidade das empresas nacionais. Isso porque essa lei veio para suprir algumas lacunas que o ordenamento jurídico brasileiro possuía em relação à responsabilização dos atos de corrupção.

Embora tal instrumento elabore normas relativas aos atos de corrupção em si, a sua aplicação acaba sendo mais abrangente no ambiente corporativo, abrindo espaço para a implementação de códigos de ética e de conduta completos, os quais realmente buscam prevenir problemas relacionados à ética, à moral ou ao comportamento de seus colaboradores e gestores.

5.5 CÓDIGO DE CONDUTA DO COLABORADOR

No que concerne à elaboração de um código de conduta do colaborador em relação à segurança da informação, é preciso educar e conscientizar em duas frentes: em relação à maneira com que o colaborador deve se comportar e em relação à sua responsabilidade por seus atos.

Essas frentes de ação são complementares e dependentes uma da outra, pois de nada adianta uma empresa ensinar aos colaboradores como eles devem armazenar, acessar ou manusear as informações e os dados com os quais entram em contato se esses indivíduos não tiverem uma noção da responsabilidade relativa a tais atos.

É nesse aspecto que a ética e a conduta devem andar de mãos dadas também, pois o senso de ética e a moral que envolvem a corporação são

---

[17] A Lei Sarbanes-Oxley foi sancionada em 2002 pelo Congresso americano e visa a proteger as empresas das práticas fraudulentas. Por conta dessa lei, apelidada de SOx, empresas que possuem ações na Securities and Exchange Commission (SEC) devem seguir as definições por ela estipuladas, sendo que algumas dessas definições dizem respeito ao armazenamento de informações e dados da empresa. Ou seja, se uma empresa quer ter ações dentro da Bolsa de Valores dos Estados Unidos, deve criar um Sistema de Gestão e Segurança da Informação compatível com as exigências da SOx.

[18] BRASIL. Lei nº 12.846, de 1º de agosto de 2013.

postos em ação por intermédio da conduta das equipes e das pessoas que a compõem. Antônio Leocádio é bastante transparente em relação a esse tema ao apontar que "todo funcionário deve ser responsável pelos dados que passam por ele, já que a responsabilidade pela segurança da informação corporativa deve ser de todos, não apenas de uma área específica".[19]

5.6 TERMOS DE USO

Pode-se dizer que boa parte das empresas hoje já está nos meios digitais, e, empresas que ainda não estejam podem estar perdendo grandes oportunidades.

Claro, a estratégia de ingresso no meio digital, principalmente nos dias de hoje, requer muito cuidado e observância ao ordenamento jurídico vigente, bem como deve ser efetuada de forma a mitigar riscos.

Como visto no Capítulo 4 deste livro, há preocupação crescente, cada vez maior, com a privacidade dos cidadãos, devendo então toda organização que realize tratamento de dados pessoais estar adequada à Lei de Proteção de Dados. Um dos principais documentos que demonstram clareza quanto ao que é realizado em todo o ciclo de tratamento dos dados pessoais de titulares de dados é a política de privacidade.

Entretanto, não basta a organização somente disponibilizar uma política de privacidade em suas plataformas, aplicativos e sites. É preciso também definir **o que** poderá ser realizado pelo usuário na plataforma, aplicativo e/ou site disponibilizado. Tais diretrizes podem constar em um tipo de documento normalmente chamado de "termos de uso".

Como boas práticas, podem ser estabelecidos alguns critérios mínimos quanto à disponibilização desse tipo de documento, conforme a seguir:

> → termos e definições, de forma a deixar claro ao usuário o significado de determinadas palavras utilizadas no documento, a exemplo de
> - partes envolvidas;
> - usuários;
> - layout;
> - senha;
> - site;
> - entre outros;

---

[19] LEOCÁDIO, Antônio Ricardo Gomes. Segurança cibernética, pessoas, empresas e governos. Precisamos muito falar sobre isso. *Revista Fonte*, ano 14, n. 18, p. 66, dez. 2017.

- → funcionalidades disponíveis na plataforma;
- → condições de acesso e restrições de funcionalidade;
- → modalidades de cadastro e acesso;
- → obrigações da organização;
- → obrigações do usuário;
- → obrigações de segurança da informação pertinentes às partes;
- → casos de limitação de responsabilidades e isenção;
- → direitos autorais e propriedade intelectual;
- → multas e penalidades;
- → denúncia e rescisão;
- → formas de comunicação entre as partes;
- → questões referentes à privacidade do usuário e à proteção de seus dados pessoais;
- → hipóteses de modificação dos termos de uso;
- → disposições gerais e disposições finais;
- → legislação e foro;
- → disponibilização dos termos de uso em todas as plataformas, páginas, sites e aplicativos que contem com interação direta do usuário;
  - – deverá ser de fácil acesso ao usuário;
- → inclusão de mecanismos de comprovação do aceite do usuário quanto aos termos de uso das páginas, sites e aplicativos;
- → manter as informações atualizadas em todos os termos de uso em páginas, sites e aplicativos mantidos pela organização nos quais haja interação direta por parte do usuário;
- → uso de linguagem clara, acessível e de fácil compreensão para os usuários;
- → uso de recursos que possibilitem ao usuário aumentar o tamanho da fonte do documento, de forma a facilitar a leitura e a compreensão por parte dos usuários;
- → entre outros.

Inclusive, tais pontos demonstram também conformidade com o Marco Civil da Internet (Lei 12.965/2014), na forma do seu art. 7º:

> Art. 7º O acesso à internet é essencial ao exercício da cidadania, e ao usuário são assegurados os seguintes direitos:
> [...]

VI – informações claras e completas constantes dos contratos de prestação de serviços, com detalhamento sobre o regime de proteção aos registros de conexão e aos registros de acesso a aplicações de internet, bem como sobre práticas de gerenciamento da rede que possam afetar sua qualidade;

[...]

VIII – informações claras e completas sobre coleta, uso, armazenamento, tratamento e proteção de seus dados pessoais, que somente poderão ser utilizados para finalidades que:

a) justifiquem sua coleta;

b) não sejam vedadas pela legislação; e

c) estejam especificadas nos contratos de prestação de serviços ou em **termos de uso de aplicações de internet;**

Vale lembrar que, caso haja o acesso por usuários com idade inferior a 18 anos, devem ser tomados cuidados adicionais, em especial se tratando de menores de 12 anos. Nesses casos, deve ser avaliada pela organização a possibilidade de criação de documento de termos de uso unificado, com seção específica esclarecendo ao menor que o documento deve ser lido em conjunto com seu responsável legal.

5.7 POLÍTICA DE REDES SOCIAIS

Ainda no quesito de presença no ambiente digital, muitas empresas também optam pela criação de perfis específicos de sua marca e/ou produtos em redes sociais. Caso a empresa faça essa opção, poderá alavancar – e muito – seus ganhos e gerar negócios de forma que não era possível até alguns anos atrás; entretanto, é necessário estabelecer alguns cuidados.

SAC – Serviços de Atendimento ao Consumidor

O primeiro ponto a ser verificado é se a empresa utilizará essas redes sociais como extensão, ou mesmo de forma única, de Serviços de Atendimento ao Consumidor (SAC). Muitas organizações optam por utilizar as redes sociais também dessa forma, sendo que o número de pessoas que utilizam redes sociais cresce a cada dia.

Ademais, cada vez mais o usuário quer agilidade em seus atendimentos, o que pode ser obtido por acesso ao perfil de rede social da organização, em vez do acesso ao site externo de SAC.

Em cenário ideal, deve ser criada uma lista-padrão com questionamentos que podem ser facilmente resolvidos pela própria rede social e, verificando o atendente que a questão trata de tema mais complexo, poderá solicitar dados adicionais que direcionem para plataforma específica, ou mesmo que seja continuado o atendimento por telefone e/ou correio eletrônico.

Também, de forma ideal, poderá ser criada norma específica que trate desse tema, contendo, no mínimo, as seguintes informações e/ou tópicos:

- → objetivos do uso de redes sociais como extensão aos serviços de SAC;
- → relação de perguntas e respostas aos questionamentos mais comuns em relação à plataforma/serviço/objeto do atendimento;
- → definição de que tipos de questionamentos deverão ser tratados fora do perfil das redes sociais, a exemplo de telefone e/ou correio eletrônico;
- → limites de tempo máximo de resposta aos atendimentos por tipo de rede social;
- → definição de indicadores de quantidade de atendimentos realizados e resolvidos dentro do próprio perfil da rede social;
- → diretrizes de uso de linguagem no perfil da rede social;
- → diretrizes quanto à postura da empresa nas respostas e comunicações aos usuários;
- → vigência e aplicação da norma.

Usos gerais – redes sociais de uso corporativo

Já em relação a diretrizes gerais quanto ao uso e à manutenção de redes sociais pela empresa, devem ser tomados alguns cuidados específicos.

Como exemplo, poderá ser criada norma específica quanto ao uso de redes sociais para uso corporativo, contendo, no mínimo, as seguintes informações:

- → definição de rede social de uso corporativo;
- → definição de acesso e responsabilidades de colaboradores que podem fazer uso de rede social de uso corporativo;
- → diretrizes de usos permitidos de rede social;
- → diretrizes quanto a comportamentos proibidos;
- → diretrizes quanto à criação de canais oficiais da organização em redes sociais externas;
- → responsabilidades das áreas envolvidas.

Uso de redes sociais por parte dos colaboradores para fins particulares

É provável que a grande maioria das pessoas que trabalham em uma organização possua perfis próprios em redes socais. Nesse ponto, não pode a organização ditar o que cada um pode ou não fazer em relação a conteúdos que não sejam de sua propriedade, sendo que cada colaborador é livre para usar seu próprio perfil de rede social para os usos permitidos pelas plataformas.

Entretanto, é importante deixar claras aos colaboradores algumas diretrizes e recomendações gerais quanto ao uso de redes sociais, principalmente no tocante a informações de propriedade ou sob a responsabilidade da organização e mesmo em relação à proteção da marca, da imagem e ao uso de seus recursos.

Sendo assim, recomenda-se que as organizações deixem bem claro aos funcionários que, no uso de *quaisquer mídias sociais, particulares ou não, é proibido publicar:*

- → conteúdos, manifestações ou opiniões representando ou que caracterizem uma posição oficial da organização, exceto quando expressamente aprovado ou em razão da função exercida;
- → informações confidenciais ou internas da organização;
- → conteúdos sobre a organização, demais colaboradores, fornecedores ou clientes, com exceção das informações de conhecimento público ou assim classificadas ou em casos em que for prévia e expressamente autorizada a publicação pela organização;
- → conteúdos audiovisuais como fotos, imagens, vídeos ou áudios das dependências da organização, dos processos e dos produtos devem ser utilizados somente quando fornecidos ou liberados formalmente pela organização;
- → conteúdos que constituam violação aos direitos de propriedade intelectual da organização, como suas marcas e elementos de identidade visual;
- → assuntos profissionais ligados à atividade exercida ou que estejam protegidos por sigilo profissional, contratual ou legal, como, por exemplo, rotinas de trabalho, rotinas na indústria/escritório/planta, ramais, detalhes dos produtos, processos e projetos internos.

Além de todos esses pontos, poderá a organização estabelecer também, quando autorizado o uso de redes sociais a partir de recursos e conexão fornecidos pela própria organização, que não devam ser publicados quaisquer materiais e/ou conteúdos que:

- → violem a legislação vigente ou os normativos da organização;
- → desrespeitem a privacidade ou a intimidade de terceiros;
- → constituam publicidade ilícita, enganosa, abusiva ou concorrência desleal;
- → tenham conotação sexual, pornográfica, imoral, obscena ou ofensiva;
- → incitem a prática de atos preconceituosos ou discriminatórios seja em razão de gênero, etnia, religião, crenças, origem, idade, escolhas e vivências afetivas de outras pessoas ou qualquer outra condição;
- → sejam falsos ou exagerados e que possam induzir a erro;
- → contenham vírus ou outro código malicioso, arquivo ou objeto que possa causar danos de qualquer natureza ao serviço utilizado ou às pessoas que dele se utilizam.

5.8 REGRAS SOBRE PERFIL DE ACESSO DOS USUÁRIOS

Um dos pontos principais em relação à segurança da informação – e talvez o mais lembrado – diz respeito à gestão de acessos e a perfis de acesso dos usuários.

Processos efetivos de gestão de acessos devem estabelecer regras e restrições relativas à gestão de identidade e controle de acesso lógico aos recursos de tecnologia da organização.

Como pontos mínimos a serem observados em regras de gestão de acessos, devem ser estabelecidos os seguintes:

- → regras quanto à criação de novos acessos, incluindo:
  área que irá demandar a criação do acesso;
    - área que irá criar e efetivar o acesso;
- → diretrizes de análise da solicitação da criação do novo acesso, incluindo:
    - justificativa e necessidade da criação do acesso;
    - atividades profissionais executadas, bem com função, área e cargo;
    - tipos de informação que podem ser acessadas de acordo com o perfil de acesso;
- → diretrizes quanto à criação de acessos para terceiros, de acordo com o tipo de trabalho a ser executado;
- → regras de identificação e criação da nomenclatura da identidade digital, a exemplo de:
    - primeiro nome + último sobrenome;

→ definição de privilégios administrativos, quais as regras e os usuários que poderão fazer uso desses;
→ requisitos de força de senha, a exemplo de:
  - quantidades mínima e máxima de caracteres;
  - presença de letras maiúsculas, minúsculas, números e símbolos;
  - restrição de utilização das últimas dez senhas;
  - troca obrigatória de senha a cada 30 dias;
→ diretrizes quanto à revogação, bloqueio e exclusão de acessos;
→ previsão de revisão periódica de acessos, incluindo:
  - verificação de funcionários desligados com usuários ativos;
  - verificação de transferências de usuários entre áreas e respectivos acessos prévios da área anterior cancelados, se necessário.

Trata-se de pontos mínimos a serem observados e acompanhados de perto em relação a processos de gestão de acessos, que podem variar de acordo com a organização, os produtos e os serviços envolvidos.

Também é importante lembrar dos acessos físicos, geralmente efetuados com apoio da segurança patrimonial. Nesse caso, devem ser estabelecidos pontos mínimos de controle:

→ estabelecimento de medidas de controle para circuito fechado de TV, com as devidas placas de identificação de monitoramento de ambiente;
→ estabelecimento de regras quanto ao ingresso dos colaboradores aos ambientes físicos da organização, a exemplo de catracas, com crachás;
→ diretrizes de porte e uso de crachá de identificação em local visível, seja para colaboradores da organização, seja para prestadores de serviços;
→ definição de quais ambientes e salas terão acesso restrito com uso de medidas de proteção adicionais, a exemplo de sala de servidores de tecnologia e salas de diretoria;
→ proteção física de equipamentos críticos em ambientes apartados, a exemplo de sala de servidores;
→ quando aplicável, definição das áreas de entrega e carregamento com estabelecimento dos devidos horários de funcionamento;
→ medidas de manutenção preventiva e reativa.

5.9 MONITORAMENTO E INSPEÇÃO

Para se afastar a expectativa de privacidade do colaborador no que tange ao uso dos recursos tecnológicos e das informações de propriedade ou sob a responsabilidade da organização, e a fim de garantir a proteção e a segurança das informações e demais ativos corporativos, é necessário garantir a ciência pelo colaborador do monitoramento realizado nos recursos tecnológicos.

Nesse sentido, é possível citar a doutrina de Patricia Peck Pinheiro acerca da validade do monitoramento, conforme segue:

> Por isso a orientação legal é que seja feito sempre o aviso prévio expresso no próprio ambiente quando este não for privativo ou estiver sujeito ao monitoramento, visto que a proteção deste direito tão fundamental irá atrair a presunção de privacidade quanto não tiver sido feita previsão clara em contrário ou não se tratar de um ambiente notadamente público.
>
> O aviso serve para validar a captação de dados, imagens e áudios das pessoas que ali transitarem, seja em um contexto presencial e/ou digital. Para o uso do conteúdo capturado posteriormente como prova, é fundamental que haja legitimidade e legalidade da captura.
>
> [...]
>
> No caso da empresa, se ela deixa claro que o *e-mail* corporativo é de sua propriedade, que o ambiente é monitorado, inserindo essa informação nos rodapés de *e-mails* para dar publicidade inequívoca, possui uma política clara, então o uso de dados coletados nessa caixa postal corporativa não gerará problemas legais. Mas se tais etapas não forem cumpridas, não há presunção de propriedade da empresa; a presunção é de privacidade e vai favorecer a parte desprotegida, que na maioria dos casos é o empregado.[20]

Tanto a ciência do monitoramento como a possível inspeção de dispositivo podem ser incluídas em contratos de trabalho ou de prestação de serviços, em normas específicas, seja para colaboradores, seja para terceiros, conforme afirma Patricia Peck Pinheiro:

> Os empregados cujo vínculo empregatício é regido pela CLT (Consolidação das Leis do Trabalho) e os empregados temporários podem ser advertidos do monitoramento pelo Contrato de Trabalho ou pela Política de Segurança. É interessante vincular a Política de Segurança da Informação ao Contrato de Trabalho, pois dessa forma o empregado não poderá alegar desconhecimento da referida Política de Segurança.

---

[20] PECK PINHEIRO, Patricia. *Direito digital*. 6. ed. São Paulo: Saraiva, 2016. p. 244.

Já para os demais colaboradores, que sejam prestadores de serviços que apresentem nota fiscal, pode haver a apresentação da Política de Segurança da Informação (PSI), caso exista, e se possível, um anexo ao contrato de prestação de serviços, ou a inserção da cláusula de monitoramento no próprio NDA ou Termo de Confidencialidade.[21]

Nota-se, então, que há validade legal de prova obtida por monitoramento ou por inspeção de dispositivo, desde que seja dada prévia ciência ao empregado.

5.10 BYOD

Bring Your Own Device (BYOD), em inglês, ou, 'Traga Seu Próprio Dispositivo', é a possibilidade de uso de dispositivo móvel particular no ambiente de trabalho, sendo configurado aquele para que seja possível acessar o ambiente lógico da empresa.

Para que o BYOD possa ser utilizado de forma que os riscos à organização sejam mitigados, devem ser observados alguns aspectos. Neste sentido, Patricia Peck Pinheiro afirma:

> O primeiro passo é estabelecer regras claras. **Deve ficar muito bem definido de quem é a propriedade do equipamento**, quais os requisitos de segurança que deverá cumprir, bem como quais obrigações e limites de seu uso. Há uma grande diferença em termos de gestão da TI, quando a empresa deixa de ser quem fornece o recurso e passa a ser beneficiária do uso de recursos particulares de seu empregado ou de um terceiro. [...].
>
> **É importante ressaltar que cabem ao proprietário do equipamento todos os deveres no tocante à manutenção e guarda do mesmo, bem como a responsabilidade por todo e qualquer conteúdo armazenado.** No entanto, quando se trata de softwares para uso em benefício da empresa, há um grande risco de ela ser envolvida em um incidente de pirataria, caso o equipamento faça uso, por exemplo, de um editor de texto e planilhas sem a devida licença respectiva, pois, aí, o resultado do trabalho foi gerado a partir de um software pirata com o conhecimento da empresa, o que gera implicações legais.[22]

É possível ao empregador estabelecer limites e imposições ao colaborador que opte por utilizar dispositivo móvel particular. O risco de uso de

---

[21] PECK PINHEIRO, Patricia. *Direito digital*. 6. ed. São Paulo: Saraiva, 2016. p. 246.
[22] PECK PINHEIRO, Patricia. *Direito digital*. 6. ed. São Paulo: Saraiva, 2016. p. 257.

software sem licença pelo colaborador, por exemplo, pode ser mitigado com a instalação de softwares no dispositivo, pela própria empresa. Também pode ser mitigado o risco de compartilhamento indevido de informações pelo colaborador com a presença de instrumentos de monitoramento, desde que com a ciência do colaborador.

Nesse caso, tais definições devem constar em normativo corporativo interno que trate do tema, bem como em termo de responsabilidade.

De forma a mitigar riscos, devem ser observados alguns indicadores mínimos, a exemplo das melhores práticas de mercado, no que segue abaixo:

- → responsabilidade sobre o equipamento;
- → responsabilidade sobre o conteúdo armazenado;
- → licença regular dos softwares utilizados;
- → requisitos mínimos de segurança;
- → dever de realização de *backup*;
- → ciência de monitoramento e inspeção física;
- → responsabilização por perda, deterioração, furto, extravio, quebra;
- → previsão de sanção em descumprimento da política/norma;
- → porte de equipamento de forma discreta e com zelo;
- → impossibilidade de configuração de sobrejornada;
- → possibilidade de obtenção de todos os dados na ocorrência de incidente de segurança da informação;
- → indicações de tipos de incidentes e investigações em que pode ser necessário o acesso ao dispositivo;
- → pronto acesso ao equipamento e desbloqueio de senha;
- → indicação de impossibilidade de uso durante investigação;
- → possibilidade de apagamento remoto de informações, que pode incluir informações pessoais.

5.11 COMUNICADORES INSTANTÂNEOS

As informações trocadas com uso de comunicadores instantâneos, a depender da ferramenta utilizada, podem ocorrer fora da organização.

Caso se opte por fazer uso de ferramentas cuja transmissão de conteúdo não seja de gestão da organização, deve-se levar em conta algumas questões técnicas e jurídicas. Sendo assim, para acesso direto às informações trocadas pelos funcionários da organização pelo uso de comunicadores instantâneos e a fim de garantir a proteção e a segurança das informações trafegadas nesse meio, no caso de investigação de um evento de segurança da informação, é necessário acesso direto ao dispositivo. A produção de provas nesse meio poderá impor dificuldades à organização, pois, se a prova não for coletada sob a égide do direito material, poderá ser considerada prova ilícita.

Cabe ressaltar também que, mesmo com o acesso ao dispositivo que tenha enviado informações, não é possível fazer a gestão do conteúdo que o destinatário da informação recebeu: em um incidente de segurança da informação no qual tenha ocorrido divulgação indevida de informações confidenciais, não será possível efetuar o apagamento das informações no dispositivo do destinatário, tampouco será possível identificar eventuais compartilhamentos dessas informações pelo destinatário com outros indivíduos. A velocidade na troca de mensagens é uma das principais características de comunicadores instantâneos, sendo que, caso aconteça um incidente de violação de dados nesse canal, se torna muito difícil a exclusão do conteúdo.

No que tange ao uso dos recursos tecnológicos e das informações de propriedade ou sob a responsabilidade da organização por meio de comunicadores instantâneos, e a fim de garantir a proteção e a segurança das informações trafegadas nesse meio, no caso de um evento de segurança da informação, é importante estabelecer alguns pontos:

→ no caso de dispositivo móvel corporativo e comunicadores instantâneos corporativos, é necessário garantir a ciência pelo colaborador do monitoramento realizado nos recursos tecnológicos;

→ no caso de dispositivo móvel corporativo e comunicadores instantâneos não corporativos, é necessário obter a autorização do colaborador quanto à possível inspeção a ser realizada na aplicação de comunicadores instantâneos;

→ no caso de dispositivo móvel particular, é necessário obter a autorização do colaborador quanto à possível inspeção a ser realizada no dispositivo móvel de propriedade particular na aplicação de comunicadores instantâneos.

Ademais, no melhor dos cenários, recomenda-se que seja efetuado normativo interno da organização com diretrizes gerais sobre o uso de comunicadores instantâneos, contendo, no mínimo:

1. Regras quanto às possibilidades de utilização, por exemplo:	a) quando o empregado exercer cargo de gestão ou estiver autorizado formalmente para tanto pelo diretor.

2. Regras quanto ao uso ético. O empregado deve:	a) abster-se de compartilhar informações confidenciais da organização;
	b) trocar mensagens de acordo com a jornada de trabalho do receptor;
	c) formalizar o conteúdo trocado por *e-mail* corporativo;
	d) estar ciente que poderá receber avisos informativos da organização fora de sua jornada de trabalho, mas que isso não acarreta nenhum prejuízo ao seu descanso ou ordem para execução de qualquer atividade.
3. Regras quanto ao uso de grupos colaborativos:	a) a criação do grupo colaborativo deve ser pautada apenas no exercício das atividades profissionais, sem qualquer finalidade pessoal;
	b) somente o gestor pode ser administrador de grupo colaborativo;
	c) no momento da criação e sempre que houver novas inclusões de empregados no grupo colaborativo, o administrador deve publicar uma mensagem informando o objetivo e as regras do grupo colaborativo;
	d) trocar mensagens de acordo com a jornada de trabalho do receptor;
	e) as informações trocadas nos grupos colaborativos não devem ser compartilhadas com outros empregados ou terceiros não autorizados.
	f) IMPORTANTE: ao deixar a organização, além de ser efetuada exclusão do colaborador do grupo colaborativo, o gestor deve se certificar de que as informações trocadas nesse ambiente colaborativo sejam excluídas do dispositivo.
4. Regras de redação:	a) caráter meramente informativo e de maneira resumida, devendo os detalhes ser tratados por correio eletrônico corporativo ou telefone;
	b) redação clara, objetiva e formal, pontuando sempre a noção de tempo e sem a utilização de palavras ou expressões que possam caracterizar excesso de intimidade.

A publicação de normativos e o treinamento, principalmente aos gestores com relação ao tema, mitigarão riscos trabalhistas no uso de aplicativos de comunicação instantânea.

No caso de permissão de uso de comunicadores instantâneos em dispositivos móveis corporativos, a organização poderá ainda contar com o apoio de soluções oferecidas por ferramentas, metodologias e processos de monitoramento, gerenciamento e suporte de dispositivos móveis, a exemplo de MDM (Mobile Device Management, ou 'Gerenciamento de Dispositivos Móveis'), MAM (Mobile Application Management, ou 'Gerenciamento de Aplicações Móveis') e MIM (Mobile Information Management, ou 'Gerenciamento de Informações Móveis').

A configuração em conjunto de tais aplicações poderia, por exemplo, efetuar o apagamento remoto das informações em caso de furto/perda de dispositivo, restringir o encaminhamento de informações confidenciais por comunicadores instantâneos, além de criar alertas personalizados para a gerência da organização quanto à utilização dos dispositivos móveis.

5.11.1 Análise de comunicadores instantâneos – particularidades do WhatsApp

Muitas vezes, organizações utilizam ferramentas de terceiros para fins de comunicação instantânea e uma das mais utilizadas no cenário nacional para troca de informações é o WhatsApp: fazendo uso dessa ferramenta, a organização não possui gerência quanto à segurança da aplicação, muito menos acesso ao conteúdo trafegado nela.

Neste ponto, serão analisadas vulnerabilidades existentes na utilização dos serviços oferecidos pela ferramenta WhatsApp; entretanto, tais aspectos devem ser analisados e verificados em quaisquer ferramentas de terceiros que sejam utilizadas para fins de comunicação instantânea.

5.11.2 Uso de ferramentas com sincronização entre celular e computador: WhatsApp Web e WhatsApp Desktop

Em se tratando do aplicativo a ser instalado nos dispositivos móveis, o WhatsApp é disponibilizado, em sua grande maioria, em aparelhos que utilizam os sistemas operacionais Android e iOS.

Em 2015, o WhatsApp lançou uma versão de sua aplicação possibilitando o uso em outros dispositivos por meio de navegadores de internet, o WhatsApp Web, acessível mediante o *link* <https://web.whatsapp.com/>.

Para fazer a utilização do WhatsApp Web, o usuário precisa seguir as instruções que se encontram no *link* <https://web.whatsapp.com/>, conforme a Figura 9:

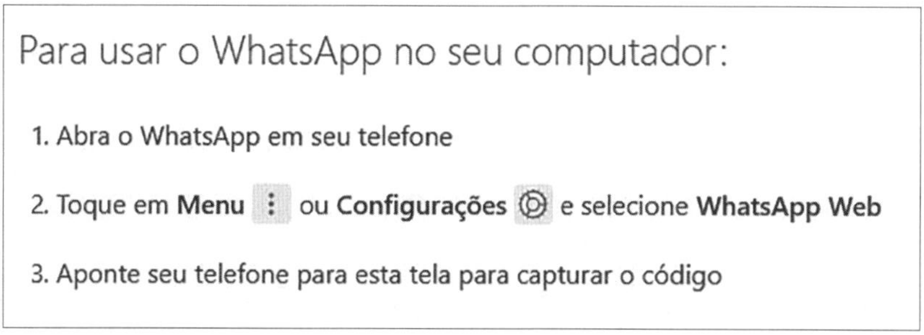

Para usar o WhatsApp no seu computador:

1. Abra o WhatsApp em seu telefone

2. Toque em **Menu** ⋮ ou **Configurações** ⚙ e selecione **WhatsApp Web**

3. Aponte seu telefone para esta tela para capturar o código

FIGURA 9 – Instruções de configuração para uso do WhatsApp Web
Fonte: WHATSAPP, 2020.

Além da ferramenta disponível em navegador, posteriormente foram lançados aplicativos para utilização em estações de trabalho – notebooks ou desktops –, a exemplo da versão "WhatsApp Desktop" disponível para os sistemas operacionais Windows e MacOS, acessível pelo *link* <https://www.whatsapp.com/download/>.

As instruções de configuração se assemelham às apresentadas pelo WhatsApp Web, conforme abaixo, na Figura 10:

FIGURA 10 – Instruções de configuração para uso do WhatsApp Desktop
Fonte: WHATSAPP, 2020.

Entretanto, no caso de aplicações a serem utilizadas em estações de trabalho –notebooks ou desktops – ou mesmo em navegador, o usuário está sujeito a realizar o acesso por meio de endereços não oficiais, que podem instalar programas que comprometam a segurança do recurso em questão. Além desse possível comprometimento, páginas não oficiais podem fazer a solicitação de informações do usuário que, se fornecidas, também poderão comprometer a segurança do recurso.

Como possível medida de remediação, a empresa que optar pelo uso do WhatsApp como ferramenta de comunicação, como no caso de aplicação WhatsApp Desktop, poderá fazer constar em normativos internos a proibição de instalação de aplicativos e programas não homologados.

> → Para o caso de aplicação WhatsApp Desktop, a empresa poderá fazer constar em normativos internos a proibição de instalação de aplicativos e programas não homologados

Para o caso de aplicação WhatsApp Web, recomenda-se que seja efetuado o bloqueio de *links* que possam remeter ao uso do WhatsApp nos navegadores, a exemplo do *link* oficial para uso da aplicação (<https://web.whatsapp.com/>) e *links* semelhantes, que possam remeter a páginas falsas com coleta de informações de usuários.

Ademais, o uso do WhatsApp Web/Desktop em dispositivos corporativos pode contar com transferência automática de arquivos, a exemplo de áudios e vídeos recebidos em grupos dos quais os colaboradores façam parte. No que diz respeito à questão da responsabilidade, a empresa será responsável por informações armazenadas em dispositivos corporativos que sejam de sua propriedade, inclusive conteúdos de origem ilícita que porventura venham a ser transferidos nesses dispositivos por usuários que se utilizem de WhatsApp Web/Desktop com transferência automática de arquivos e imagens.

5.11.3 *Backup* de informações – uso de diretórios em nuvem de terceiros

O uso do WhatsApp em dispositivos móveis conta com a possibilidade de o usuário efetuar o *backup* das informações em serviços de terceiros, sendo tal informação expressa nos Termos de Serviço do WhatsApp, disponíveis em <https://www.whatsapp.com/legal/>:

> Nossos Serviços podem permitir que você acesse, use ou interaja com sites, aplicativos, conteúdos, produtos e serviços de terceiros. Por exemplo, você pode optar por usar um serviço de *backup* de dados integrado aos nossos Serviços (como o iCloud ou o Google Drive) ou interagir com um botão Compartilhar em site de terceiros que permite o envio de informações aos seus contatos do WhatsApp. Observe que ao usar serviços de terceiros, os termos e as políticas de privacidade aplicáveis serão os elaborados para tais serviços.

No caso de dispositivos móveis que utilizem os sistemas operacionais iOS e Android, os serviços de *backup* são realizados primariamente pelo iCloud e Google Drive, respectivamente.

A troca de mensagens possibilitada pelo WhatsApp é realizada mediante uso de criptografia, sendo que o armazenamento temporário das mensagens realizado nos servidores do WhatsApp até que a mensagem seja entregue a seu destinatário não é acessível nem pelo próprio WhatsApp nem por terceiros, conforme expresso nos Termos de Uso e na Política de Privacidade da aplicação:

> Suas mensagens. Não guardamos suas mensagens durante a prestação dos Serviços. Depois que suas mensagens (incluindo conversas, fotos, vídeos, mensagens de voz e compartilhamento de informações de localização) são entregues, elas são excluídas de nossos servidores. Suas mensagens ficam armazenadas em seu próprio dispositivo. Se uma mensagem não puder ser entregue imediatamente (por exemplo, se você estiver desconectado), podemos mantê-la em nossos servidores por até 30 (trinta) dias enquanto tentamos entregá-la. Se a mensagem não puder ser entregue nesses 30 (trinta) dias, nós a excluiremos. Para melhorar o desempenho e entregar mensagens com mídia de maneira mais eficaz, por exemplo, quando há o compartilhamento de fotos ou vídeos populares, podemos guardar esse conteúdo em nossos servidores por mais tempo. Nós também oferecemos a criptografia de ponta a ponta em nossos Serviços, esta por sua vez ativada por padrão quando você e as pessoas com quem troca mensagens, estiverem utilizando uma versão de nosso aplicativo que tenha sido lançada após o dia 2 de abril de 2016. Criptografia de ponta a ponta significa que suas mensagens estão criptografadas para que nós ou terceiros não as possam ler.
>
> Suas mensagens são suas e nós não podemos lê-las. Implementamos privacidade, criptografia de ponta a ponta e outras ferramentas de segurança no WhatsApp. Nós não mantemos suas mensagens após o envio das mesmas. Quando elas estão criptografadas de ponta a ponta, nós e terceiros, não podemos lê-las de maneira alguma.

Entretanto, o arquivo de *backup* que é gerado e armazenado em servidores de terceiros, a exemplo de Google Drive e iCloud, não passa por criptografia. Dessa forma, é de responsabilidade dos provedores de armazenamento garantir a segurança desses arquivos gerados no *backup*.

Ademais, há também a responsabilidade do usuário em manter as suas credenciais de acesso a essas plataformas seguras, sendo que o uso indevido das credenciais de acesso possibilita o acesso das informações por terceiros não identificados.

5.11.4 Análise de políticas de privacidade – dados coletados

Embora o WhatsApp não armazene em seus servidores informações acerca do conteúdo das mensagens trocadas entre remetente e destinatário, em análise da Política de Privacidade é possível observar que são coletadas as seguintes informações, divididas em três categorias:

→ **Dados fornecidos pelo usuário:**	– número de celular; – número de telefones da agenda de contatos; – nome do perfil; – foto do perfil; – mensagem de *status*; – mensagens trocadas com outros usuários, de forma temporária (até entrega ao destinatário) e de forma criptografada; – cópias de mensagens em caso de suporte ao cliente, fornecidas pelo próprio usuário.
→ **Dados coletados automaticamente**	– dados de serviço, diagnóstico e desempenho; – arquivos de registro, relatórios de diagnóstico, falhas, *website* e desempenho; – dados de transações em caso de pagamento pelo uso de serviços; – dados sobre dispositivos e conexões: modelo de *hardware*, dados do sistema operacional, dados sobre o navegador, endereço de IP, dados sobre a rede móvel, número de telefone, identificadores do dispositivo; – localização do dispositivo em caso de utilização de recursos de localização, com finalidade de diagnosticar e solucionar problemas; – *cookies*, com finalidade de disponibilizar WhatsApp Web, entender perguntas frequentes populares, ofertar conteúdo relevante relacionado com serviços do WhatsApp, armazenamento de preferências de idioma, personalização de serviços; – dados de *status*: quando o usuário está conectado, data de utilização de serviços e data de última atualização de *status*.
→ **Dados de terceiros:**	– dados divulgados por terceiros a respeito do usuário, a exemplo de número de telefone em agenda de contatos; – prestadores de serviço terceirizados: como exemplo, informações sobre mapas e locais, processamento de pagamentos, relatórios de diagnóstico com finalidade de corrigir problemas no serviço;

→ Dados de terceiros:	– serviços de terceiros: dados fornecidos por terceiros quando utilizados em conjunto com os serviços do WhatsApp, a exemplo da ferramenta de compartilhamento (botão "Compartilhar" do WhatsApp) em serviço de notícias.

Todos os dados coletados, conforme exposto na Política de Privacidade do WhatsApp, são utilizados, segundo as palavras da Companhia, para "ajudar a operar, executar, aprimorar, entender, personalizar, dar suporte e anunciar nossos serviços".

Entretanto, não ficam claros, em alguns pontos da política, os dados coletados em determinadas funções, como, por exemplo, na função "dados de status", em que não se sabe exatamente quais dados são coletados e por quanto tempo essas informações são armazenadas: essa função, além de permitir compartilhamento de texto para demais usuários, permite também compartilhamento de imagens e vídeos. Também não há informações sobre a localidade em que os dados são armazenados, tampouco informação acerca do prazo de armazenamento desses dados.

Também é possível solicitar relatório ao WhatsApp sobre quais informações a empresa possui sobre o usuário. Aqui se nota que tal função também pode ser utilizada por infrator que efetue sequestro bem-sucedido de conta do WhatsApp. A solicitação pode ser realizada por meio do próprio aplicativo, conforme abaixo, na Figura 11:

< Conta Solicitar Dados da Conta	< Conta Solicitar Dados da Conta	< Conta Solicitar Dados da Conta
Crie um relatório com as configurações e os dados da sua conta do WhatsApp, o qual você pode acessar ou exportar para outro aplicativo. Esse relatório não inclui suas mensagens. Saiba mais.	Crie um relatório com as configurações e os dados da sua conta do WhatsApp, o qual você pode acessar ou exportar para outro aplicativo. Esse relatório não inclui suas mensagens. Saiba mais.	Crie um relatório com as configurações e os dados da sua conta do WhatsApp, o qual você pode acessar ou exportar para outro aplicativo. Esse relatório não inclui suas mensagens. Saiba mais.
Solicitar Relatório	Solicitação enviada Pronto até o dia 25 de maio	Exportar Relatório 25 de maio
Seu relatório estará disponível em 3 dias. Assim que seu relatório ficar disponível, você terá algumas semanas para tranferi-lo.	Seu relatório estará disponível em 3 dias. Assim que seu relatório ficar disponível, você terá algumas semanas para tranferi-lo.	Apagar Relatório
Sua solicitação será cancelada caso você faça mudanças em sua conta, como apagar sua conta ou alterar o número de telefone.	Sua solicitação será cancelada caso você faça mudanças em sua conta, como apagar sua conta ou alterar o número de telefone.	O seu relatório contém informações da conta do WhatsApp. Somente o compartilhe com pessoas e aplicativos que você confia. Exportar Relatório

FIGURA 11 – Solicitação de dados de conta WhatsApp
Fonte: WHATSAPP, 2020.

O relatório não fica pronto de imediato, levando em torno de cerca de três dias para sua conclusão. Ao ser finalizado, é possível exportar os dados para visualização em navegador web, em que é possível verificar as seguintes informações:

- → modelo do smartphone usado, incluindo as versões do app e do sistema operacional
- → mensagem de status e foto de perfil
- → todos os números dos seus contatos – e apenas os números; não há nomes ou qualquer outro campo
- → todos os grupos
- → dados da criação da conta
- → definições de privacidade, como recibo de leitura (tique duplo azul) e "última vez online"
- → contatos bloqueados (novamente, apenas os números de telefone)
- → aceite dos termos de serviço
- → aceite de compartilhamento de dados de conta com Facebook

Nota-se que não há nesse relatório informações acerca de todos os dados que são coletados pelo WhatsApp, principalmente dados provenientes de terceiros.

Ademais, em 2014, o WhatsApp passou a fazer parte da família de empresas do Facebook, sendo que o WhatsApp pode receber e compartilhar dados com as demais empresas do grupo, que são as seguintes:

- → Facebook Payments Inc.;
- → Onavo;
- → Facebook Technologies, LLC e Facebook Technologies Ireland Limited;
- → WhatsApp Inc. e WhatsApp Ireland Limited;
- → Masquerade;
- → CrowdTangle.

Tudo isso somente para WhatsApp! Claro, é uma das principais ferramentas de comunicação instantânea, sendo que é obrigação das organizações autorizar o seu uso ou não.

E claro, caso haja o uso de outra ferramenta de comunicação instantânea, deverá ser realizada essa mesma análise aprofundada.

5.12 MELHORES PRÁTICAS PARA ACOMPANHAMENTO DE CONTROLES DE SEGURANÇA

Por certo, há a necessidade de avançar nos controles de segurança para prevenir e combater o crescimento das ameaças. Neste sentido, quando a questão envolve a aplicação de quesitos de avaliação de controles de segurança da informação e segurança cibernética, pode ser utilizado o modelo de maturidade do COBIT 5[23] dividindo os controles em cinco níveis de maturidade. Abaixo, consta exemplificativo de como fazer a correlação dos controles com cada um dos cinco níveis de maturidade.

→ **Maturidade nível 1** – segurança reativa | inicial

A empresa só reage quando há um incidente de segurança da informação. Existem evidências de que a empresa reconheceu que há problemas, no entanto, não conta com processos padronizados. O gerenciamento ocorre a cada caso. Apresenta soluções técnicas básicas de segurança como *backup*, antivírus, *firewall*, AntiSpam e controle de conteúdo web, mas não existe uma Política de Segurança da Informação implementada e a gestão da segurança da informação é exercida comumente pela área de Tecnologia da Informação.

→ **Maturidade nível 2** – políticas, normas e procedimentos | repetitivo

A segurança da informação não está só voltada para a tecnologia, passa a compreender fatores humanos, jurídicos e processuais; existe a necessidade de proteção da informação física. Há o desenvolvimento de políticas, normas e procedimentos de segurança da informação, mas ainda sem o envolvimento das áreas jurídica e de recursos humanos. Não há treinamento ou comunicação dos processos padronizados. A responsabilidade é individual. Há muita dependência do conhecimento dos indivíduos.

→ **Maturidade nível 3** – análise de risco | processos definidos

Grande parte dos procedimentos é padronizada, documentada e comunicada. Os procedimentos são seguidos, em partes. Há uma antecipação do risco e a centralização da capacidade de gerenciamento de segurança da informação. Existe compartilhamento das decisões relacionadas à segurança da informação entre gestores e diretoria.

---

[23] COBIT 5 é um modelo de negócios e de gestão global para governança e gestão de TI corporativa. Há um volume que documenta os cinco princípios do COBIT 5 e define os sete habilitadores que apoiam a composição do modelo. Disponível em: <http://www.isaca.org/COBIT/Pages/default.aspx>. Acesso em: 11 jul. 2020.

→ **Maturidade nível 4** – gestão do risco | gerenciados e medidos

Os processos são mais maduros e a empresa lida bem com os riscos. Há o monitoramento e a medição da aderência aos procedimentos, além de tomada de ações, caso os processos não estejam funcionando efetivamente. Os processos estão em melhoria constante. A empresa se antecipa às ameaças de forma mais eficiente. É feita a implementação de controles para mitigar os riscos identificados. Há um programa maduro de capacitação em segurança da informação. Ferramentas automatizadas são utilizadas de forma limitada ou fragmentada.

→ **Maturidade nível 5** – gestão da segurança da informação | otimizado

Há a otimização dos recursos em segurança da informação conduzindo a uma proteção mais abrangente. Os processos são refinados para boas práticas, baseando-se nos resultados de melhoria contínua e em modelos de maturidade de outras empresas. A direção exerce a governança. A tecnologia da informação é utilizada de maneira integrada para automatizar os fluxos de trabalho, fornecendo ferramentas para melhoria de qualidade e efetividade.

6

VAZAMENTO DE INFORMAÇÕES

Marcos Sêmola

6.1 GESTÃO DE RISCOS E VAZAMENTO DE INFORMAÇÕES

6.1.1 Conceitos estruturantes e plano de resposta a uma crise real

Segredos de negócios são objeto de ataque desde que o mundo é mundo. As revoluções industriais que se sucederam foram interferindo e mudando a dinâmica das relações humanas e comerciais, e o que presenciamos hoje não é diferente.

O vetor tecnológico de transformação vem encolhendo o planeta, alterando a relevância do aspecto geográfico, aproximando pessoas e empresas, e promovendo uma dinâmica de negócios em que todos se tornam competidores com todos; vem afetando a percepção de tempo transacional, e, tudo isso, porque a digitalização das informações e dos processos está em crescimento exponencial.

Os processos de tomada de decisões são ainda mais sensíveis à volumetria, completude e acuracidade das informações que os subsidiam. As decisões resultantes desses processos, assertivas ou falhas, produzem efeitos positivos ou negativos em cascata e em velocidade nunca antes vista – efeito do poder dos vetores digitais em um ecossistema de empresas e pessoas com alto grau de conectividade e interoperabilidade.

É possível afirmar que, ao mesmo tempo que os negócios tendem a demandar decisões cada vez mais rápidas para que sejam capazes de acompanhar a velocidade dos acontecimentos e do comportamento de seus clientes, essa velocidade tenderá a produzir maior risco de falhas das decisões que, uma vez cometidas, produzirão um impacto potencial negativo igualmente veloz e abrangente.

Significa dizer que os líderes empresariais, operando em um ambiente de negócios de alta competitividade e sensibilidade às decisões tomadas, terão de buscar instrumentos que os ajudem a equilibrar a relação entre velocidade e risco.

Além disso, terão que se adaptar a uma nova dinâmica transacional em que seus segredos de negócio, em grande maioria já sob a forma de informação digitalizada e distribuída em microperímetros, serão alvos constantes de ataques contra sua confidencialidade, integridade e disponibilidade.

A propósito, passarei a chamar ao longo do texto de "ativos de informação" todos os ativos corporativos, físicos, tecnológicos e humanos, que custodiam informações da empresa e que estão, por definição, sujeitos a falhas de segurança, ou, simplesmente, vulnerabilidades, e também à ação de ameaças com interesse em explorá-las para produzir o comprometimento da segurança, materializando o que convencionamos chamar de incidente de segurança da informação.

Os ataques, por sua vez, não estarão apenas direcionados à ativos concentradores de informação como há algumas décadas, mas sim pulverizados, cada vez mais customizados, e direcionados à uma grande diversidade de alvos, uma vez que as próprias informações de negócios também já se encontram capilarizadas em diversos perímetros como o último e mais frágil deles: as pessoas.

Compreender o perfil dos que estão por trás dos ataques e seus gatilhos motivacionais é igualmente importante para o entendimento do todo. De acordo com o relatório *2020 Data Breach Investigations Report by Verizon*,[1] os principais atores de ameaça são externos, acompanhados pelos internos e os parceiros de negócio, seguindo a ordem de representatividade.

Já o ganho financeiro, ainda é o motivo mais comum para os ataques contra as informações de terceiros, seguido por espionagem e outros de menor expressão.

A tendência de atividades cibernéticas criminosas é também abordada no relatório e sinaliza para um aumento significativo dos grupos de crime organizado, seguidos por grupos recrutados por governos, ativistas em geral, administradores de sistemas e usuários finais.

Em termos de participação em quebras de segurança como um todo, o relatório aponta, por relevância, para: atividade *hacker*, em sua maioria explorando a força bruta e o uso de credenciais roubadas ou perdidas;

---

[1] Disponível em: <https://enterprise.verizon.com/resources/reports/dbir/>. Acesso em: 4 set. 2020.

engenharia social, com a prática do *phishing, spear phishing, vishing, baiting e tailgating*; erros, gerados por publicação equivocada, falha de configuração ou envio a destinatários indevidos; softwares maliciosos, tais como o cavalo de troia, o *ransomware*, o escaneador de tráfego de rede; mau uso dos ativos, seja por displicência, despreparo ou negligência; e falhas físicas de toda ordem.

A conclusão a que podemos chegar depois dessa breve anamnese é a de que operar um negócio a partir de agora será mais arriscado e menos monótono do que um dia foi. Que os segredos e informações de negócio têm alto valor e serão alvos de ataques cada vez mais inteligentes, customizados e volumosos, originados por motivações diversificadas, que estarão atentando contra a estrutura de segurança da informação em contínuo desenvolvimento, amadurecimento e adaptação.

Em suma, probabilisticamente falando, todas as empresas serão invadidas ou experimentarão eventos de quebra de segurança da informação que promoverão impactos negativos na operação, nos resultados e/ou na sua reputação, um dia.

6.2 ESTRATÉGIA DE GESTÃO DE RISCOS DE SEGURANÇA DA INFORMAÇÃO

A luta pela proteção das informações do negócio deve ser contínua, dinâmica e ágil. Daí, a importância de realizar investimentos na estruturação de um sistema de gestão corporativa de riscos de segurança da informação como o proposto pelo globalmente popular *framework* do NIST (*National Institute of Standards and Technology*).

O mais novo *framework* de segurança cibernética no NIST (NCF) fornece uma estrutura com padrões, práticas e taxonomias de alto nível que utiliza a linguagem dos negócios, com o propósito de orientar as empresas na operacionalização de um modelo de gestão de riscos capaz de exercer as funções: IDENTIFICAR, PROTEGER, DETECTAR, RESPONDER e RECUPERAR ativos de informação diante da ação de ameaças e ataques cibernéticos.

O *framework* é organizado nas cinco funções primárias citadas acima que contêm 23 categorias e 108 subcategorias que, juntas, fornecem recomendações para a estruturação de um modelo corporativo de gestão de riscos cibernéticos orientado ao apetite de risco e à especificidade de cada empresa.

A função IDENTIFICAR visa a orientar a empresa no entendimento do seu próprio ambiente de negócios e os riscos associados de segurança cibernética aos ativos de tecnologia, ativos humanos, ativos físicos e demais ativos que custodiem informação.

As categorias que compõem essa função cobrem: gerenciamento de ativos; ambiente de negócio; governança; avaliação de riscos e estratégia de gerenciamento de riscos. Cada um com seu propósito, porém, todos pensados a partir de uma visão holística e integrada, sem a qual não é possível obter eficiência na compreensão dos riscos do negócio que irão orientar as funções subsequentes e as decisões corporativas.

A função PROTEGER visa a orientar a empresa na seleção de ações mitigatórias de riscos com o propósito de proteger a confidencialidade, a integridade e a disponibilidade dos ativos de tecnologia, ativos humanos, ativos físicos e demais ativos que custodiem informação, além de ações mitigatórias de impactos resultantes de eventos de segurança que não puderem ser evitados.

As categorias que compõem essa função cobrem controle de acesso; conscientização e treinamento; segurança de dados; processos e procedimentos de proteção de informações; manutenção e tecnologia de proteção.

A função DETECTAR visa a orientar a empresa na detecção da ocorrência de eventos em que haja quebra de segurança da informação, no menor tempo possível, permitindo reações que minimizem os impactos da ocorrência.

As categorias que compõem essa função cobrem anomalias e eventos; monitoramento contínuo e processos de detecção.

A função RESPONDER visa a orientar a empresa na reação eficiente diante da ocorrência de eventos nos quais haja quebra de segurança da informação, permitindo mitigar os danos produzidos.

As categorias que compõem essa função cobrem planejamento de respostas; comunicações; análise; mitigação e melhorias contínuas.

A função RECUPERAR visa a orientar a empresa na seleção de atividades que promovam a resiliência operacional e a restauração de ativos de tecnologia, ativos humanos e ativos de informação, uma vez afetados por um evento de quebra de segurança.

As categorias que compõem essa função cobrem planejamento de recuperação; melhorias contínuas e comunicações.

Assim como ocorre com outros *frameworks*, o NIST oferece boas práticas de gestão de riscos da informação e propõe controles para diversas funções e categorias, mas todos eles precisam ser avaliados considerando as particularidades da indústria e as especificidades do negócio, uma vez que a boa segurança, os bons controles e o bom nível de maturidade destes, funcionam na medida do apetite de risco, da resiliência, da tolerância do negócio aos eventos produzidos por ataques e outras ameaças, e, ainda, do próprio ponto de equilíbrio entre risco e proteção.

6.3 VAZAMENTO DE INFORMAÇÕES

O evento de vazamento de informações é um dos danos de primeiro nível, dentre muitos outros, potencialmente produzidos pela ação bem-sucedida de uma ameaça que compromete diretamente a confidencialidade, e que pode estender-se para o comprometimento da integridade e da disponibilidade.

Pode ter origem no comportamento descuidado de um ativo humano ou mesmo a partir de uma falha de sistema ou de algum ativo físico ou de tecnologia custodiante da informação que, inapropriadamente, publica em ambiente aberto informações sensíveis, e permite acesso a pessoas não autorizadas.

Pode ainda ter origem na atividade *hacker* pela ação da exploração de vulnerabilidades físicas, tecnológicas ou humanas que tenham levado ao comprometimento do controle de segurança correspondente e ao acesso indevido a informações sensíveis.

O fato de uma empresa ter informações sensíveis e segredos do negócio expostos à sociedade como um todo, a concorrentes e/ou a clientes, produz, obviamente, dano potencial indesejado.

A extensão do dano produzido por um evento de vazamento dependerá diretamente da natureza das informações vazadas, sua volumetria, sua validade e, ainda, das implicações diretas e indiretas que podem gerar um efeito cascata, prejudicando seu balanço ou, até mesmo, arranhando sua reputação e destruir o valor da marca.

Como forma de ilustrar os desdobramentos potenciais de diferentes eventos de vazamento de informações, vamos explorar um dos mais comuns: o vazamento de dados de clientes.

Esses dados normalmente são capturados a partir de uma relação comercial que prevê a troca de produtos e serviços por remuneração em valor financeiro. São costumeiramente dados necessários para a viabilidade da transação comercial, uma vez que emissor e receptor precisam se identificar, conectar, produzir documentos fiscais e enviar e receber tais documentos de forma física ou eletrônica.

Independentemente de a relação comercial já ter sido concluída ou estar em progresso, um evento de vazamento dessa natureza que chegue à ciência das partes produz um desconforto natural ao ver os detalhes da transação abertos ao público em geral, podendo afetar outras transações das partes com terceiros.

O simples detalhe sobre as condições comerciais pode ser suficiente para impactar negócios em andamento e negócios em fase de fechamento, destruindo valor para as partes e, inevitavelmente, produzindo desgaste de imagem e reputação.

Esse mesmo evento pode ainda produzir outros desdobramentos, como: multas, previstas legalmente em contrato ou por diversas outras leis vigentes; advertências; sanções administrativas com multas financeiras; ou até mesmo suspensões operacionais impostas por regulamentações setoriais aplicáveis.

Como se não bastasse, a lei brasileira de privacidade – ou Lei Geral de Proteção de Dados Pessoais (LGPD) – também pode produzir efeito danoso à empresa que não conseguir descaracterizar imprudência, imperícia ou negligência no tratamento de dados pessoais, se estes forem objeto de vazamento, uma vez que estará sujeita a advertências, suspensões, multas e exposição pública, a depender da relevância do evento de vazamento.

6.3.1 Caso *Snowden*

O caso mais popular e emblemático de vazamento de dados ocorreu nos Estados Unidos em 2013 e merece estudo para que possamos compreender as motivações, os métodos e os efeitos produzidos por esse evento de quebra de confidencialidade.

Edward Joseph Snowden, na época com 29 anos, era um analista de sistemas, ex-administrador de sistemas da CIA (Agência Central de Inteligência Civil do governo americano), e ex-funcionário da NSA (Agência de Segurança Nacional dos Estados Unidos).

Ele tornou públicas informações confidenciais de diversos programas que constituem o sistema de vigilância global da NSA. Snowden fez uso de veículos de grande circulação, como o *The Guardian* e *The Washington Post*, para revelar detalhes de comunicações e tráfego de informações do governo, alegando abuso de autoridade, espionagem e quebra de privacidade do cidadão americano.

Snowden denunciou o uso de servidores de empresas americanas como Google, Apple e Facebook, em diversos países, para o monitoramento de conversas. Em contrapartida, o governo americano o acusou de roubo de propriedade do governo, comunicação não autorizada de informações de defesa nacional, e comunicação internacional de informações classificadas como de inteligência para pessoa não autorizada.

Muitos meses depois das primeiras revelações, documentos vazados por Snowden continuavam repercutindo em jornais ao redor do mundo e colocando em dúvida o comportamento do governo americano, bem como a conduta das empresas envolvidas quanto à custódia de dados pessoais de cidadãos do mundo.

De acordo com o próprio, sua principal motivação foi ter se sentido na obrigação de denunciar ao mundo, mesmo que a um custo pessoal alto, os desproporcionais poderes de vigilância acumulados pelo governo dos Estados Unidos. "O público precisa decidir se esses programas e políticas são certos ou errados", disse Snowden ao *The Guardian*, complementando:

> Eu estou disposto a me sacrificar porque eu não posso, em sã consciência, deixar que o governo dos Estados Unidos destrua a privacidade, a liberdade da internet e os direitos básicos de pessoas em todo o mundo, tudo em nome de um maciço serviço de vigilância que ele está desenvolvendo.[2]

O caso Snowden nos ajuda a compreender as relações de risco que envolvem a custódia de informações sensíveis, a diversidade de vetores motivacionais e os potenciais impactos que giram na órbita de um evento de vazamento de dados.

6.3.2 *Ransomware*

Eventos de vazamento de dados estão se popularizando mundialmente e são objeto de variações criativas de atividades *hacker*.

Baseado em um tipo de software malicioso que adota criptografia e explora ao menos uma das vulnerabilidades encontradas nos perímetros de segurança para ter acesso indevido a dados sensíveis, o *ransomware* desenha uma cadeia de ataques que explora o vazamento, ameaçando a vítima de publicar suas informações caso o resgate não seja pago, ou de bloquear perpetuamente o acesso a elas, a menos que haja o pagamento de um resgate em ativo financeiro, mais comumente em criptomoeda, para reduzir as chances de rastreamento do criminoso.

De acordo com o artigo de Dell Cameron,[3] o *WannaCry* foi dos mais eficazes *ransomwares* já construídos por não depender da ação de um usuário

---

[2] Disponível em: <http://g1.globo.com/mundo/noticia/2013/06/ex-funcionario-da-cia-diz-que-revelou-esquema-de-espionagem-dos-eua-por-um-mundo-melhor.html>.

[3] CAMERON, Dell. Today's massive ransomware attack was mostly preventable; here's how to avoid it. *Gizmodo*, 2017.

para sua disseminação, replicando-se automaticamente entre computadores do mundo inteiro.

Desde 2012, os ataques de *ransomwares* vêm crescendo exponencialmente,[4] alcançando mais de 180 milhões de ataques identificados nos primeiros meses de 2018 – um aumento de 229%, comparado ao mesmo período do ano anterior.

A variante *CryptoLocker* foi particularmente bem-sucedida ao extorquir cerca de 3 milhões de dólares em resgates antes que sua operação pudesse ser derrubada pelas autoridades.[5] Já o FBI estima que o *CryptoWall* tenha produzido prejuízos acumulados na ordem de 18 milhões de dólares.[6]

O *ransomware* é, definitivamente, um grande negócio; já movimentou muito dinheiro desde sua expansão no início da década. Em 2017, estima-se que sua atividade tenha resultado em perdas na ordem de 5 bilhões de dólares,[7] entre resgates pagos e perdas pelo tempo de recuperação dos ataques.

Por tudo o que já foi dito até aqui, todos os sinais nos levam a acreditar que a maioria das empresas já tenha sido invadida e que tenha sofrido algum tipo de vazamento de informações, mesmo que algumas delas não acreditem por simples desconhecimento do evento. Para todas as outras que, de fato, ainda não tenham experimentado tal situação, é provável que venham a experimentá-la em breve.

Por essa razão, há uma forte corrente entre os pensadores da segurança da informação, com a qual concordo, que defende a ideia de que, tão importante quanto identificar os riscos, proteger os ativos de informação, detectar ameaças em ação e recuperar depois de um evento de segurança consumado, é ser capaz de reagir a um evento de quebra de segurança da informação em curso, estando apto a responder ao incidente de forma assertiva, ágil e eficiente, cumprindo seu papel dentro de um *framework* que estrutura um sistema de gestão corporativa de riscos da informação.

6.4 RESPOSTAS A INCIDENTES

O principal objetivo de uma estrutura de respostas a incidentes de segurança da informação é estabelecer um método que possa ser consistentemente

---

[4] FBI. New internet scam: 'Ransomware' locks computers, demands payment, 2012.
[5] WARD, Mark. Cryptolocker victims to get files back for free. *BBC*, 2014.
[6] GALLAGHER, Sean. FBI says crypto ransomware has racked in >$18million for cybercriminals. *Ars Technica*, 2015.
[7] VERIZON. 2020 Data Breach Investigation Report. 2020.

repetido, capaz de conter os danos produzidos pelo evento que originou a quebra de segurança da informação, bem como minimizar a extensão de seu dano e, ainda, produzir lições que sirvam de aprimoramento para o sistema de gestão corporativa de riscos da informação.

É importante destacar que nem todo incidente de segurança da informação é merecedor do acionamento da estrutura de resposta, a depender de sua natureza, abrangência, volumetria, enfim, da relevância para o negócio.

Por esse motivo, faz parte do desenho do plano de respostas a incidentes a definição de gatilhos específicos de acionamento que devem ser customizados às características operacionais da empresa e na medida do seu apetite de risco, sua resiliência e sua tolerância aos impactos. Uma vez que esses requerimentos de negócios são mapeados e os diferentes cenários de incidentes relevantes para a empresa são identificados e documentados, é que se inicia o trabalho de especificação das ações de respostas personalizadas para cada tipo de cenário.

Assumindo que situações de crise provocadas por incidentes relevantes de segurança da informação comumente exigem respostas rápidas, são estressantes, e que, invariavelmente, não há tempo para experimentações, simulações e ensaios – sob pena de ver os danos produzidos pelo incidente se ampliarem – essa função do *framework* de segurança cibernética no NIST (NCF) precisa ser muito bem planejada e estruturada com antecedência para que cumpra o papel de guiar sua equipe de forma assertiva, ágil e eficiente.

Em situação de crise, o tempo joga contra a empresa e contar com uma estratégia de respostas é condição *sine qua non* para uma experiência bem-sucedida.

Orientados pelo NIST e seu padrão *Computer Security Incident Handling Guide 800-61*, vemos uma estrutura de respostas a incidentes organizada para detectar incidentes rapidamente e, de preferência, em seus estágios mais iniciais; minimizar perdas e destruições; mitigar os pontos fracos que foram explorados pelo ataque; e abrir caminho para a restauração dos serviços impactados.

Em se tratando de ataques cibernéticos, o padrão realça a importância de compreender as ameaças, analisar dados relacionados a incidentes e determinar as medidas apropriadas de resposta para cada tipo de incidente.

As diretrizes podem ser aplicadas de maneira abrangente em uma ampla variedade de plataformas de hardware, sistemas operacionais, protocolos e aplicativos.

Construir um plano de respostas a incidentes é comumente muito desafiador; por isso, é recomendável que o trabalho seja dividido em componentes menores, tornando mais palatável o gerenciamento do projeto.

É também importante levar em consideração que cada empresa é diferente e, por isso, deve contar com uma arquitetura operacional e relações distintas de dependência dos ativos de informação e seus processos de negócio, requerendo, obviamente, políticas, procedimentos, treinamentos customizados.

Entretanto, sabe-se, de uma forma geral e conceitual, que todo plano de respostas a incidentes deve ser capaz de responder a perguntas triviais, que serão abordadas detalhadamente quando explorarmos o *framework* do NIST, a seguir.

Todo trabalho deve começar com uma definição clara da empresa sobre o significado de "incidente" e a decisão sobre que serviços a equipe de respostas a incidentes deve oferecer. Em seguida, é preciso determinar que estruturas e modelos operacionais devem ser criados para fornecer os serviços de resposta.

Só então é possível seguir com a sua implementação. Políticas, normas e procedimentos específicos precisam ser elaborados para orientar e educar os profissionais envolvidos no relacionamento com outras equipes, demais áreas da própria empresa, com terceiros, com a imprensa e com autoridades governamentais.

O NIST organiza seu *framework* em quatro fases distintas:[8-9]

1) PREPARAÇÃO: fase de definição do processo que estabelece e capacita a equipe de respostas a incidentes, bem como define a aquisição de ferramentas e demais recursos necessários para subsidiar a operação funcional do serviço. Tudo deve partir inicialmente de uma política de respostas a incidentes e de um inventário de ativos de informação que precisa ser priorizado com base na relevância para a manutenção operacional dos processos de negócios mais críticos. Durante o desenrolar dessa fase, a empresa aplica controles de segurança da informação selecionados com base nos resultados obtidos pela prática de avaliação de riscos, com o intuito de reduzir o alcance e limitar o foco de ação dos serviços de respostas a incidentes. Uma vez que exista uma visão definida dos processos de negócios críticos, dos ativos de informação também críticos por herança ao suportarem a operação dos processos, são criados planos específicos de resposta para cada tipo de incidente. Esses planos, individualmente, devem cobrir os ativos que suportam determinado(s) processo(s) de negócio. A equipe de respostas a incidentes deve praticar consistentemente testes simulados de efetividade dos planos, procurando identificar falhas operacionais, processuais ou de qualquer outra

---

[8] FRUHLINGER, Josh. Ransomware explained: how it Works and how to remove it. *CSO*, 2020.

[9] NATIONAL INSTITUTE OF STANDARDS AND TECHNOLOGY. U.S. Department of Commerce *Computer Security Incident Handling Guide*, 2012.

natureza, que possam impedir o funcionamento pleno do plano em situação de crise real. A rotina de adequação e manutenção do plano de respostas a incidentes deve se tornar um hábito e na frequência imposta pela evolução dos *hackers*, uma vez que os ataques são persistentes e evoluem dinamicamente em velocidade superior à capacidade das empresas de identificá-los e estudá-los, para então desenvolver contramedidas de segurança antes de serem alvos desses mesmos ataques.

Perguntas-chave a que essa fase deve ser capaz de responder:

> → A empresa e a equipe de respostas a incidentes conhecem o mapa de relevância de ativos de informação que suportam os processos do negócio?
> → As políticas de segurança da informação e o plano de respostas a incidentes foram aprovados pela alta administração?
> → Todos estão treinados nas políticas de segurança da informação?
> → A equipe está treinada para a execução dos procedimentos do plano de respostas a incidentes?
> → Os membros da equipe de respostas a incidentes conhecem suas funções e as notificações necessárias em situação de crise?
> → Os membros da equipe de respostas a incidentes participaram de simulações regulares do plano de respostas a incidentes?
> → As ferramentas que subsidiam a operacionalização dos processos de respostas a incidentes estão operacionais e a equipe foi treinada a utilizá-las?
> → Controles de segurança mínimos foram previamente aplicados aos ativos de informação para conter o risco de eventos de incidentes em alto volume e baixa relevância?

2) DETECÇÃO E ANÁLISE: fase de definição do processo que habilita o monitoramento, a detecção de violações de segurança da informação e a análise da anatomia do ataque, criando conhecimento para o aprimoramento da defesa cibernética e condições para uma comunicação ágil da empresa sobre o incidente, de tal forma que ela possa acompanhar alterações na severidade do incidente e, assim, produzir insumos para a fase subsequente, em que ações de mitigação do impacto produzido pelo incidente poderão ser tomadas.

Perguntas-chave a que essa fase deve ser capaz de responder:

> → Quando o evento de incidente de segurança ocorreu?
> → Como a ocorrência foi descoberta?

→ Quem descobriu a ocorrência?
→ Que processos do negócio e ativos de informação foram impactados?
→ Qual é a abrangência do dado produzido pelo incidente?
→ O incidente produziu impacto operacional a algum processo do negócio ou à empresa como um todo?
→ A causa-raiz ou origem do incidente foi identificada?
→ O que foi possível aprender com o evento?
→ Qual é a anatomia do ataque e sua cadeia?

3) CONTENÇÃO, ERRADICAÇÃO E RECUPERAÇÃO: fase de definição do processo que habilita a equipe de respostas a incidentes a tomar ações de mitigação do impacto do incidente por contenção, e, eventualmente, atuar na recuperação dos ativos e serviços esperados pelos processos do negócio afetados. É comum que nessa fase visitas pontuais à fase de detecção e análise ocorram, uma vez que durante ações de contenção, erradicação e recuperação possam ser necessárias novas investigações sobre os mesmos ativos detectados ou sobre outros ativos não antes afetados e que podem ter sido vítimas do mesmo ataque no curso das investigações. De uma forma geral, essa fase do *framework* do NIST deve se desdobrar em subplanos que especifiquem cenários de contenção, erradicação e recuperação, a depender da sensibilidade e da relevância dos ativos afetados e, naturalmente, dos processos do negócio dependentes desses mesmos ativos.

Perguntas-chave a que essa fase deve ser capaz de responder:

→ Que ações de curto prazo foram tomadas para conter o dano produzido pelo incidente?
→ Que ações de longo prazo foram planejadas para conter o dano produzido pelo incidente?
→ Há alguma ameaça identificada como geradora do incidente que tenha sido isolada do ambiente afetado para posterior análise?
→ Existem alternativas de restabelecimento total ou parcial dos dados ou ativos de informação afetados pelo incidente?
→ Existe recurso de *backup* no ambiente afetado pelo incidente?
→ Que recursos de autenticação para acesso remoto estão em funcionamento?
→ As credenciais atuais de acesso aos ativos de informação foram revisadas, legitimadas e ajustadas?

- → Todas as mais recentes atualizações de segurança nos ativos de informação foram aplicadas?
- → O artefato gerador do incidente foi identificado e adequadamente removido do ambiente?
- → Quando os ativos de informação poderão ser restaurados e colocados em produção?
- → Uma vez restaurados, os ativos de informação afetados pelo incidente foram testados antes de serem colocados novamente em produção?
- → Por qual período os ativos de informação afetados pelo incidente, restaurados e testados ficarão sob monitoramento; o que será observado neles e que comportamento é esperado dentro do padrão de normalidade?
- → Que soluções foram especificadas e recomendadas para que ameaças similares não produzam o mesmo efeito do incidente em futuras e novas investidas contra os ativos de informação?

4) PÓS-INCIDENTE: fase de definição do processo que estrutura os aprendizados obtidos pela prática da resposta ao incidente, produzindo conhecimento novo e valioso para o aprimoramento da segurança da informação como um todo, a proteção de ativos de informação similares ao atacado em particular, e, ainda, oportunidades de melhoria do próprio plano de respostas a incidentes por força da experiência ao executá-lo. Nenhum processo é absolutamente perfeito e capaz de demonstrar eficiência em todos os cenários possíveis em que haja quebra de segurança e ações de respostas, até mesmo porque alguns deles sequer podem ser simulados, e só é possível aprender sobre eles vivenciando-os; por isso, é saudável que essa fase seja encarada com a mesma seriedade das demais e como alça de realimentação e melhoria contínua.

Perguntas-chave a que essa fase deve ser capaz de responder:

- → Que adequações de segurança precisam ser realizadas para evitar incidentes similares?
- → Que vulnerabilidade foi explorada pela ameaça para produzir o incidente de segurança da informação?
- → Que aprimoramentos nos processos e controles físicos, tecnológicos e humanos podem ser adotados para mitigar o risco de incidentes de segurança da informação similares?
- → A cadeia de ataque e todos os aprendizados produzidos pelas fases de respostas a incidentes foram documentados para alimentar a base de conhecimento?

Mesmo depois de explicações mais detalhadas, convém oferecer um resumo dos principais passos para que uma empresa estabeleça sua capacidade de responder a incidentes de segurança da informação.

TABELA 1 – Resumo de uma política de resposta a incidentes de segurança da informação

10 PASSOS PRINCIPAIS PARA ESTABELECER A CAPACIDADE DE RESPOSTAS A INCIDENTES
1. Identificar e priorizar ativos orientados pela relevância dos processos do negócio;
2. identificar os riscos potenciais orientados por cenários de incidentes factíveis;
3. criar uma política e um plano de respostas a incidentes;
4. desenvolver procedimentos para realizar a condução e a comunicação de incidentes;
5. elaborar regras de comunicação externa com terceiros sobre incidentes;
6. selecionar uma estrutura de equipe e o modelo funcional de respostas a incidentes;
7. estabelecer relacionamentos e a comunicação entre a equipe e outros grupos;
8. definir o escopo dos serviços prestados pela equipe de respostas a incidentes;
9. recrutar e treinar os recursos que compõem a equipe de respostas a incidentes;
10. obter o patrocínio da organização e de seus líderes tomadores de decisões.

Fonte: Autoria própria.

Mesmo depois de conhecermos as estruturas do *framework* de respostas a incidentes do NIST, é conhecido o benefício de extrapolar os limites sugeridos pelas fases do *framework* e pensar em ações complementares que possam produzir aceleradores para os processos de respostas a incidentes.

Um deles, e mais evidente, é o da conexão entre empresas da mesma indústria com quem se possa estabelecer regras de compartilhamento de informações a respeito de experiências bem-sucedidas e malsucedidas.

A diversidade possível de ataques e cenários de quebra de segurança é maior do que a capacidade de uma empresa de imaginá-los, documentá-los e estudá-los como cenários possíveis de risco.

Além disso, a pluralidade de conhecimentos potencialmente obtidos pelo somatório das vivências das empresas de uma mesma indústria é tão valiosa que não se pode abrir mão desse recurso como forma de acelerarmos a maturidade das empresas quando aplicadas as funções básicas do NIST de identificar, proteger, detectar, responder e recuperar.

Prevenir problemas de segurança da informação costuma ser menos custoso e mais eficaz do que reagir a esses mesmos problemas depois que eles se materializam.

A prevenção de incidentes é um elemento importante no planejamento de segurança da informação de uma empresa, bem como a implementação e o gerenciamento de controles, pois, além de cumprir seus papéis primários, ainda produzem valor secundário na influência da definição da capacidade de respostas a incidentes da empresa.

Quando uma empresa falha ou tem baixa maturidade preventiva, ela passa a produzir alto volume de incidentes e, assim, além de sobrecarregar a equipe de respostas, faz que esta se distraia no atendimento a eventos de menor relevância e perca a capacidade volumétrica de atendimento, que poderá comprometer a velocidade das etapas subsequentes da equipe como: contenção, erradicação e recuperação.

Documentar os protocolos de comunicação entre a equipe de respostas a incidentes e os agentes externos – como outros times de respostas a incidentes, agentes públicos, imprensa, parceiros de negócio, clientes e demais afetados direta ou indiretamente por um incidente – é a chave de um plano eficaz e sem sobressaltos.

Isso porque situações de crise não costumam oferecer tempo para longas análises e reflexões. Comumente requerem reação rápida, assertiva, inteligível e na medida da necessidade, para o público certo, e sem revelar mais informações do que as necessárias para cumprir sua finalidade.

É inevitável que a equipe de respostas a incidentes tenha que fazer escolhas em função de limitações naturais impostas pelas empresas – de recursos financeiros ou humanos –, uma vez que convivem com uma infinidade de potenciais cenários de riscos e de incidentes que precisam, em teoria, identificar e estudar para reagir a eles.

Mesmo depois que recebem o resultado da análise de riscos e vulnerabilidades e a relação de relevância dos ativos de informação e seus processos do negócio, ainda assim, se depararão com uma alta volumetria de cenários.

Por isso, convém cogitar a concentração naqueles que oferecem maior exposição do negócio, mas também naqueles quem têm os mesmos vetores de ataque. Isso porque cenários com os mesmos vetores sugerem procedimentos similares e assim há natural aumento de eficiência da equipe.

Entre os vetores de ataque mais conhecidos, temos: o ataque ao usuário por método de força bruta que objetiva o roubo de credenciais para acesso de degradação ou destruição de sistemas e serviços; o vetor baseado em mídias removíveis com viés de contaminação; acesso indevido; ou mesmo comprometimento físico do equipamento e de seus dados; os vetores web e *e-mail* que exploram códigos maliciosos embutidos em páginas ou aplicações baseadas na web; ou, ainda, anexos enviados em *e-mails* que são levados até o usuário com o intuito de estimular uma ação de risco; o vetor de uso inadequado de ativo de informação em que há violação das políticas corporativas por usuário autorizado; o vetor de perda ou roubo de equipamento de computação ou mídia que contenha informações sensíveis e/ou que ofereçam acesso facilitado ao ambiente digital da empresa; entre outros vetores de menor expressão.

Priorizar o tratamento individual de incidentes é fator crítico para o sucesso de uma equipe de respostas a incidentes; daí, a necessidade de qualificá-los em virtude da relação de relevância dos ativos de informação envolvidos no incidente e da relevância dos processos suportados por eles, de tal forma que a empresa possa compreender a severidade do incidente para o negócio.

Evidências não faltam para confirmar o crescimento dos eventos de vazamento de dados no Brasil. Somente durante a pandemia da COVID-19, estima-se o aumento de 47%.

Separamos no Anexo 2 os mais recentes eventos veiculados pela imprensa brasileira de janeiro a julho de 2020 para ilustrar a diversidade de alvos, falhas exploradas e impactos à operação e ao negócio, de uma forma geral, requerendo ações de respostas a incidentes cada vez mais elaboradas e eficientes.

> "A resposta a incidentes precisa de pessoas, porque uma resposta a incidentes bem-sucedida exige pensamento."[10]
>
> Bruce Schneier

6.4.1 Equipe

Reconhecendo a importância da qualidade e da diversidade dos membros de uma equipe eficiente de respostas a incidentes, relaciono suas principais funções e responsabilidades:

---

[10] Texto original: "Incident Response needs people, because successful Incident Response requires thinking".

Líder de equipe

Conduz e coordena todas as atividades da equipe de respostas a incidentes e a mantém focada em minimizar os danos e em recuperar as funções do negócio por meio da recuperação dos ativos de informação afetados, rapidamente.

Líder de investigação

Coleta e analisa todas as evidências, determina a causa-raiz, direciona os outros analistas de segurança e implementa correções rápidas para a recuperação dos ativos de informação.

Líder de comunicação

Conduz os esforços de comunicação para todos os públicos – interno e externo à empresa –, em diferentes esferas e de forma alinhada à estratégia de reporte do incidente.

Líder de documentação e linha do tempo

Documenta todas as atividades da equipe, especialmente as tarefas de investigação, descoberta e recuperação, e desenvolve uma linha do tempo confiável para cada estágio do incidente.

Representante legal

Representa a empresa legalmente nas relações externas, especialmente perante as autoridades governamentais em possíveis incidentes que produzam desdobramentos legais, como criminais ou cíveis, que requeiram orientação jurídica.

Mentalidade

Os membros de uma equipe de respostas a incidentes precisam estudar os ativos de informação, especialmente sistemas e redes de computadores. Precisam estudar as cadeias de ataques, as ferramentas e o comportamento dos atacantes para entender como eles pensam. Ser mais esperto que seu oponente deve ser um alvo a perseguir.

Recrutamento e manutenção

Existem três importantes aspectos considerados pelo NIST no momento de recrutar e manter os membros de uma equipe de respostas a incidentes.

O primeiro deles é a disponibilidade do profissional, considerando que eventos de segurança que requeiram pronta resposta podem acontecer dentro da janela 24x7x365, mesmo que saibamos que as equipes de suporte de TI costumam realizar o primeiro chamado quando a natureza do evento é avaliada para só então seguir o fluxo que requeira ação da equipe de respostas a incidentes.

Recrutar profissionais *part-time* pode ser uma alternativa para empresas que não podem dispor de grandes equipes mobilizadas e dedicadas, mas não se pode abrir mão da diversidade de conhecimentos e especialidades que envolvem o procedimento de resposta a um incidente de segurança da informação.

Por fim, pela natureza estressante das atividades de uma equipe de respostas a incidentes, a empresa precisa desenhar um modelo operacional que possa aliviar a pressão e o estresse constante dos profissionais, bem como mantê-los motivados e atualizados por intermédio de programas de educação continuada.

Em tempo: considerar a terceirização de atividades comoditizadas, como o monitoramento de um sistema de gerenciamento de eventos de segurança (SIEM), por exemplo, pode ajudar a aliviar a carga sobre a equipe e melhorar seu desempenho.

Localização

O ambiente de negócios atual com múltiplas operações geograficamente distribuídas torna desafiador construir e manter todos os membros de uma equipe de respostas a incidentes fisicamente próximos.

Além disso, os ataques, especialmente digitais, são também distribuídos, transformando-os em alvos móveis; contudo, convém avaliar a concentração física dos mais relevantes ativos de informação para também buscar uma concentração mínima dos membros da equipe, uma vez que é provável que algumas funções da equipe requeiram acesso físico aos ativos para a realização de procedimentos operacionais.

> "When you have eliminated the impossible, whatever remains, however improbable – must be the truth."
>
> Sherlock Holmes

O que os padrões da indústria nos ensinam até aqui sobre a gestão de riscos da informação e a segurança digital, de uma forma geral, é a necessidade que as empresas têm de desenvolver uma visão holística e integrada dos riscos que as habilite, respeitando suas especificidades, sua resiliência e seu apetite particular ao risco, a tomar decisões em diferentes dimensões e momentos na linha do tempo, capazes de produzir valores de defesa e proteção do negócio, mesmo que a princípio pareçam isolados e concentrados em ativos específicos, mas que venham a se conectar aos valores produzidos pelas demais dimensões que focam em outros ativos, e que juntos formem uma grande mandala integrada de ameaças, vulnerabilidades, cenários de riscos, planos de ação e reação, e indicadores que darão transparência e agilidade à gestão corporativa de segurança do negócio.

7

ENGENHARIA SOCIAL

Larissa Lotufo

7.1 PESSOAS: O ELO FRACO DA CORRENTE (AINDA)

A informação sempre teve um papel importante na história da humanidade e por conta disso o desenvolvimento de mecanismos de proteção e codificação da informação existe há tempos, principalmente em momentos críticos como guerras ou no cenário competitivo do mercado capitalista.

Com a evolução tecnológica e o surgimento da sociedade da informação, esses mecanismos de codificação avançaram cada vez mais; da mesma forma, as táticas e estratégias dos decifradores da codificação também se desenvolveram.

Todavia, seja nos primórdios da sociedade, seja na atualidade, um dos elos mais fracos dos elementos que compõem a proteção à informação continua sendo o mesmo: o ser humano. Isso porque, por mais avançados que sejam os instrumentos de codificação e proteção à informação, as pessoas ainda são peças essenciais na composição dos recursos de proteção –no desenvolvimento do código ou no cuidado/manuseio das informações protegidas –, porém, são peças passíveis de serem corrompidas de inúmeras formas que nem sempre seguem uma lógica racional e previsível, daí a dificuldade de prevenir o ataque à informação por essa via.

Por conta disso, as estratégias de gestão da segurança da informação devem considerar as falhas humanas na hora de desenvolver um sistema de segurança, sendo que, entre as propriedades da proteção à informação, a confidencialidade, a integridade e a disponibilidade[1] são itens de primordial

---

[1] Sêmola (2006) resume a conceituação de tais elementos de forma clara e concisa: "(1) confidencialidade – acessibilidade da informação aos agentes autorizados

importância, já que trabalham diretamente com o comportamento e a possibilidade de acesso humano. Pautados nesses aspectos e princípios, os sistemas de proteção à informação devem criar estratégias para prevenir e proteger a informação também dos mecanismos de engenharia social.

De forma resumida, engenharia social pode ser compreendida como um conjunto de práticas e ações aplicadas na busca de informações sigilosas ou de grande importância e valor, pertencentes a uma pessoa ou a uma empresa, de maneira que essas práticas utilizam a manipulação, a persuasão e a influência sobre o comportamento humano como estratégia de ataque.

O Centro de Estudos, Resposta e Tratamento de Incidentes de Segurança no Brasil (CERT.br) compreende a engenharia social como:

> Técnica por meio da qual uma pessoa procura persuadir outra a executar determinadas ações [...] é considerada uma prática de má-fé, usada por golpistas para tentar explorar a ganância, a vaidade e a boa-fé ou abusar da ingenuidade e da confiança de outras pessoas, a fim de aplicar golpes, ludibriar ou obter informações sigilosas e importantes (CENTRO DE ESTUDOS, RESPOSTA E TRATAMENTO DE INCIDENTES DE SEGURANÇA NO BRASIL, 2012, p. 115).

Como se pode notar, a engenharia social[2] é um mecanismo adotado pelos invasores que buscam a obtenção de informações protegidas mediante desenvolvimento e aplicação de estratégias para corromper o comportamento humano.

O uso de tecnologia não é intrínseco à prática da engenharia social, mas o desenvolvimento dos meios digitais, o grande alcance e as inúmeras possibilidades de comunicação e interação trazidos com a popularização da internet permitiram que essas técnicas também pudessem se desenvolver.

Apesar da relevante importância da proteção dos indivíduos às técnicas utilizadas pelos engenheiros sociais no cotidiano, no ambiente corporativo essa

---

e inacessibilidade aos agentes não autorizados; (2) integridade – possibilidade de alteração da informação para os agentes autorizados e impedimento de alteração para os agentes não autorizados; e (3) disponibilidade – acessibilidade da informação apenas aos agentes autorizados a qualquer momento".

[2] De forma mais conceitual, a engenharia social pode ser apontada como "a ciência que estuda como o conhecimento do comportamento humano pode ser utilizado para induzir uma pessoa a atuar segundo seu desejo. Não se trata de hipnose ou controle da mente, as técnicas de Engenharia Social são amplamente utilizadas por detetives (para obter informação), e magistrados (para comprovar se um declarante fala a verdade). Também é utilizada para lograr todo tipo de fraudes, inclusive invasão de sistemas eletrônicos" (KONSULTEX INFORMÁTICA, 1993 *apud* PEIXOTO, 2004, p. 15).

proteção deve ser ainda mais estimulada, tendo em vista que as organizações trabalham não só com informações valiosas em relação a si mesmas, mas também com os dados pessoais de seus clientes ou até mesmo de outras corporações.

Com isso em mente, é de primordial pertinência que a empresa se preocupe com a engenharia social, seja através da conscientização dos funcionários, seja por meio da criação de mecanismos que dificultem a quebra dos protocolos de acesso à informação pela via humana.

Essa preocupação deve levar em conta dois aspectos centrais relativos à informação no contexto corporativo atual: a descentralização e a democratização da informação.

Ambas as características buscam facilitar e agilizar os processos internos e externos das empresas, mas podem trazer consigo mais vulnerabilidades às informações que muitas vezes não deveriam ser vulneráveis. Por exemplo, imagine-se uma loja virtual de calçados que possui uma parceria com uma transportadora para a entrega dos produtos vendidos; ambas as empresas precisam entrar em contato com informações pessoais dos clientes, como o endereço, para que a entrega seja feita, e não é difícil imaginar uma pessoa utilizando técnicas de engenharia social para conseguir acesso a essas informações dos consumidores a partir dessa janela de interação entre a loja e a transportadora.

Isso porque fica difícil controlar o acesso e a troca de informações entre os funcionários da loja e da transportadora, tendo em vista que ambos precisam desses dados para fazer o processo acontecer.

Pensando nisso, um engenheiro social pode se passar por um funcionário da transportadora e dizer que uma falha no sistema de transporte fez que eles perdessem as informações sobre as entregas, por exemplo, e solicitar a alguém da loja uma lista atualizada com as entregas a serem realizadas. Não é nada difícil falsificar um endereço de *e-mail* ou mesmo enviar um *e-mail* com vírus com um assunto desse tipo que obrigue o funcionário a clicar e abrir o conteúdo.

Essas janelas que a segurança da informação apresenta – quando o humano é uma peça de interação essencial ao processo – pode trazer consigo inúmeras possibilidades de ataque por parte dos invasores, de maneira que esse tipo de estratégia pode apresentar uma taxa de sucesso muito maior e mais rápida do que o uso de softwares sofisticados.

Mitnick e Simon[3] apontam o fator humano como o elemento mais importante na gestão da segurança da informação, já que o indivíduo é o elo mais fraco de um sistema de segurança.

---

[3] Mitnick foi um famoso *hacker* na década de 1990 e atualmente trabalha com segurança da informação. Em seu livro, *A arte de enganar*, Mitnick, juntamente

E é justamente a fragilidade humana que pode tornar um sistema exposto além de suas limitações técnicas, tendo em vista que qualquer software é criado para as pessoas. Por conta disso que a piada "o problema das máquinas são as pessoas" é mais preocupante do que engraçada, já que traz consigo uma afirmação mais verídica do que gostaríamos de imaginar. Nesse sentido, João Carlos Alexandria alerta:

> Muitas organizações ignoram as questões sociais e comportamentais em seus programas de segurança da informação. É um erro imaginar que os aspectos humanos sejam menos importantes, e que o estabelecimento de políticas e a aplicação de controles técnicos sejam suficientes para garantir um ambiente seguro (ALEXANDRIA, 2009, p. 48).

Assim, a empresa deve se proteger em relação ao comportamento de seu funcionário e também de seu cliente, tendo em vista que a falha igualmente pode vir por parte do consumidor.

O CERT.br dá alguns exemplos ilustrativos de ataques de engenharia social:

a) um desconhecido liga para a casa de alguém e diz ser do suporte técnico do provedor dele. Nesta ligação, ele diz que a conexão com a internet está apresentando algum problema e, então, pede a senha para corrigi-lo;

b) alguém recebe uma mensagem de *e-mail*, supostamente do fornecedor do seu antivírus, dizendo que seu computador está infectado por um vírus. A mensagem sugere que a pessoa instale uma ferramenta disponível em um site da internet, para eliminar o vírus de seu computador; e

c) alguém recebe uma mensagem de *e-mail*, onde o remetente é o gerente ou alguém do departamento de suporte do seu banco. Na mensagem ele diz que o serviço de Internet Banking está apresentando algum problema e que tal problema pode ser corrigido se for executado o aplicativo que está anexado à mensagem. A execução deste aplicativo apresenta uma tela análoga àquela utilizada para se ter acesso à conta bancária, aguardando que se digite a senha (CENTRO DE ESTUDOS,

---

com Simon, dá dicas de proteção à informação e alerta sobre a importância de considerar o fator humano como de primordial importância na hora de proteger os dados e informações: "Uma empresa pode ter adquirido as melhores tecnologias de segurança que o dinheiro pode comprar, pode ter treinado seu pessoal tão bem, que eles trancam todos os segredos antes de ir embora, e pode ter contratado guardas para o prédio na melhor empresa de segurança que existe. Mesmo assim, essa empresa ainda estará vulnerável. [...] Por quê? Porque o fator *humano* é o elo mais fraco da segurança" (MITNICK; SIMON, 2003, p. 3).

RESPOSTA E TRATAMENTO DE INCIDENTES DE SEGURANÇA NO BRASIL, 2006 *apud* ALEXANDRIA, 2009, p. 57).

Independentemente da forma de ataque adotada pelo engenheiro social, é possível notar, por meio dos exemplos, que os comportamentos humanos são os aspectos centrais a serem explorados.

O professor de marketing e psicólogo Roberto Cialdini[4] aponta que as características humanas exploradas nos ataques de engenharia social podem ser resumidas em:

a) retribuição	que é a necessidade humana em retribuir um favor ou oferta que recebe;
b) compromisso ou consistência	que parte do princípio de que os humanos têm inclinação de agir de maneira consistente e muitas vezes repetitiva em relação às situações cotidianas;
c) prova social	que se relaciona à propensão das pessoas de observar e repetir o comportamento do próximo quando estão diante de uma situação de dúvida ou quando se identificam com esse alguém;
d) simpatia	usualmente, as pessoas ficam mais vulneráveis quando estão diante de uma situação que envolve um familiar ou amigo próximo; por isso, é comum o engenheiro social usar esse tipo de desculpa ou informação para conseguir o que quer;
e) autoridade	é natural que as pessoas atendam a uma ordem ou pedido vindo de uma figura autoritária, como um policial, ou gerente etc.;
f) escassez	esta característica diz respeito à propensão que as pessoas têm em ver oportunidades em situações que estão menos disponíveis; muitas empresas exploram essa característica na criação de promoções.

Aliadas a essas características, é possível apontar quatro condições intrínsecas ao comportamento humano utilizadas nos ataques: o descuido, a zona de conforto, o senso de utilidade e o medo. Esses ataques ainda podem ser compreendidos em quatro fases centrais:[5]

---

[4] CIALDINI, 2001 *apud* SILVA, 2013.
[5] Ver artigo "Management update: how business can defend against social engineering attacks" de Allan, Noakes-Fry e Mogull.

1. recolhimento de informações;
2. desenvolvimento da relação com a vítima;
3. exploração da relação com a vítima;
4. concretização do ataque.

Dentre as principais ferramentas utilizadas para a aplicação dos ataques destacam-se o telefone, as cartas, contato pessoal e uso da internet. No ambiente virtual, existem inúmeras formas de ataque desenvolvidas pelos engenheiros sociais: de *e-mails* falsos com anexos ou *links* maliciosos até sites clonados, são diversas as táticas utilizadas pelos engenheiros sociais com o uso da tecnologia e do ambiente virtual.

Trazendo essa realidade para o mundo corporativo, a preocupação com os ataques de engenharia social deve ser alta.

De acordo com uma pesquisa de 2011, realizada pela empresa de segurança Check Point Software Technologies[6] com mais de 850 profissionais de segurança em TI que trabalham em diferentes países do mundo,[7] 48% dos entrevistados afirmaram que as empresas em que trabalhavam foram vítimas de engenharia social e 86% deles reconheceram a engenharia social como uma grande preocupação.

Essa pesquisa também apontou que 47% dos casos de engenharia social buscam explorar os usuários por meio de *e-mails* de *phishing* e 39% por sites de redes sociais; e que os novos funcionários são os mais propensos a cair em golpes desse tipo.

Um levantamento realizado em 2014 pela empresa norte-americana Social-Engineer,[8] especializada em consultoria em segurança da informação, mostra que há duas formas principais de ataques de engenharia social:

→ *phishing*	que são os *e-mails* mal-intencionados, mas que parecem inofensivos ou importantes, o que leva o usuário a clicar, induzido pelo assunto chamativo, que pode ser uma promoção ou notificação do banco, por exemplo;

---

[6] GOODCHILD, 2011.

[7] Os entrevistados são profissionais de TI que trabalham em empresas localizadas em diversos países, entre os quais: Estados Unidos, Canadá, Reino Unido, Alemanha, Austrália e Nova Zelândia.

[8] Pesquisa realizada em 2014 com os clientes da empresa e a base de dados de parceiros.

→ *vishing* — que é a prática de ligar para a vítima para conseguir informações ou para induzir as suas ações; e a adoção de falsa identidade, quando o criminoso finge ser outra pessoa para conseguir acesso ou informação de uma pessoa ou empresa.

A pesquisa ainda mostrou que o *phishing* representa 77% dos ataques de engenharia social, que 90% dos *e-mails* analisados eram spam e vírus. Ao mesmo tempo, só no primeiro semestre de 2013, mais de 2 milhões de clientes receberam ligações de *vishing* e 1,8 milhão de pessoas sofreram extorsão por pessoas que utilizaram falsa identidade.

Esses números apontam a importância da adoção de ações defensivas por parte das empresas, de maneira que todas as vulnerabilidades do contexto organizacional sejam consideradas e que um programa de conscientização sobre a segurança seja implementado entre os funcionários.

Nesse sentido, a Symantec[9] dá algumas dicas aos empresários e gestores de como prevenir suas empresas contra invasões por meio dessas técnicas:

a) criar uma política de utilização da internet e realização de downloads e garantir que os seus funcionários conheçam e apliquem tais políticas;

b) adotar sistemas de verificação de conteúdo impróprio nos *e-mails* e atividades de internet que fogem dos parâmetros instituídos pela gerência;

c) aplicar soluções de monitoramento dos conteúdos e atividades dos *e-mails* e acessos realizados dentro da empresa;

d) manter os softwares de segurança sempre atualizados;

e) desenvolver políticas de segurança em relação às senhas de acesso, como requisição de trocas de senha, educação dos funcionários acerca da importância da confidencialidade das chaves de acesso;

f) criar diferentes níveis de acesso aos dados e informações da empresa de acordo com a real necessidade de cada funcionário; dessa forma, o acesso fica mais restrito e a informação mais protegida.

---

[9] SYMANTEC, 2018.

8

ESTRATÉGIAS DE LEGÍTIMA DEFESA DIGITAL: QUAL O LIMITE?

HENRIQUE ROCHA

Incidentes digitais há muito configuram uma realidade no cotidiano de pessoas e empresas ao redor do mundo. Inúmeras são as variantes relativas aos incidentes digitais, sendo certo que o objeto deste experimento acadêmico é, com esforço e sem a pretensão de esgotar o tema, apresentar alguns dos principais incidentes digitais, demonstrar alguns dos mais comuns métodos de legítima defesa digital e, ainda, discorrer sobre os limites da autotutela digital quando da resposta a um incidente.

8.1 DA LEGÍTIMA DEFESA DIGITAL E SUAS LIMITAÇÕES

Diariamente um sem-número de casos envolvendo ataques virtuais é praticado ao redor do planeta, trazendo prejuízos operacionais, financeiros e reputacionais para a mais variada gama de pessoas e empresas.

Com a sociedade cada vez mais conectada, inúmeras são as estratégias de *hackers* e agentes maliciosos visando à obtenção de vantagem em detrimento de usuários de aplicativos, sites e demais serviços conectados à internet.

A despeito de haver um número cada vez mais elevado e qualificado de ferramentas de proteção virtual, as defesas tradicionais como antivírus, *firewalls* e boas práticas em segurança da informação não impedem a ocorrência dos mais distintos incidentes digitais.

Neste momento, quando superadas as barreiras tradicionais de proteção digital, surgem meios de defesa digital, objeto deste estudo que, embora não tenha a pretensão de esgotar o tema, aspira por incentivar e trazer luz a esse debate que, por vezes, é relegado ao segundo plano quando do tratamento de incidentes.

Entender o conceito de legítima defesa como uma das excludentes de ilicitude e seus requisitos legais, por si só, já é desafio hercúleo se consideradas as variantes doutrinárias para tão relevante instituto jurídico, fator que já configura um primeiro desafio do presente esforço acadêmico.

Adicione-se a isso o fato de o Poder Judiciário demonstrar conservadorismo e restrições no que tange ao reconhecimento da legítima defesa como excludente de ilicitude, exigindo clareza quanto a sua ocorrência, mesmo em casos emblemáticos trazidos pela mídia.

Nada obstante, neste artigo também se procura entender as implicações e o cabimento da legítima defesa no ambiente digital e ponderar acerca dos limites do referido instituto no espectro virtual.

Assimilam-se e exploram-se as principais práticas para a legítima defesa digital e, ainda, avaliam-se as consequências de verdadeiros contra-ataques digitais, seja para atingimento da meta pretendida inicialmente, seja observando possíveis danos colaterais ou, ainda, a perda de prova colhida frustrando as investigações futuras.

Ao final, como conclusão, são apresentadas considerações sobre o instituto da legítima defesa no âmbito digital, expondo os cuidados e as observações cabíveis para o bom e efetivo uso da autodefesa em ambiente virtual.

8.1.1 Considerações sobre a legítima defesa

Para todo e qualquer esforço acadêmico tem-se como necessário observar a conceituação científica dos temas tratados para se garantir um melhor entendimento acerca do assunto tratado.

Antes de se tratar da legítima defesa, de seus requisitos e implicações, imperioso descrever, ao menos sob a ótica penal, o que viria a configurar crime no sentido jurídico do termo.

Para Magalhães Noronha, sob a ótica dogmática, "a ação humana, para ser criminosa, há de corresponder objetivamente à conduta descrita pela lei, contrariando a ordem jurídica e incorrendo seu autor no juízo de censura ou reprovação social"[1]. Considera-se, então, o **delito como a ação típica, antijurídica e culpável**. Ele não existe sem uma ação (compreendendo também a omissão), a qual se deve ajustar à figura descrita na lei, opor-se ao direito e ser atribuível ao indivíduo a título de culpa *lato sensu* (dolo ou culpa).[2]

---

[1] NORONHA, Eduardo Magalhães. *Direito penal*. 36. ed. São Paulo: Saraiva, 2001. v. 1, p. 97.

[2] NORONHA, Eduardo Magalhães. *Direito penal*. 36. ed. São Paulo: Saraiva, 2001. v. 1, p. 97.

Neste sentido, de acordo com a **teoria tripartite**, crime é a soma cumulativa de um fato típico (previsto em lei), descoberto de causa que exclua a antijuridicidade (antijurídico) e, finalmente, culpável (seja por conduta dolosa ou culposa).

A razão de se explanar sobre a teoria do crime inicialmente decorre, portanto, do fato de ser a legítima defesa uma causa de excludente de ilicitude, isto é, o que seria antijurídico deixaria de assim ser classificado.

Neste sentido, como primeiro elemento a ser observado neste trabalho, tem-se como presente a necessidade de explanar acerca do conceito de legítima defesa, prevista no Código Penal como uma das excludentes de ilicitude.

Para tanto, valemo-nos novamente da doutrina consagrada sobre o tema. De acordo com os ensinamentos de Magalhães Noronha, atua em legítima defesa quem, "empregando moderadamente meios necessários, repele injusta agressão, atual ou iminente, contra um bem jurídico próprio ou alheio".[3]

Fernando Capez e Stela Prado fazem distinção em relação às outras excludentes de ilicitude ao afirmar que o dispositivo representa causa de exclusão de ilicitude:

> [...] que consiste em repelir injusta agressão, atual ou iminente, a direito próprio ou alheio, usando moderadamente dos meios necessários. Não há, aqui, uma situação de perigo pondo em conflito dois ou mais bens, na qual um deles deverá ser sacrificado. Ao contrário, ocorre um efetivo ataque ilícito contra o agente ou terceiro, legitimando a repulsa.[4]

Sob a ótica legal, demais disso, **legítima defesa configura uma excludente de ilicitude** conforme previsto no art. 23, II, do Código Penal. Conceitualmente falando, o mesmo diploma indica em seu art. 25: "Entende-se em legítima defesa quem, usando moderadamente dos meios necessários, repele injusta agressão, atual ou iminente, a direito seu ou de outrem".

Ademais, se a legítima defesa afasta a ilicitude no espectro criminal, **também o faz no âmbito civil**, eximindo de responsabilidade o agente que assim o faz pelos danos eventualmente causados ao atacante inicial. Esse é o teor do art. 188, I, primeira parte, do Código Civil.[5]

---

[3] NORONHA, Eduardo Magalhães. *Direito penal*. 36. ed. São Paulo: Saraiva, 2001. v. 1, p. 195.
[4] CAPEZ, Fernando; PRADO, Stela. *Código Penal comentado*. Porto Alegre: Verbo Jurídico, 2007. p. 64.
[5] "Art. 188. Não constituem atos ilícitos:
I – os praticados em legítima defesa ou no exercício regular de um direito reconhecido;"

No âmbito extrapenal, demais disso, Cavalieri Filho esclarece que a legítima defesa civil é a mesma prevista no campo penal, afirmando que:

> [...] o agente, usando moderadamente dos meios necessários, repele injusta agressão, atual ou iminente, a direito seu ou de outrem. Ninguém pode fazer justiça pelas próprias mãos, essa é a regra básica. Em certos casos, entretanto, não é possível esperar pela justiça estatal. O agente se vê em face de agressão injusta, atual ou iminente, de sorte que, se não reagir, sofrerá dano injusto, quando, então, a legítima defesa faz lícito o ato, excluindo a obrigação de indenizar o ofendido pelo que vier a sofrer em virtude da repulsa à sua agressão.[6]

Desta forma, para reconhecimento da legítima defesa, tem-se a necessidade dos seguintes requisitos:

a) agressão injusta	considerada a conduta (ação ou omissão) contrária ao direito, atacando bens jurídicos de alguém;
b) atual ou iminente	a agressão respondida deve ser atual, isto é, ocorrendo no momento da resposta. Ou, iminente, quando está em vias de ocorrer. Não se admite, portanto, resposta à agressão injusta passada, o que poderia configurar vingança, ou mesmo futura, o que configuraria suposição;
c) uso moderado dos meios necessários	uso moderado é considerado o menos lesivo entre os meios à disposição da vítima no momento da lesão;
d) proteção do direito próprio ou de outrem	admite-se o reconhecimento da legítima defesa quando da defesa de qualquer direito (vida, patrimônio, liberdade, entre outros), sendo este direito pertencente a vítima ou a terceiro;
e) conhecimento da situação de fato justificante	quando da resposta, a vítima da injusta agressão deve estar ciente do fato justificante, isto é, saber que sua resposta está amparada pelas circunstâncias do fato ocorrido.

Importante reafirmar, portanto, que, para se configurar a legítima defesa, no campo civil ou criminal, **é preciso que todos os requisitos exigidos pela lei estejam presentes de forma inconteste**, sob pena de, em caso contrário, não haver o reconhecimento da excludente e, por consequência, imputar-se a responsabilidade ao agente.

---

[6] CAVALIERI FILHO, Sergio. *Programa de responsabilidade civil*. 10. ed. São Paulo: Atlas, 2012. p. 20.

No que se refere ao aspecto jurisprudencial, a legítima defesa tem sido questionada em inúmeros casos emblemáticos, destacando-se dois que merecem aqui uma breve passagem.

Em 2016, o cunhado de uma celebridade, mesmo atuando em legítima defesa de outrem, foi formalmente denunciado pelo Ministério Público após matar um fã obcecado, que invadira o quarto onde a modelo se hospedava.[7]

Mesmo com manifesta aparência de ter ocorrido prática sob o manto da legítima defesa, inclusive com o testemunho da vítima, somente após manifestação do Tribunal de Justiça local é que, enfim, foi constatada a configuração de excludente de ilicitude por legítima defesa.

Outro incidente relevante envolveu a atual deputada federal Katia Sastre que, em maio de 2018, na véspera do Dia das Mães, na porta de uma escola na cidade de Suzano (SP), matou um criminoso que tentava assaltar a ela e a outros transeuntes na porta da referida escola.

Mesmo com um vídeo gravado retratando a cena impactante,[8] a então policial foi incitada a responder a inquérito policial[9] para apuração de se, diante dos fatos, teria agido efetivamente em legítima defesa ou não, demonstrando a complexidade de se obter a exclusão de responsabilidade com base na legítima defesa.

Nesse sentido, a jurisprudência do Tribunal de Justiça de São Paulo demonstra-se resistente em reconhecer a legítima defesa como excludente de ilicitude quando não existir cristalina prova ou verossimilhança dessas condições. Confira-se:

> Apelação criminal. Lesão corporal grave. Legítima defesa. A legítima defesa, enquanto excludente de ilicitude, somente há de ser aceita se acompanhada de prova que a subscreva ou, ao menos, que a sustente como explicação minimamente verossímil e convincente para os fatos (Apelação Criminal 0003437-18.2015.8.26.0586. Comarca: São Roque. Relator(a): Sérgio Mazina Martins. Órgão julgador: 2ª Câmara de Direito Criminal. Data do julgamento: 19.06.2020. Data de publicação: 19.06.2020).

---

[7] Disponível em: <https://veja.abril.com.br/brasil/ana-hickmann-comemora-absolvicao-de-cunhado-por-legitima-defesa/>. Acesso em: 17 jul. 2020.

[8] Disponível em: <https://www.youtube.com/watch?v=wSdYIbi-ILU>. Acesso em: 19 jul. 2020.

[9] Disponível em: <https://ponte.org/corregedoria-quer-arquivamento-de-inquerito-de-mae-pm-que-matou-suspeito/>. Acesso em: 19 jul. 2020.

Contudo, a legítima defesa é reconhecida quando existem argumentos, provas e verossimilhança de conjunto probatório, como já retratado em casos recentemente levados à mídia especializada.[10]

Com efeito, explanados conceitos, requisitos e a complexidade de se constatar a ocorrência de legítima defesa no ambiente analógico, chega-se ao momento de enfrentar as nuances para se replicar o dispositivo no ambiente digital, notadamente quando das respostas aos variados incidentes digitais.

8.1.2 Breves considerações acerca do *ethical hacking* e da legítima defesa digital

Conforme visto acima, a legítima defesa somente tem espaço para exclusão de ilicitude quando e se oferecida de forma adequada, atendendo os requisitos previstos em lei, a saber, ter o agente empregado **moderadamente** os **meios necessários** para **responder a injusta agressão**, **iminente** ou **atual**, contra um **bem jurídico alheio** ou **próprio**.

O mesmo cenário deve ser retratado quando do enfrentamento dos ilícitos praticados em ambiente digital, como no caso de tratamento de incidentes envolvendo acessos não autorizados a dados pessoais, invasão e interrupção de sistemas e, ainda, o sequestro de dados.

Nessa perspectiva, por exemplo, não se poderia defender a hipótese de legítima defesa quando o ataque virtual não seja iminente ou esteja em curso, vez que se deixaria de atender um requisito obrigatório para reconhecimento de legítima defesa. Nesse ponto, portanto, após ter acessado, extraído e saído do ambiente digital, não se poderia pleitear uma resposta pautada na legítima defesa.

O modelo abaixo apresentaria, por hipótese, uma forma de legítima defesa digital:

FIGURA 12 – Hipótese de reconhecimento da legítima defesa digital
Fonte: Autoria própria.

---

[10] Em julgamento ocorrido no Paraná, houve o reconhecimento de legítima defesa do réu após ser constatado nos autos que ele teria sofrido escoriações causadas

Dentre as inúmeras práticas virtuais ilícitas destacam-se o *phishing*, o *ransomware* e os ataques de negação de serviço, sendo cada vez mais comuns no ambiente digital,[11] e, mesmo considerando diversas barreiras trazidas pela segurança da informação tradicional, tais práticas vêm frustrando até mesmo os planos de respostas a incidentes mais robustos.

Por falar em plano de respostas a incidentes, dentre as atividades previstas em um CSIRT – *Computer Security Incident Response Team* –, estão presentes, desde o mapeamento de incidentes, a construção de um plano de respostas e a efetiva resposta ao incidente tratado. No entanto, essa resposta por vezes é realizada por meio de times externos contratados justamente pela *expertise* e pelo conhecimento do mundo sombrio dos criminosos digitais.

Essa é uma das razões pelas quais a cada dia empresas contratam times especializados em *ethical hacking*, ou, simplesmente, o famigerado hackeamento ético, representado por contra-atacantes ou mesmo ex-integrantes de grupos de *hackers* que, invertendo os papéis, agem em conjunto com o departamento de TI das empresas e passam a defendê-las de atacantes maliciosos.

Em verdade, como McCarthy já afirmou,[12] existe uma verdadeira competição pela contratação de mão de obra especializada em hackeamento, justamente em razão dos razoáveis valores que esses profissionais têm recebido.

Além disso, goste-se ou não, a verdade é que:

> [...] *hackers* e usuários maliciosos têm um papel fundamental no avanço da tecnologia. Em um mundo sem *hackers*, é provável que as últimas tecnologias para prevenir invasões, vazamento de dados ou ferramentas para o rastreamento de vulnerabilidades não existissem.[13]

---

pela vítima, corroborando a tese de defesa e justificando a absolvição do acusado. Disponível em: <https://www.conjur.com.br/2020-abr-11/juiza-reconhece-legitima-defesa-absolve-acusado-agredir-mulher>. Acesso em: 23 jul. 2020.

[11] No mês de abril de 2020, auge da pandemia causada pelo Sars-Cov-2 (Coronavírus), os ataques virtuais às companhias mais do que dobraram, conforme pesquisa apresentada pela empresa VMWare Carbon Black. Disponível em: <https://gizmodo.uol.com.br/ataques-hacker-contra-corporacoes-mais-do-que-dobraram-no-mes-passado/>. Acesso em: 23 jul. 2020.

[12] McCarthy afirma que "atualmente, as empresas criminosas estão competindo com bastante eficácia para contratar os melhores talentos. Indivíduos criativos com as habilidades técnicas certas e padrões éticos 'flexíveis' estão encontrando muito mais oportunidades de ganhar um salário satisfatório aplicando seu ofício no mercado negro" (MCCARTHY, N. K. *Resposta a incidentes de segurança em computadores*: planos para proteção de informação em risco. Porto Alegre: Bookman, 2014. p. 20.

[13] BEAVER, Kevin. Hacking *para leigos*. 3. ed. Rio de Janeiro: Alta Books Editora, 2014. p. 26.

Qual a diferença entre um hackeamento ético e uma auditoria preventiva? É cabível a legítima defesa em ambiente virtual valendo-se de contra-hackeamento? Quais são os principais métodos de legítima defesa digital atualmente implementados? Todo hackeamento ético é respaldado pela legítima defesa?

Primeiramente, é importante diferenciar o hackeamento ético da auditoria tradicionalmente conhecida no mercado corporativo. Nesse sentido:

> Na auditoria, muitas vezes, é necessário rever os processos e não ser muito técnico. Eu frequentemente me refiro a auditorias de segurança como "verificação de itens de segurança" porque geralmente elas são fundamentais em (você adivinhou!) listas de verificação. Por outro lado, o hackeamento ético concentra-se nas vulnerabilidades que podem ser exploradas. Ele confirma que os controles de segurança não existem. Hackeamento ético pode ser altamente técnico como sem técnica e, embora você use uma metodologia formal, tende a ser um pouco menos estruturado do que uma auditoria formal. Se a auditoria continua a ter lugar na sua empresa, você pode considerar a integração das técnicas de hackeamento ético deste livro em seu processo de auditoria.[14]

Exposta de forma contundente a distinção entre o hackeamento ético e a auditoria preventiva, chega-se ao momento de enfrentar o dilema acerca do cabimento ou não do instituto da legítima defesa no espectro virtual.

Avaliando os tipos de incidentes trazidos para o ambiente digital, como agressões, vandalismo e demais crimes, Patricia Peck ensina que é "inteiramente normal que em qualquer desses casos, em que há uma situação de infração ou conflito de direito em âmbito real ou virtual, a vítima queira proteger-se".[15]

No entanto, se no mundo analógico é sabido, por exemplo, quem é a pessoa que tenta praticar uma agressão em luta corporal, por exemplo, tornando aparente o agente criminoso e assim viabilizando a interpretação da legítima defesa, o mesmo não ocorre no ambiente digital, quanto os ataques são realizados de forma soturna, obscura e por vezes sem deixar rastros aparentes. Como defender-se legitimamente de alguém que não se sabe ao certo quem é?

Nesse cenário, algumas medidas de legítima defesa digital gozam exatamente dessa capacidade a fim de garantir, em determinados cenários, não só o conhecimento do atacante como sua cabível reprimenda.

---

[14] BEAVER, Kevin. Hacking para leigos. 3. ed. Rio de Janeiro: Alta Books Editora, 2014. p. 12.
[15] PECK PINHEIRO, Patricia. Direito digital. 6. ed. São Paulo: Saraiva, 2016. p. 409.

Nesse sentido, elencam-se a seguir algumas das principais formas de defesa digital utilizadas por vítimas de crimes praticados nesse ambiente.

Uma das mais comuns formas de rastreamento de atacantes é o uso de *sniffers* **de rede**,[16] como o Wireshark.[17] Basicamente, quando uma vítima, pessoa física ou jurídica, está sofrendo ou em vias de sofrer um ataque virtual, valendo-se de um *sniffer*, pode-se mapear os dados de tráfego em uma rede e, a depender do cenário, localizar o atacante.

O grande dilema para o uso de *sniffer* como ferramenta de legítima defesa digital é saber os limites de sua utilização, isto é, até onde a investigação é conduzida para identificação do *hacker* atacante e a partir de onde passa-se a exacerbar o direito à legítima defesa como, por exemplo, na hipótese de dados de terceiros não relacionados ao ataque serem acessados pela vítima inicial, configurando não somente a produção de uma prova ilícita, como, potencialmente, invasão à privacidade de outrem.

É que, em verdade, por vezes computadores zumbis são utilizados para essa prática de atividade; neste cenário, o *sniffer* pode tranquilamente identificar outra vítima em vez do atacante procurado, lembrando que o erro quanto à pessoa não é causa de isenção de pena.[18]

Outra ferramenta costumeiramente utilizada no contra-hackeamento é o chamado *honeypot*, que, em tradução livre, significa 'pote de mel' e nada tem a ver com o ursinho Pooh, desenho animado famoso dos anos 1990 em que o principal personagem é aficionado por mel.

É que, sob a ótica da segurança da informação, além de servir como ferramenta de detecção de intrusão, **um *honeypot* é uma armadilha digital**

---

[16] Um *sniffer* não necessariamente é malicioso. Na verdade, esse tipo de software é usado com frequência para monitorar e analisar o tráfego de rede para detectar problemas e manter um fluxo eficiente. No entanto, um *sniffer* também pode ser usado com má-fé. Os *sniffers* capturam tudo o que passa por eles, inclusive senhas e nomes de usuários não criptografados. Dessa forma, os *hackers* com acesso a um *sniffer* terão acesso também a qualquer conta que passar por ele. Além disso, um *sniffer* pode ser instalado em qualquer computador conectado a uma rede local. Ele não precisa ser instalado no próprio aparelho que se deseja monitorar. Em outras palavras, ele pode permanecer oculto durante a conexão. Disponível em: <https://www.avast.com/pt-br/c-sniffer>. Acesso em: 20 jul. 2020.

[17] O Wireshark é um dos mais famosos e utilizados softwares para monitoramento de tráfego de redes. Disponível em: <https://www.wireshark.org/>. Acesso em: 20 jul. 2020.

[18] Vide art. 20, § 3º, do Código Penal.

implantada em ambiente controlado,[19] atraindo atacantes para esses ambientes e, após o acesso, o *hacker* passa a ser não só identificado como monitorado pela então vítima.

Esse tipo de conduta é comum durante o tratamento de um incidente, especialmente mediante interações com o atacante que, após ter estabelecido contato com a vítima – seja por descuido, seja por excesso de confiança –, acessa ambiente controlado pelo atacado, viabilizando não só seu rastreamento como a própria identificação.

Derradeiramente, medida jurídico-legal que pode igualmente servir como resposta e defesa digital é o pedido de quebra de sigilo de dados, consoante previsto pela legislação brasileira.

Embora essa medida não se restrinja ao ambiente tecnológico, serve como importante instrumento de resposta e verdadeira caçada dos atacantes virtuais.

Já se disse no passado que a *internet não é terra sem lei*,[20] sendo certo que, nos termos da Lei 12.965/2014 – Marco Civil da Internet –, os provedores de conexão[21] e aplicação[22] são obrigados a realizar a guarda de *logs* de acesso à rede a aos aplicativos, garantindo que a navegação realizada na internet seja passível de identificação quando necessário.

Tradicionalmente, mediante ação judicial própria[23] com requisitos legais e técnicos cabíveis, são requeridos os dados arquivados por esses provedores

---

[19] Disponível em: <https://www.kaspersky.com/resource-center/threats/what-is-a-honeypot>. Acesso em: 21 jul. 2020.

[20] Na obra *Advocacia digital*, Patricia Peck Pinheiro e Henrique Rocha afirmam que "a segurança trazida quanto ao fornecimento das informações parece ter sido um avanço, apresentando maior segurança jurídica aos provedores de conexão e aplicação, que hoje têm de observar prazo de guarda de 1 (um) ano por provedores de conexão e de 6 (seis) meses por provedores de aplicação, conforme arts. 13 e 15 do MCI, respectivamente" (PECK PINHEIRO, Patricia; ROCHA, Henrique. *Advocacia digital*. São Paulo: Saraiva, 2018. p. 37).

[21] Art. 13 do MCI – "Na provisão de conexão à internet, cabe ao administrador de sistema autônomo respectivo o dever de manter os registros de conexão, sob sigilo, em ambiente controlado e de segurança, pelo prazo de 1 (um) ano, nos termos do regulamento".

[22] Art. 15 do MCI – "O provedor de aplicações de internet constituído na forma de pessoa jurídica e que exerça essa atividade de forma organizada, profissionalmente e com fins econômicos deverá manter os respectivos registros de acesso a aplicações de internet, sob sigilo, em ambiente controlado e de segurança, pelo prazo de 6 (seis) meses, nos termos do regulamento".

[23] Art. 22 do MCI – "A parte interessada poderá, com o propósito de formar conjunto probatório em processo judicial cível ou penal, em caráter incidental ou autôno-

a fim de garantir a real identificação do atacante ou agente malicioso responsável por determinada conduta na rede, o que representa uma verdadeira caçada judicial.

Com efeito, expostas as nuances da legítima defesa digital e seu aceitável cabimento fora do ambiente analógico, ponderar-se-á agora sobre suas limitações e implicações na ordem jurídica.

8.2 AS POSSÍVEIS IMPLICAÇÕES QUANDO DO MANEJO DE MEDIDAS DE LEGÍTIMA DEFESA DIGITAL

Inicialmente, é preciso lembrar que já se disse que a legítima defesa digital é uma prática de alto risco,[24] afirmação com a qual é forçoso concordar.

Nesse sentido, a primeira grande dificuldade de se valer de legítima defesa no ambiente digital pode ser retratada na ausência de clareza sobre o alvo que será atingido quando da implementação de medidas responsivas.

É que, se no ambiente analógico é possível identificar, na maior parte das vezes, quem é o agente agressor e, assim, oferecer resistência direcionada e adequada contra a injusta agressão praticada, o mesmo não ocorre no ambiente virtual.

Frise-se que embora existam inúmeros métodos de identificação de atacantes, como o caso de *sniffers* e *honeypots* bem armados, nem sempre se saberá se a máquina identificada é, de fato, do atacante ou se está sendo objeto de mascaramento ou "zumbificação" do *hacker*.

Nesse cenário, poderia naturalmente ocorrer um dano a terceiro não conhecido, pois, imagine-se a hipótese de um computador zumbi ser instrumento para ataque de um agente malicioso e, na resposta da vítima, ainda que pretensamente legítima, haja o atingimento de uma outra vítima, proprietária de um servidor infectado, por exemplo. Naturalmente, os danos causados ao terceiro deverão ser reparados de forma adequada.

Supondo, porém, que se identifique efetivamente o atacante e sua máquina, também sobressai o risco de haver um excesso nos métodos de

---

mo, requerer ao juiz que ordene ao responsável pela guarda o fornecimento de registros de conexão ou de registros de acesso a aplicações de internet".

[24] Em entrevista concedida a website, Paul Fariello afirma que o manejo de legítima defesa digital é uma prática de alto risco: "você nunca sabe realmente qual máquina foi realmente usada para iniciar um ataque". Disponível em: <https://www.stormshield.com/news/the-thorny-issue-of-digital-self-defence>. Acesso em: 23 jul. 2020.

legítima defesa digital, afastando, portanto, a exigência de métodos moderados de defesa.

Nesse cenário, imagine-se, por exemplo, uma tentativa de engenharia social ou mesmo *phishing* simples a uma pessoa jurídica que está pronta e apta para responder ao referido incidente.

Contudo, durante sua resposta, movidas por excesso de determinação, as lideranças do CSIRT agem de forma desproporcional: com uma devassa na vida do atacante; com a exclusão e/ou utilização indevida de dados do *hacker*; atuam mediante extorsão às avessas; ou, ainda, por meio de ameaças desproporcionais. Parece-nos, nesse cenário, não haver mais que se falar em legítima defesa, mas sim em um novo ilícito, agora praticado pela vítima original.

Demais disso, outro grande prejuízo passível de ocorrência quando da resposta não acobertada pela legítima defesa pode recair sobre o afastamento da legalidade das provas obtidas durante o tratamento do incidente.

Frise-se que, quando da resposta ao incidente, além das fases de contenção, entendimento, resposta e monitoramento, a finalidade da resposta também deve abarcar a apuração dos responsáveis pelo incidente e, assim, garantir a devida responsabilização de cada um deles.

Nesse sentido, as provas produzidas durante a investigação e a resposta ao incidente devem ser pertinentes do ponto de vista técnico e legítimas do ponto de vista jurídico.

Sobre a legitimidade jurídica das provas, é necessário pontuar que, nos termos do art. 5º, LVI, da Constituição Federal, "são inadmissíveis, no processo, as provas obtidas por meios ilícitos".

Pois bem, se durante a resposta ao incidente colhem-se informações relevantes sobre o atacante, mas que tenham sido obtidas sem respaldo jurídico (como a legítima defesa, por exemplo), tem-se que tais provas podem facilmente ser impugnadas como meio de defesa em processo judicial, frustrando as pretensões da vítima de permitir a condenação do agente criminoso.

Com efeito, em um quadro-resumo, as implicações da legítima defesa podem ocorrer, de forma sintetizada, com as possíveis consequências:

1. êxito	isto é, repreensão moderada, adequada e para proteção de bem jurídico próprio ou de terceiros, seja impedindo ou contendo um ataque ou, ainda, identificando o responsável pela conduta ilícita praticada;

2. efeitos colaterais com danos a terceiros	igualmente figurando como vítimas do *hacker*, como o caso de proprietários de servidores e/ou de computadores infectados; ou
3. perda de prova	em razão da ilicitude de sua coleta, isto é, comprovando-se o excesso da medida, afasta-se a legítima defesa e a prova colhida torna-se inválida para fins jurídico-processuais.

Ante o exposto, a despeito de se considerar viável a legítima defesa no âmbito digital, cabem imperiosas reflexões antes de ser implementada medida responsiva com base exclusivamente nessa excludente, porquanto, como visto, trata-se de matéria jurídica e tecnicamente complexa, especialmente quando o ambiente de sua aplicação é o digital.

CONCLUSÃO

Após tecer as considerações basilares para este esforço acadêmico, conclui-se que, embora exista há muito no ordenamento jurídico, o instituto da legítima defesa depende de atenção especial quando da hermenêutica enfrentada no caso concreto.

Viu-se que, embora a conceituação jurídica do instituto seja razoavelmente pacífica no campo doutrinário, não se pode dizer o mesmo frente aos casos fáticos trazidos à baila neste trabalho.

Além de se observar o atendimento dos requisitos indispensáveis à sua constatação, tem-se que o próprio Poder Judiciário, neste recorte representado pela Corte Paulista e pelo Tribunal de Justiça de Minas Gerais, avalia com grande restrição a aplicação do instituto quando se observa o ambiente analógico, denotando a inferência que deverá ocorrer quando da análise no ambiente digital.

Diz-se isso pois, mesmo com casos emblemáticos e de grande repercussão midiática, as decisões optando pelo arquivamento das ações não foram tomadas em análise perfunctória, demandando instrução processual e adequada dilação probatória.

Cerne do trabalho, viu-se que a legítima defesa no ambiente digital é retratada de forma distinta do hackeamento ético, vez que podem ou não convergir a depender do caso prático tratado.

Viu-se que o contra-hackeamento – via *sniffer, honeypots* ou outras ferramentas correlatas – pode ou não ser considerado lícito a depender justamente da extensão, forma, amplitude e dos reflexos alcançados pela medida.

Concluiu-se que a legítima defesa digital é atitude cabível no ordenamento jurídico brasileiro, mas deve ser observada com mais criteriosidade, zelo e cuidados, já que o ambiente digital apresenta mais desafios para a identificação exata do agressor, apresentando riscos que vão desde a perda da prova colhida para identificação do agente criminoso até mesmo às lesões a terceiros de forma colateral.

Embora seja cabível a legítima defesa em ambiente digital, é necessário prudência na sua utilização sob pena de, além de não resolver um primeiro incidente, a vítima causar outro problema com terceiros ou frustrar de vez sua defesa, técnica ou jurídica.

Ante o exposto, além de a legítima defesa ser tratada com ponderação, o apoio de profissionais técnicos especializados no ambiente da segurança da informação, o entendimento sobre dinâmicas e pensamentos do atacante, bem como um corpo jurídico adequado mostram-se como instrumentos indispensáveis para o assertivo manejo dessa medida.

9

ANÁLISE DE VULNERABILIDADES

Leandro Bissoli e Rafael Siqueira

9.1 CUIDADOS AO REALIZAR/CONTRATAR ANÁLISE DE VULNERABILIDADES

Antes de passar aos cuidados legais ao realizar internamente, ou até mesmo contratar um parceiro para realizar um projeto que envolva a identificação e a análise de vulnerabilidades, é preciso conceituar o que é vulnerabilidade.

Como definição do NIST,[1] vulnerabilidade é "qualquer fraqueza em sistemas de informação, procedimentos de segurança em sistemas, controles internos ou implementação que possa ser explorada ou iniciada por uma fonte de ameaça".[2]

E qual, então, é o conceito de ameaça?

Também conforme o NIST, ameaça é "qualquer evento ou condição que tenha o potencial de causar perda de ativos e consequências indesejadas ou impactos devido a tais perdas".[3]

---

[1] O NIST (National Institute of Standards and Technology, ou, 'Instituto Nacional de Padrões e Tecnologia'), que foi fundado em 1902 e atualmente faz parte do U.S. Department of Commerce, tem como missão promover a inovação e a competitividade industrial com definição de padrões e medidas em ciência e tecnologia, de forma a possibilitar segurança econômica e melhorar a qualidade de vida dos cidadãos americanos. Disponível em: <https://www.nist.gov/about-nist/our-organization/mission-vision-values>.

[2] Disponível em: <https://csrc.nist.gov/glossary>. Acesso em: 16 ago. 2020.

[3] Disponível em: <https://csrc.nist.gov/glossary>. Acesso em: 16 ago. 2020.

No mesmo sentido, a Associação Brasileira de Normas Técnicas (ABNT) estabelece na norma técnica ABNT NBR ISO/IEC 27032:2015 as definições para ameaça e vulnerabilidade, sendo:

<Ameaça: causa potencial de um incidente indesejado, o qual pode resultar em danos em um sistema, indivíduo ou organização>.

<Vulnerabilidade: fraqueza de um ativo ou controle que pode ser explorada por uma ameaça>.

Independentemente da fonte de referência, ao realizar ou contratar um parceiro para atividades de identificação e análise de vulnerabilidades, é importante ter bem claros esses conceitos de ameaça e vulnerabilidade.

Como ponto de partida, o cenário ideal é que, em um Sistema de Gestão de Segurança da Informação da organização sejam criados e revisados documentos normativos com requisitos mínimos quanto à condução da identificação e análise de vulnerabilidades.

A depender da estrutura normativa de políticas da organização, a questão da análise de vulnerabilidades pode ser tratada em normas ou procedimentos operacionais específicos das áreas de negócio. Independentemente da denominação do documento, é importante que contenha, além dos itens mínimos definidos pela estrutura normativa da organização, os seguintes elementos:

→ aplicação: definir se o documento em questão irá tratar as vulnerabilidades identificadas somente da organização ou também de eventuais filiais/coligadas;
→ forma de identificação: quais os ativos e/ou processos sujeitos ao documento em questão;
→ formas de comunicação na identificação de vulnerabilidades;
→ formas de documentação das vulnerabilidades encontradas;
→ áreas de negócio envolvidas nas atividades de identificação das vulnerabilidades.

9.2 CONSIDERAÇÕES QUANTO À CONTRATAÇÃO DE TESTES DE VULNERABILIDADES EXECUTADOS POR PARCEIROS DE NEGÓCIO

Na hipótese de contratação de um parceiro de negócios para realização dos procedimentos relacionados à identificação e análise de vulnerabilidades, além de todos os cuidados indicados no item anterior, são necessários alguns cuidados adicionais.

A decisão sobre a contratação de um terceiro pode acontecer devido à falta de profissionais especializados sobre o tema na organização ou à necessidade de ferramentas para execução de testes específicos.

A contratação mais comum de identificação e análise de vulnerabilidades é dos testes de invasão, do inglês *penetration testing* ou *pen-test*, cuja definição, conforme o NIST, é: "aplicação de metodologia de testes de segurança baseada em técnicas reais de ataque buscando identificar meios de contornar medidas de segurança em aplicações, sistemas, redes ou até mesmo processos internos".[4]

A seguir, listamos as principais etapas que devem ser observadas nesse tipo de atividade.

9.2.1 Autorização

A primeira medida a se tomar, por mais que possa parecer óbvia, é a autorização formal da organização para a execução dos testes contratados. Nesse ponto, devem ser elencados, se possível, todos os ativos (sistemas, hardware, redes etc.), processos de negócio e as pessoas (e seus contatos) envolvidas no projeto.

9.2.2 Escopo e dever de aviso

A definição do escopo é essencial! Ninguém quer que sejam realizados testes fora do escopo contratado, principalmente em relação às partes afetadas.

Em primeiro lugar, deve-se definir, de forma clara e específica, quem são os responsáveis pelos ativos que serão testados. Um teste realizado que afete uma parte terceira pode implicar desconforto e até mesmo prejuízos sistêmicos, financeiros ou reputacionais.

Em se tratando de ativos da própria organização, tal identificação é mais fácil, devendo ser explicitada em anexo com detalhamento técnico do escopo. Entretanto, além dos ativos da própria organização, devem ser levados também em consideração ativos que se encontrem fora da administração da organização, como, por exemplo, serviços web e serviços em nuvem.

Importante frisar o tipo de teste que será realizado, se irá considerar testes internos, testes externos, instalação de ferramentas no ambiente interno da organização, entre outros.

Ademais, devem ser incluídas também medidas quanto ao que será realizado se, por alguma falha de configuração ou mesmo erro de quem vá

---

[4] NIST SP 800-115, Penetration Testing.

executar o serviço, seja identificada alguma vulnerabilidade em algum ativo fora do escopo contratado.

Além disso, sendo identificadas vulnerabilidades fora do escopo contratado, não sendo por falha de configuração tampouco erro do analista a realizar o teste, deverá ser definido, em contrato, se haverá possibilidade ou não de expansão do escopo contratado, por exemplo, com pagamento de horas de serviço adicionais ou até mesmo celebração de novo contrato, a depender do cenário.

Deve ser também levada em consideração a análise de vulnerabilidades de softwares que não sejam de propriedade da empresa, seja por licença adquirida para uso local ou mesmo licença para uso em nuvem. Neste caso, deverá a empresa se certificar, analisando contratos, licenças e termos de uso daqueles verificando a possibilidade, ou não, de realização de testes de vulnerabilidades.

Outro cenário que pode ocorrer é o executante dos testes se deparar com a identificação de determinadas vulnerabilidades – da organização ou de um produto de mercado – que possam afetar clientes, terceiros e até mesmo a população em geral. Deverá manter o informe somente ao contratante? Esse ponto deve ser estabelecido também em contrato, de forma a definir se haverá possibilidade de comunicação de tal vulnerabilidade ao terceiro responsável pelo ativo, à imprensa ou a setores especializados.

9.2.3 Acesso a conteúdos

Outra questão legal a ser observada está relacionada a possíveis conteúdos acessados pelo executante. A depender da metodologia utilizada, é possível que seja realizado acesso a documentos internos e confidenciais da organização, ou até mesmo a dados pessoais de colaboradores da organização.

Nesse ponto, no melhor dos cenários, a cláusula de confidencialidade e de não divulgação deve abranger os seguintes pontos:

> → classificação do que será considerado como informação sigilosa;
> → uso e divulgação das informações;
> → propriedade ou responsabilidade pela informação;
> → limitação de responsabilidade;
> → prazo de confidencialidade além do prazo de vigência do contrato.

9.2.4 Danos, controle de danos e indenização

A depender da metodologia utilizada, a execução do plano pode gerar danos diretos ou indiretos aos ativos da organização e até mesmo a terceiros.

Como exemplo, testes realizados em ambiente de produção em horário comercial podem afetar diretamente a experiência e a usabilidade dos colaboradores ou clientes de um determinado serviço oferecido. Tais atividades, a depender do ramo de atuação da organização, podem acarretar perdas financeiras e até mesmo danos à imagem, no caso de indisponibilidade de um serviço por determinado período de tempo.

Em cenário nacional, dispõe o Código Civil vigente que:

> Art. 927. Aquele que, por ato ilícito (arts. 186 e 187), causar dano a outrem, fica obrigado a repará-lo.
>
> Parágrafo único. Haverá obrigação de reparar o dano, independentemente de culpa, nos casos especificados em lei, ou quando a atividade normalmente desenvolvida pelo autor do dano implicar, por sua natureza, risco para os direitos de outrem.

Nesse sentido, é importante formalizar em contrato a responsabilização por eventuais danos causados à pessoa que esteja realizando o serviço, considerando medidas de rastreabilidade a fim de apurar as responsabilidades.

Ainda, no caso de possíveis erros na identificação do escopo, mesmo que haja cláusulas específicas quanto a danos e responsabilidades, podem ocorrer danos a terceiros.

Como exemplo de erro na definição do escopo, temos a troca de caracteres do endereço URL a ser testado ou de números no *range* de endereços IP a serem testados.

Caso um terceiro seja afetado, poderá buscar reparação ajuizando ação em decorrência de perdas e danos causados pelos testes.

9.2.5 Equipe técnica

Cabe à organização realizar uma avaliação prévia acerca do fornecedor a ser contratado, questionando trabalhos realizados com sucesso, metodologias utilizadas, formas de atualização e relatórios sobre o andamento do projeto, bem como o conhecimento dos profissionais que estarão alocados no projeto.

Há diversas organizações internacionais que emitem certificações atestando a capacidade técnica dos profissionais, a exemplo da GIAC[5] que fornece a certificação GPEN.[6]

---

[5] Global Information Assurance Certification.
[6] GIAC Penetration Tester. Disponível em: <https://www.giac.org/certification/penetration-tester-gpen>.

9.2.6 Território dos testes

Quando aplicável, a organização deve definir em quais países devem ocorrer os testes. Deve-se levar em consideração se serão testados somente em ativos locais ou também em serviços em nuvem.

No caso de testes de serviços em nuvem, é necessário listar as localidades dos ativos e as legislações e regulamentos aplicáveis.

9.2.7 Regulação setorial

Embora em âmbito nacional não existam legislações e regulamentos aplicáveis a todos os tipos de organizações, há determinados setores e tipos de serviços que demandam obrigações específicas no tocante à segurança da informação e à segurança cibernética.

As organizações devem realizar os devidos levantamentos dos regulamentos setoriais que possam conter temas relacionados a riscos e à segurança da informação.

Como exemplo, em cenário nacional, no setor financeiro, todas as instituições financeiras autorizadas a funcionar pelo Banco Central do Brasil devem atender à Resolução 4.658/2018 do Conselho Monetário Nacional. Essa resolução dispõe sobre a implementação de uma política de segurança cibernética e regras na contratação de serviços relevantes de processamento de dados e serviços em nuvem.

Em seu art. 3º, define o que essa política de segurança cibernética contenha:

> Art. 3º A política de segurança cibernética deve contemplar, no mínimo:
>
> I – os objetivos de segurança cibernética da instituição;
>
> II – os procedimentos e os controles adotados para reduzir a vulnerabilidade da instituição a incidentes e atender aos demais objetivos de segurança cibernética;
>
> [...]
>
> § 1º Na definição dos objetivos de segurança cibernética referidos no inciso I do *caput*, deve ser contemplada a capacidade da instituição para prevenir, detectar e reduzir a vulnerabilidade a incidentes relacionados com o ambiente cibernético.
>
> § 2º Os procedimentos e os controles de que trata o inciso II do *caput* devem abranger, no mínimo, a autenticação, a criptografia, a prevenção e a detecção de intrusão, a prevenção de vazamento de informações, a realização periódica de testes e varreduras para detecção de vulnerabi-

lidades, a proteção contra softwares maliciosos, o estabelecimento de mecanismos de rastreabilidade, os controles de acesso e de segmentação da rede de computadores e a manutenção de cópias de segurança dos dados e das informações.

Logo, as organizações que precisam atender a essa resolução, quando da contratação de serviços de análise de vulnerabilidades, devem atentar aos mecanismos internos já existentes em relação à identificação e análise de vulnerabilidades.

Ademais, em relação à contratação de serviços com execução por meio da internet, há também a definição do que seria esse serviço no art. 13:

> Art. 13. Para os fins do disposto nesta Resolução, os serviços de computação em nuvem abrangem a disponibilidade à instituição contratante, sob demanda e de maneira virtual, de ao menos um dos seguintes serviços:
>
> I – processamento de dados, armazenamento de dados, infraestrutura de redes e outros recursos computacionais que permitam à instituição contratante implantar ou executar softwares, que podem incluir sistemas operacionais e aplicativos desenvolvidos pela instituição ou por ela adquiridos;
>
> II – implantação ou execução de aplicativos desenvolvidos pela instituição contratante, ou por ela adquiridos, utilizando recursos computacionais do prestador de serviços; ou
>
> III – execução, por meio da internet, dos aplicativos implantados ou desenvolvidos pelo prestador de serviço, com a utilização de recursos computacionais do próprio prestador de serviços.

Estabelece também em seu art. 12 determinados requisitos quanto a vulnerabilidades quando da contratação de serviços com execução por meio da internet:

> Art. 12. As instituições mencionadas no art. 1º, previamente à contratação de serviços relevantes de processamento e armazenamento de dados e de computação em nuvem, devem adotar procedimentos que contemplem:
> [...]
> § 3º No caso da execução de aplicativos por meio da internet, referidos no inciso III do art. 13, a instituição deve assegurar que o potencial prestador dos serviços adote controles que mitiguem os efeitos de eventuais vulnerabilidades na liberação de novas versões do aplicativo.

9.2.8 Regulação por tipo de serviço

A depender do tipo de serviço ofertado, poderá ser determinado que a organização atenda a determinados tipos de padrões de segurança.

Exemplo clássico é o PCI DSS – Payment Card Industry Data Security Standards ('Padrões de Segurança de Dados para Indústria de Cartões de Pagamento').

Atualmente, há 12 requisitos, divididos em sete objetivos gerais,[7] conforme tabela a seguir:

Objetivos	Requisitos
Construir e manter uma rede segura	1. Instale e mantenha uma configuração de *firewall* para proteger os dados do titular do cartão. 2. Não use padrões fornecidos pelo fornecedor para senhas do sistema e outros parâmetros de segurança.
Proteger os dados do titular do cartão	3. Proteja os dados armazenados do titular do cartão. 4. Criptografe a transmissão dos dados do titular do cartão em redes públicas abertas.
Manter um programa de gerenciamento de vulnerabilidades	5. Use e atualize regularmente software ou programas antivírus. 6. Desenvolva e mantenha sistemas e aplicativos seguros.
Implementar medidas fortes de controle de acesso	7. Restrinja o acesso aos dados do titular do cartão de acordo com a necessidade de conhecimento da empresa. 8. Atribua um ID exclusivo a cada pessoa com acesso ao computador. 9. Restrinja o acesso físico aos dados do titular do cartão.
Monitorar e testar redes regularmente	10. Rastreie e monitore todos os acessos a recursos de rede e dados do titular do cartão. 11. Teste regularmente os sistemas e processos de segurança.
Manter uma política de segurança da informação	12. Mantenha uma política que trate da segurança da informação para funcionários e contratados.

---

[7] Disponível em: <https://www.pcisecuritystandards.org/pci_security/maintaining_payment_security>. Acesso em: 14 ago. 2020.

Como é possível observar na tabela acima, um dos objetivos é, justamente, manter um programa de identificação e análise de vulnerabilidades ativo.

Dessa forma, convém que a organização que precisa atender a padrões como o do PCI-DSS, quando da contratação de serviços de identificação e análise de vulnerabilidades, esteja alerta aos mecanismos internos já existentes em relação a um programa de gerenciamento de vulnerabilidades.

9.2.9 Proteção à privacidade e proteção de dados pessoais

Como não poderia deixar de ser, além do acesso a conteúdos corporativos da organização, durante a realização dos testes, pode ocorrer o acesso a informações referentes a pessoas físicas – colaboradores, clientes – e/ou a dados de fornecedores da organização.

Havendo o acesso a esse tipo de dado, o que fazer?

Em território nacional, temos a aplicação da Lei 13.709/2018, conhecida como Lei Geral de Proteção de Dados Pessoais (LGPD). Embora não trate especificamente de requisitos técnicos, há um capítulo nessa Lei que trata de segurança e boas práticas, possuindo uma seção dedicada à segurança e ao sigilo dos dados.

É possível verificar, de forma geral, os requisitos presentes nessa Lei nos arts. 46 e 47:

> Art. 46. Os agentes de tratamento devem adotar medidas de segurança, técnicas e administrativas aptas a proteger os dados pessoais de acessos não autorizados e de situações acidentais ou ilícitas de destruição, perda, alteração, comunicação ou qualquer forma de tratamento inadequado ou ilícito.
>
> § 1º A autoridade nacional poderá dispor sobre padrões técnicos mínimos para tornar aplicável o disposto no *caput* deste artigo, considerados a natureza das informações tratadas, as características específicas do tratamento e o estado atual da tecnologia, especialmente no caso de dados pessoais sensíveis, assim como os princípios previstos no *caput* do art. 6º desta Lei.
>
> § 2º As medidas de que trata o *caput* deste artigo deverão ser observadas desde a fase de concepção do produto ou do serviço até a sua execução.
>
> Art. 47. Os agentes de tratamento ou qualquer outra pessoa que intervenha em uma das fases do tratamento obriga-se a garantir a segurança da informação prevista nesta Lei em relação aos dados pessoais, mesmo após o seu término.

Desse modo, organizações que passem por processos de adequação à referida Lei poderão, em sua estrutura de segurança da informação, dispor de normas e procedimentos operacionais aptos a proteger dados pessoais de acessos não autorizados, o que poderá incluir também questões ligadas aos testes de vulnerabilidades de seus ambientes.

Dessa forma, convém que organizações que precisam atender a questões ligadas à privacidade e à proteção de dados pessoais, quando da contratação de serviços de testes de vulnerabilidades, estejam atentas também aos mecanismos internos já existentes em relação a mecanismos de proteção de dados pessoais.

Outro ponto a se notar é a exigência legal de notificação, à autoridade competente, de incidentes de segurança que possam acarretar risco ou dano relevante aos titulares de dados pessoais, conforme o art. 48:

> Art. 48. O controlador deverá comunicar à autoridade nacional e ao titular a ocorrência de incidente de segurança que possa acarretar risco ou dano relevante aos titulares.
>
> § 1º A comunicação será feita em prazo razoável, conforme definido pela autoridade nacional, e deverá mencionar, no mínimo:
>
> I – a descrição da natureza dos dados pessoais afetados;
>
> II – as informações sobre os titulares envolvidos;
>
> III – a indicação das medidas técnicas e de segurança utilizadas para a proteção dos dados, observados os segredos comercial e industrial;
>
> IV – os riscos relacionados ao incidente;
>
> V – os motivos da demora, no caso de a comunicação não ter sido imediata; e
>
> VI – as medidas que foram ou que serão adotadas para reverter ou mitigar os efeitos do prejuízo.
>
> § 2º A autoridade nacional verificará a gravidade do incidente e poderá, caso necessário para a salvaguarda dos direitos dos titulares, determinar ao controlador a adoção de providências, tais como:
>
> I – ampla divulgação do fato em meios de comunicação; e
>
> II – medidas para reverter ou mitigar os efeitos do incidente.

Nesse ponto, será importante estabelecer junto do parceiro de negócios e do time interno de segurança da informação que pode ocorrer acesso a informações que sejam consideradas dados pessoais. É vital que eventuais ferramentas de análise de vulnerabilidades e detecção estejam configuradas de forma que acessos realizados pelo executante não configurem alertas que sejam notificados como incidentes de segurança e/ou violação de dados.

9.2.10 Propriedade das informações

De forma geral, temos o seguinte cenário:

> → propriedade dos resultados do teste: organização contratante;
> → propriedade da metodologia e dos modelos de relatórios: executante dos serviços;
> → propriedade dos dados pessoais que possam aparecer nos testes: titulares dos dados pessoais, sob responsabilidade da organização contratante.

Entretanto, há que se considerar que, durante a execução dos testes, o executante poderá desenvolver novas metodologias ou processos para atender ou aprimorar a execução dos testes.

Nesse caso, de quem será a propriedade de "novos aspectos" da "nova metodologia" que foi criada? Contratante ou contratado?

Esse ponto deve ser estabelecido em contrato entre as partes antes do início das atividades.

9.2.11 Engenharia social

Havendo a previsão de execução de testes de engenharia social, a organização deve tomar os devidos cuidados legais, de forma a não implicar riscos jurídicos.

Em primeiro lugar, deve-se observar o ordenamento jurídico vigente, não se admitindo a realização de nenhuma prática considerada ilícita, como, por exemplo:

> → em determinado teste, o executante comete crime de ameaça, de forma a conseguir determinada informação de colaborador da organização;
> → o executante se passa por colaborador interno da organização;
> → sem a devida autorização, o executante falsifica assinatura em documento, de modo a verificar se os colaboradores reconhecerão um documento falso.

Em cenário nacional, tais práticas podem ser consideradas crimes, de acordo com o Código Penal:

> Ameaça.
> Art. 147 – Ameaçar alguém, por palavra, escrito ou gesto, ou qualquer outro meio simbólico, de causar-lhe mal injusto e grave:

Pena – detenção, de um a seis meses, ou multa.

Parágrafo único – Somente se procede mediante representação.

Falsificação de documento particular.

Art. 298 – Falsificar, no todo ou em parte, documento particular ou alterar documento particular verdadeiro:

Pena – reclusão, de um a cinco anos, e multa.

Falsidade ideológica.

Art. 299 – Omitir, em documento público ou particular, declaração que dele devia constar, ou nele inserir ou fazer inserir declaração falsa ou diversa da que devia ser escrita, com o fim de prejudicar direito, criar obrigação ou alterar a verdade sobre fato juridicamente relevante:

Pena – reclusão, de um a cinco anos, e multa, se o documento é público, e reclusão de um a três anos, e multa, de quinhentos mil réis a cinco contos de réis, se o documento é particular.

Parágrafo único – Se o agente é funcionário público, e comete o crime prevalecendo-se do cargo, ou se a falsificação ou alteração é de assentamento de registro civil, aumenta-se a pena de sexta parte.

Devem-se documentar no escopo das atividades a serem realizadas em um teste de engenharia social, com o máximo de detalhes possível, as ações que poderão ser tomadas, como, por exemplo (mas não se limitando a):

→ uso de crachá da organização com nome e foto de colaborador fictício;
→ investigação dos resíduos e materiais descartados pela organização;
→ possibilidade de abrir gavetas e armários desprotegidos;
→ possibilidade de coletar chaves de acesso a determinadas áreas da organização que estejam desprotegidas nas mesas de colaboradores;
→ envio de *e-mails* com *links* suspeitos de modo a verificar quantos colaboradores da organização irão ser afetados por esse tipo de ataque;
  – nesse ponto, se possível, também documentar data e hora de envio de tais mensagens, incluindo também os remetentes;
→ possibilidade de efetuar ligações para usuários solicitando informações confidenciais;
  – nesse ponto, se possível, também documentar data e hora de tais ligações, com a inclusão das linhas utilizadas para efetuá-las.

As pessoas-chave da organização devem estar cientes de determinados testes a serem realizados, a exemplo do teste de invasão física para checagem de alarme sonoro.

9.2.12 Produtos finais e cronograma do projeto

Nesse ponto, como em qualquer contratação de serviços, convém que o fornecedor apresente, se possível, uma prévia de como será o formato do relatório final, ou, ao menos, listar os itens que tal relatório deverá conter, a exemplo de (mas não se limitando a):

- → metodologia de trabalho utilizada;
- → técnicas utilizadas;
- → escopo do trabalho – aplicações web, internas, em nuvem etc.;
- → resumo do trabalho executado;
- → vulnerabilidades encontradas, a exemplo de:
  - ID da vulnerabilidade;
  - risco envolvido: crítico, alto, médio, baixo;
  - facilidade de exploração: alta, média, baixa;
  - descrição da vulnerabilidade;
  - solução para correção da vulnerabilidade;
  - referências;
  - evidência.
- → equipe que realizou o projeto;

Em relação ao cronograma, o fornecedor deverá apresentar:

- → data de início do projeto;
- → data de finalização de cada fase do projeto;
- → data de envio da primeira versão do relatório de resultados dos testes realizados;
- → data de finalização geral do projeto;
- → além de, caso faça parte do contrato, definição de agendas regulares (ex.: semanais/quinzenais) para apresentação parcial dos resultados do projeto.

9.3 ÁREAS ENVOLVIDAS

Pode haver diversas áreas de negócio envolvidas durante todo o ciclo de vida desses testes de vulnerabilidades.

Em um primeiro momento, é vital que a alta direção e a presidência estejam cientes dos trabalhos que serão executados, e, em cenário ideal, que prestem todo o apoio às áreas de negócio envolvidas, seja no apoio em conscientização geral dos colaboradores, seja na aprovação de investimentos em tecnologias e/ou profissionais.

Idealmente, a organização deve contar também com área própria de Segurança da Informação, apartada das áreas de Tecnologia da Informação, Infraestrutura de Tecnologia, entre outras.

Como responsabilidades da área de Segurança da Informação, podemos listar, como exemplos (mas não se limitando a) as seguintes:

- → configuração e manutenção de ferramentas-chave dos processos de análise de vulnerabilidades;
- → documentação atualizada com normas e procedimentos operacionais relacionados aos processos de gestão de vulnerabilidades;
- → apresentação periódica à alta direção das vulnerabilidades encontradas em determinado período, juntamente com ações de mitigação adotadas;
- → estabelecimento de indicadores com relação ao aumento ou à diminuição de vulnerabilidades encontradas com recorrência a ser definida pela organização (ex.: mensal);
- → recebimento e análise de relatos de demais áreas de negócio da organização que informem sobre existência de vulnerabilidades;
- → registro de incidente de segurança ao verificar que alguma vulnerabilidade foi explorada;
- → ao efetuar a correção da vulnerabilidade, realização de testes, de forma a verificar a efetividade das medidas adotadas;
- → realização de treinamentos para colaboradores da organização sobre conceitos e identificação de vulnerabilidades; entre outros.

Entretanto, não é somente a área de Segurança da Informação que tem um papel ativo na gestão de vulnerabilidades em uma organização!

Em cenário ideal, gestores e coordenadores das áreas de negócio também possuem papel importante no Programa de Gestão de Vulnerabilidades de uma organização. Podemos listar, como exemplos (mas não se limitando a) as seguintes atribuições:

> revisar periodicamente as atividades, processos e ambientes de trabalho, de forma a identificar vulnerabilidades existentes em processos e procedimentos e, também, funcionários que estejam sob sua responsabilidade;

> informar para a área de Segurança da Informação todas as vulnerabilidades que forem encontradas;

> apoiar a área de Segurança da Informação em análises e testes das vulnerabilidades encontradas;

> no que for aplicável e sob seu poder, efetuar a correção das vulnerabilidades encontradas;

> no que for aplicável e com apoio da área de Segurança da Informação, efetuar testes, de forma a verificar se determinada vulnerabilidade foi corrigida; entre outras.

CONCLUSÃO

Realizar a gestão de vulnerabilidades é a prática preventiva necessária para identificar e corrigir os pontos fracos ou potenciais riscos na segurança dos ativos de uma organização. O principal objetivo é identificar e tratar esses pontos fracos antes que um agente não autorizado explore e cause uma violação de segurança.

A metodologia para implementar um Programa de Gestão de Vulnerabilidades pode variar de uma organização para outra, pois depende do setor em que atua, seu tamanho, o valor do dado tratado e os riscos potenciais que enfrenta.

Um sinal é claro: não é possível atuar apenas de modo reativo aos incidentes no cenário atual. As organizações devem adotar medidas para prevenir a ocorrência de incidentes de segurança, para sua própria existência. As penalidades trazidas, em contratos ou nas legislações de proteção de dados, são altas e podem arruinar muitos negócios.

10

TERCEIRIZADOS: COMO LIDAR?

Cristina Sleiman e Larissa Lotufo

10.1 VULNERABILIDADE EMPRESARIAL

A terceirização empresarial é uma realidade cada vez mais constante no mundo contemporâneo e a segurança da informação não foge desse fato. Nesse sentido, as empresas devem ficar atentas aos riscos e às oportunidades que a terceirização pode lhes oferecer. Isso mesmo: nem só situações negativas podem surgir frente a sua segurança da informação quando o assunto é terceirização.

Nesse contexto, duas situações básicas podem ser pontuadas em destaque e devem ser analisadas: ou a empresa pode trabalhar com terceiros em atividades diversas, devendo garantir que tais colaboradores apliquem os menos padrões, técnicas e níveis de segurança exigidos dentro de seu processo corporativo interno; ou a empresa pode contratar terceiros para cuidar da infraestrutura e da manutenção de sua segurança da informação. Ambas as situações são extremamente comuns e cada vez mais aplicadas no dia a dia do mercado, portanto, é preciso ficar atento.

Quando a sua empresa realiza atividades diversas junto de terceiros, é muito importante garantir que os procedimentos e as garantias internas sejam validados também na empresa terceira, pois de nada adianta a sua empresa ter um processo impecável, se a empresa parceira é descuidada em relação à segurança da informação ou mesmo busca intencionalmente fraudar o processo. É o que demonstra o Relatório Global de Fraude e Risco publicado pela Kroll em 2017: dentre os executivos entrevistados, 27% afirmaram que os principais responsáveis pelos incidentes de fraudes foram os funcionários autônomos ou temporários e 26% apontaram vendedores/fornecedores, ou seja, parceiros das empresas centrais, conforme Figura 13:

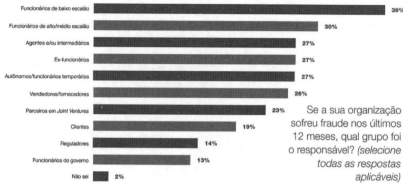

FIGURA 13 – Principais responsáveis por fraude no ambiente empresarial
Fonte: KROLL, 2017, p. 10.

Um caso que chamou a atenção em 2016 foi o acidente sofrido pelo TeamViewer – um software de administração remota muito utilizado no mundo empresarial – e que, segundo informações de alguns usuários, teve problemas de segurança de informação que afetaram as operações de quem utiliza o sistema, havendo denúncias de, até mesmo, roubo de dados bancários, esvaziamento de contas, realização de compras indevidas, entre outros.

Embora o próprio TeamViewer não negue que tenha sofrido um ataque do tipo Denial-of-service (DoS) que fez que seu serviço ficasse fora do ar durante três horas, a empresa nega que tenha ocorrido invasão ou falha de segurança.[1]

O fato é que é preciso ficar sempre alerta e criar meios de garantir que o seu terceirizado tenha a mesma preocupação prática com segurança da informação que a sua empresa, pois, para o seu cliente, não importa quem cometeu o erro e sim que a falha deveria ter sido evitada a todo custo. E,

---

[1] De acordo com informações de Felipe Alencar em publicação para o TechTudo, "o TeamViewer sofreu um ataque de negação de serviço (Denial-of-Service attack – DoS) ao seu servidor na quarta-feira (1), que deixou o serviço fora do ar por três horas. Mesmo após voltar à ativa, ainda apresentou algumas instabilidades. Por isso, a equipe do software recomenda que todos os usuários troquem suas senhas e ativem a verificação em duas etapas para garantir maior segurança. No Twitter, a equipe por trás do perfil da empresa não deu maiores detalhes sobre os motivos que ocasionaram a queda no dia em que o incidente ocorreu. Em comunicado à imprensa nesta quinta-feira (2), porém, o TeamViewer confirmou que houve um ataque *hacker*, mas garantiu que não houve invasão ou falha de segurança, conforme rumores".

dificilmente, uma empresa menor vai ser lembrada por seus clientes se a sua empresa estiver envolvida no problema.

Portanto, é valioso seguir algumas dicas básicas que Michael Peters, CEO da Lazarus Alliance – empresa de segurança da informação especialista em soluções para TI:

- → certifique-se das referências da empresa parceira: validar as informações nunca é demais; portanto, tenha certeza de que a empresa contratada é responsável, que aplica os procedimentos para a garantia da informação e que está no nível mínimo que a sua empresa espera;
- → peça para o terceiro informações acerca das auditorias e processos de *compliance* realizados por ele: nada melhor do que conhecer o processo de validação e garantia de segurança para ter certeza de que aquilo que é anunciado realmente é praticado;
- → documente tudo o que for acertado com o parceiro: a partir do momento em que você documenta tudo o que foi exigido para o fechamento da parceria, a sua garantia – e a do parceiro – fica clara, transparente e pode ser checada a qualquer momento; desse modo, se surgir alguma dúvida, todos saberão onde procurar a solução.

Essas mesmas dicas são válidas para quando a empresa vai contratar outra empresa para cuidar da sua segurança da informação. No mundo cada vez mais globalizado, tem sido uma tendência de mercado a especialização das empresas cada qual "no seu quadrado", de maneira que a criação de redes de parcerias vem crescendo no cotidiano empresarial.

Muitas vezes, vale mais a pena a sua empresa contratar um especialista em segurança da informação para criar uma infraestrutura e cuidar da manutenção do que contratar uma equipe interna para isso.

E com a expansão do mercado de TI, isso tem sido cada dia mais fácil. Mas, por óbvio, é preciso ficar atento às qualificações da empresa contratada para que as vantagens dessa estratégia sejam percebidas. Dentre as vantagens e principais motivos que levam à terceirização da segurança da informação, podem-se apontar:

- → a dificuldade de contratação de profissionais na área de TI: por mais que esse mercado esteja em plena expansão, ainda é difícil manter uma equipe qualificada e composta por profissionais experientes com conhecimentos avançados;
- → equipes internas pequenas que não conseguem lidar com a complexidade de uma infraestrutura completa de TI: nem sempre uma

equipe enxuta conseguirá dar conta da complexidade das operações envolvendo segurança da informação, e, contratar uma grande equipe pode ser financeiramente inviável ao seu negócio;

→ falta de tempo para atualização constante: mais do que outras áreas, a TI exige que o seu profissional se mantenha sempre atualizado, sendo que um profissional que está abarrotado de tarefas internas, muitas vezes, não tem tempo de manter seus conhecimentos em dia, como a equipe de uma empresa de segurança da informação conseguiria;

→ dificuldade de contratar uma equipe com conhecimentos gerais: equipes internas dificilmente conseguem ter o *know-how* que uma empresa especializada oferece, pois, diferentemente dessas empresas, não estão lidando com cenários empresariais diferentes a cada dia;

→ falta de atendimento 24 horas: diferente de uma empresa especializada, uma equipe interna dificilmente conseguirá estar disponível 24 horas por dia para lidar com a segurança de sua empresa e possíveis problemas;

→ preocupações com problemas que fogem do foco da empresa: se a sua empresa não é especialista em TI, não faz sentido ficar se preocupando e gastando energias no desenvolvimento interno desse tipo de processo; pode ser muito mais lucrativo e eficiente deixar esse processo nas mãos de um parceiro, para que a sua equipe possa se voltar para os objetivos e metas do seu negócio.

10.2 CONTEXTUALIZAÇÃO LEGAL E MERCADOLÓGICA

A prestação de serviços está historicamente ligada ao aluguel de mão de obra, em que existe o papel do prestador e o do tomador. Por muitos anos, foi objeto de discussões, tendo em vista que, até pouco tempo atrás, as empresas não podiam terceirizar os serviços que faziam parte de sua atividade principal.

Com o advento da reforma trabalhista que chegou com a Lei 13.467/2017, houve uma flexibilização das relações terceirizadas, possibilitando a contratação nessa modalidade também para a atividade-fim.

Então iniciaremos com alguns conceitos. Para Ives Gandra da Silva Martins, trata-se da "transferência de parte das atividades de uma empresa para outra, que passa a funcionar como terceiro no processo produtivo, entre o trabalhador e a empresa principal (intermediação de mão de obra) ou entre o consumidor e a empresa principal (prestação de serviços)".[2]

---

[2] MARTINS, Ives Gandra da Silva. *Manual esquemático de direito do trabalho e processo do trabalho*. 24. ed. São Paulo: Saraiva, 2017. p. 62.

Sobre o que seria então atividade-meio e atividade-fim, é importante fazer a distinção:

> A atividade meio é aquela que não se relaciona diretamente com o fim empresarial da empresa. Atividades de vigilância, portaria, limpeza e alimentação em grandes empresas são consideradas atividades-meio, tendo em vista que não são o objetivo final buscado pela empresa. A terceirização de tais atividades já era possível, independentemente do julgamento do STF acima citado.
>
> A atividade-fim de uma empresa é aquela que compreende atividades essenciais e normais para as quais a empresa se constitui, é o objeto social da empresa. Considera-se atividade-fim, por exemplo, a montagem de carros por uma empresa montadora de veículos, a venda de roupas ou sapatos por uma loja do ramo, ensino de alunos por professores. Tais atividades não poderiam ser terceirizadas, tendo em vista a proibição constante na súmula 331 do C. TST.[3]

A partir de então pudemos observar um crescimento considerável dessa modalidade de contratação em vários setores, como educação, tecnologia e até mesmo saúde. Existe um entendimento errado de que terceirizar serviços é transferir responsabilidade, mas não entendemos dessa forma; a única hipótese de se terceirizar a responsabilidade é a contratação de seguro.

Nesse sentido, o STF também entendeu que "é lícita a terceirização ou qualquer outra forma de divisão do trabalho entre pessoas jurídicas distintas, independentemente do objeto social das empresas envolvidas, mantida a responsabilidade subsidiária da empresa contratante".[4]

Neste artigo, vamos abordar a terceirização de forma ampla, não apenas a contratação de serviços em que o tomador se beneficia da mão de obra empregada por terceiros, mas toda e qualquer contratação advinda de prestação de serviços entre pessoas jurídicas – seja para execução de atividades enquanto preposto do tomador, seja para execução de atividades que beneficiem o tomador em seus trâmites e recursos internos –, uma vez que o intuito deste artigo não é entrar na discussão conceitual da terceirização, mas sim abordar algumas questões práticas, como alerta na gestão de riscos e atenção às questões relacionadas à segurança da informação.

---

[3] MEIRELLES, Júlia Botossi. Terceirização: há responsabilidade da empresa contratante? *Migalhas*, 2018.

[4] MEIRELLES, Júlia Botossi. Terceirização: há responsabilidade da empresa contratante? *Migalhas*, 2018.

Quando falamos em contratação de serviços terceirizados, existe um ditado muito antigo "quem contrata mal paga duas vezes"; na verdade, é um ditado verdadeiro, trata-se da culpa *in eligendo*, no caso de responsabilização imputada em decorrência da má escolha do terceiro (quando este pratica ato ilícito) porque, no ordenamento jurídico, aplica-se a responsabilidade subsidiária no que concerne à esfera trabalhista, mas se aplica a responsabilidade subjetiva e objetiva no âmbito das relações cíveis conforme exemplos à frente – como também nas relações de consumo o próprio Código de Defesa do Consumidor estabelece a responsabilidade de toda a cadeia de produção ou de serviços.

Na responsabilidade subjetiva, há a necessidade de se comprovar a vontade de praticar aquele ato (dolo) ou a ocorrência de negligência, imprudência ou imperícia (culpa); na responsabilidade objetiva, basta a ocorrência do dano, independentemente de culpa ou dolo, e a comprovação do nexo causal.

Portanto, do ponto de vista do tomador/contratante e do terceirizado, imagine uma empresa que oferece uma solução de segurança da informação, a qual provoca a perda de dados pessoais, causando transtornos e, até mesmo, danos advindos da falta de acesso a tais dados.

Veja, não estamos falando aqui do aspecto do plano de contingência, mas partimos do princípio de que até mesmo o *backup* foi perdido pelo prestador.

Nesse caso, entendemos que seria responsabilidade objetiva do tomador/contratante com o cliente (consumidor), caso este venha a processá-lo; e, responsabilidade subjetiva, considerando o prestador de serviço com o tomador/contratante, vez que o primeiro, se comprovada sua negligência ou dolo, teria que ressarcir os danos causados, incluindo eventuais gastos com processos indenizatórios dos clientes do tomador/contratante.

A responsabilidade civil tem uma função compensatória para reparar o dano causado e suprimir prejuízos advindos da ação ou omissão – danos morais ou materiais, ou, ainda, pelo simples fato de violar direito de terceiros.

Para tanto, nunca é demais lembrar os dispositivos legais trazidos no Código Civil, dos quais:

> Art. 186. Aquele que, por ação ou omissão voluntária, negligência ou imprudência, violar direito e causar dano a outrem, ainda que exclusivamente moral, comete ato ilícito.
>
> Art. 187. Também comete ato ilícito o titular de um direito que, ao exercê-lo, excede manifestamente os limites impostos pelo seu fim econômico ou social, pela boa-fé ou pelos bons costumes.
>
> Art. 188. Não constituem atos ilícitos:
>
> I – os praticados em legítima defesa ou no exercício regular de um direito reconhecido;

II – a deterioração ou destruição da coisa alheia, ou a lesão a pessoa, a fim de remover perigo iminente.

Parágrafo único. No caso do inciso II, o ato será legítimo somente quando as circunstâncias o tornarem absolutamente necessário, não excedendo os limites do indispensável para a remoção do perigo.

Então, o primeiro risco a ser mitigado é a idoneidade da empresa terceirizada, sua capacidade de sobrevivência ao risco econômico do país e de arcar com danos a que eventualmente possa dar causa. É importante buscar por empresas qualificadas e verificar documentos como certidão negativa de débitos – Receita Federal e INSS –, certidão negativa do Procon, documentação societária, existência de processos, entre outros.

Tão importante quanto esse cuidado é estabelecer padrões contratuais que garantam alto nível de segurança jurídica, estabelecendo direitos e obrigações, bem como atribuindo as responsabilidades de cada parte, portanto, caso o tomador entenda que vale a pena assumir o risco, sendo este previamente identificado, deverá fazê-lo com subsídios que o apoiem e embasem a relação custo-benefício da transação ou chamada também de equilíbrio sobre risco e proveitos dos serviços. Portanto, falamos aqui do risco assumido, aquele que realmente vale a pena pelo resultado a ser alcançado, independentemente de sua materialização. Perceba que em alguns casos há o entendimento, inclusive, da responsabilidade solidária; apesar de a ementa a seguir ter sido resultado de processo trabalhista, a sentença faz menção expressa ao entendimento e à aplicação da responsabilidade civil com base na teoria do risco:

> [...] Agregue-se que, em matéria de responsabilidade, o novo Código Civil alterou a sistemática. Ao lado da cláusula geral de responsabilidade subjetiva (art. 186) adotou, também, a responsabilidade objetiva, fundada nas teorias: do risco criado, do risco da atividade, do risco do empreendimento, do risco profissional e do risco proveito. Pela teoria do risco proveito ou risco benefício todo aquele que tire proveito de determinada atividade que lhe forneça lucratividade ou benefício deve suportar a responsabilidade pelos danos causados. Assim, aquele que terceiriza serviços e tira proveito dos serviços prestados pelos trabalhadores terceirizados não terceiriza as suas responsabilidades. A relação estabelecida entre a empresa tomadora e a empresa fornecedora de mão de obra configura uma relação de preposição necessária a desencadear a responsabilidade objetiva e solidária. A primeira é a tomadora do serviço e a segunda é fornecedora que atua como preposta em relação ao trabalhador terceirizado que presta o serviço que é aproveitado. O tomador de serviços ao fazer a opção pela terceirização assume a responsabilidade objetiva (art. 927, § único, CC) por fato de terceiro

(art. 932, III, CC) de forma solidária (art. 933 e 942, CC) tendo em vista a teoria do risco do empreendimento e do risco proveito. Referidos dispositivos civilistas são aplicáveis à terceirização *ex vi* do art. 8º da CLT. Nesse sentido, registre-se o Enunciado 10, aprovado na 1ª Jornada de Direito Material e Processual na Justiça do Trabalho, realizada no TST.[5]

Diante das colocações acima, não há o que se falar em não incidência de responsabilidade daquele que subcontrata a entrega total ou parcial dos serviços e vice-versa. Isto quer dizer que o tomador/contratante tem direito de ação de regresso contra o prestador de serviços que der causa a qualquer dano a terceiros, quando o tomador venha a ser obrigado a assumir o pagamento.

A responsabilidade objetiva é adotada como exceção no Código Civil e está prevista no art. 927, conforme segue:

> Art. 927 – Parágrafo único. Haverá obrigação de reparar o dano, independentemente de culpa, nos casos especificados em lei, ou quando a atividade normalmente desenvolvida pelo autor do dano implicar, por sua natureza, risco para os direitos de outrem.

Já o Código de Defesa do Consumidor, adota como regra a responsabilidade objetiva. Vejamos os artigos a seguir:

> Art. 12. O fabricante, o produtor, o construtor, nacional ou estrangeiro, e o importador respondem, independentemente da existência de culpa, pela reparação dos danos causados aos consumidores por defeitos decorrentes de projeto, fabricação, construção, montagem, fórmulas, manipulação, apresentação ou acondicionamento de seus produtos, bem como por informações insuficientes ou inadequadas sobre sua utilização e riscos. [...]
>
> Art. 14. O fornecedor de serviços responde, independentemente da existência de culpa, pela reparação dos danos causados aos consumidores por defeitos relativos à prestação dos serviços, bem como por informações insuficientes ou inadequadas sobre sua fruição e riscos.

10.2.1 Reputação vale "ouro"

Sabemos que a reputação de uma empresa vale sua vida e, com as mídias digitais, a reputação pode alcançar picos opostos em questão de minutos; por isso, cuidar de sua marca e de seus colaboradores faz toda diferença, no

---

[5] BRASIL. Tribunal Regional do Trabalho (2. Região). Processo TRT/SP nº 0001489-37.2014.5.02.0055.

entanto, é muito comum empresas negligenciarem a contratação de terceiros, deixando de estabelecer a responsabilidade da empresa prestadora de serviços em cobrar de seus funcionários a conduta ética e responsável esperada pelo tomador.

Ocorre que a conduta indevida e não condizente com a missão da empresa, ainda que proveniente de terceirizados, pode afetar consistentemente a reputação de qualquer organização – motivo pelo qual o tomador deve considerar, em suas campanhas de conscientização, de *compliance* ou de segurança da informação, desenvolver uma comunicação clara e orientativa direcionada especificamente a esse público.

Dependendo do projeto e valor envolvido, é importante verificar se a empresa tem capacidade financeira para suportar os gastos e eventuais indenizações e, também, verificar se está em *compliance* com as leis aplicáveis, principalmente, a de proteção de dados pessoais.

10.2.2 Segurança da informação

No quesito específico de segurança da informação, é importante estabelecer regras claras e que abordem também a prestação de serviços terceirizados; nesse sentido, a política de segurança da informação deve conter regras específicas.

Outro ponto importante é que o tomador/contratante deve tomar cuidado nas relações de subordinação com o empregado da empresa terceirizada; portanto, deve-se estabelecer em contrato a responsabilidade dessa em relação a informar seus colaboradores sobre as políticas e normas do tomador.

Muito importante também evitar que se caracterizem os requisitos do vínculo empregatício, entre os quais, assiduidade e subordinação direta advinda do colaborador do terceirizado.

É importante entender o contexto da contratação e o nível de permissão de acesso do contratado, pois, assim como o colaborador interno, o terceirizado deve ser devidamente identificado, e deve ser atribuído a ele nível adequado de permissão, possibilitando acesso apenas aos dados que lhe forem necessários.

Um ponto essencial a ser lembrado está no *Bring-your-on-device*, pois suas tratativas devem ocorrer diretamente com a empresa contratada e não direto com o funcionário; no melhor cenário, deve ser feita a coleta de ciência e, para alguns casos, a autorização deverá ser feita pelo seu empregador direto e não pelo tomador.

Por fim, todo contrato deve fazer menção direta às políticas, normas, códigos de conduta e qualquer regulamento interno, sem esquecer que estes devem prever aplicação aos terceirizados, para que não haja risco de contribuir com outros requisitos na caracterização de vínculo empregatício.

10.3 SUPERVISÃO E FISCALIZAÇÃO

Não menos importante do que os assuntos já abordados, deverá o tomador estabelecer formas de efetivar a supervisão e a fiscalização dos serviços contratados, sendo mister sua previsão no contrato de prestação de serviços. Portanto, é necessário fazer constar uma cláusula específica sobre fiscalização, incluindo possibilidade de auditoria quando necessário.

É comum e recomendável a previsão expressa do Acordo de Nível de Serviço, termo originário do *Service Level Agreement* (SLA), que é fundamental para qualquer contrato de prestação de serviços quando ele tem por objeto serviços de TI.

O SLA estipula, em termos mensuráveis e claros, quais os serviços que o tomador – no caso o contratante –, espera do fornecedor, além de prazos e qualquer esclarecimento técnico sobre a entrega. Ao estipular o que é esperado, facilita-se ao tomador entender e identificar as formas de fiscalização.

10.3.1 NDA (*Non-Disclosure Agreement*) – "Acordo de Confidencialidade"

O NDA é um forte aliado da segurança da informação; com ele se objetiva prevenir a divulgação e a utilização indevida de informações confidenciais, com as quais o prestador/fornecedor tenha contato durante as atividades para as quais fora contratado.

O NDA pode ser mútuo, pois o tomador também pode ter acesso a dados do fornecedor durante a prestação de serviços.

Nesse documento, deverão ser estabelecidas as condições e as responsabilidades, bem como consequências, multas e qualquer outra penalidade pelo não cumprimento do acordo.

Existem duas formas de se aplicar o NDA: por um acordo isolado, normalmente assinado previamente, antes mesmo de se estabelecer um vínculo de contratação, por exemplo, acesso aos dados para fins de elaborar uma proposta comercial; e, também, por meio de cláusulas específicas no contrato principal.

10.3.2 Proteção de dados pessoais e a terceirização

A Lei Geral de Proteção de Dados Pessoais – LGPD – foi sancionada em 2018 e deve ser atendida por todas as empresas que coletam e promovem qualquer tipo de tratamento de dados pessoais provenientes do território nacional. Está diretamente ligada com segurança da informação, vez que qualquer vazamento de dados pessoais pode acarretar ações judiciais e, se constatado que o vazamento decorreu de qualquer infração à lei, poderá incorrer em sanções administrativas a serem aplicadas pela ANPD – Autoridade Nacional de Proteção de Dados Pessoais.[6]

A respectiva lei abarca direitos dos titulares e deveres para as empresas. No contexto da terceirização, é imprescindível especial atenção à situação do fornecedor em relação à adequação à LGPD, pois, contratante e contratado estão enquadrados no papel de agentes de proteção de dados pessoais; portanto, controlador e fornecedor possuem responsabilidade solidária.

Vamos tentar esclarecer melhor. Na contratação de serviços que envolvam tratamento de dados pessoais, a lei estabelece dois atores, quais sejam, controlador e operador. No primeiro caso – o controlador –, caracteriza-se como o responsável por decidir sobre o tratamento de dados pessoais, portanto, quais dados serão coletados, quais as finalidades, onde serão armazenados etc.; nitidamente, seria o tomador/contratante.

O operador é o agente que promove efetivamente o tratamento de dados pessoais, por exemplo, o armazenamento em nuvem, empresas de mídias digitais, análise de dados, entre outros; portanto, aqui se enquadra o prestador terceirizado.

As preocupações em relação à LGPD devem chegar às condições de contratação, atribuindo-se as responsabilidades do controlador e do operador – ambos têm obrigações perante a LGPD. Para melhor esclarecimento, transcrevemos alguns artigos da lei:

> Art. 37. O controlador e o operador devem manter registro das operações de tratamento de dados pessoais que realizarem, especialmente quando baseado no legítimo interesse.
>
> Art. 38. A autoridade nacional poderá determinar ao controlador que elabore relatório de impacto à proteção de dados pessoais, inclusive de

---

[6] Importante lembrar que o Decreto 10.474/2020 aprovou a estrutura regimental e o quadro demonstrativo dos cargos e funções de confiança da ANPD, trazendo mais diretrizes ao rol extenso de atribuições da autoridade. Entre os pontos de destaque, tem-se o remanejamento e transformação de cargos em comissão e funções de confiança. Ao mesmo tempo, o decreto assinalou as formas de receita que vão compor os trabalhos da ANPD, trazendo a possibilidade de venda de produtos – como publicações, materiais técnicos etc. – doações e recursos demais adquiridos pela Autoridade (art. 55-L).

> dados sensíveis, referente a suas operações de tratamento de dados, nos termos de regulamento, observados os segredos comercial e industrial.
> Parágrafo único. Observado o disposto no *caput* deste artigo, o relatório deverá conter, no mínimo, a descrição dos tipos de dados coletados, a metodologia utilizada para a coleta e para a garantia da segurança das informações e a análise do controlador com relação a medidas, salvaguardas e mecanismos de mitigação de risco adotados.
> Art. 39. O operador deverá realizar o tratamento segundo as instruções fornecidas pelo controlador, que verificará a observância das próprias instruções e das normas sobre a matéria.

Cabe aqui fazermos alguns comentários sobre os artigos acima mencionados. Perceba que a lei estabelece que o controlador e o operador devem manter registros do tratamento de dados pessoais, especialmente quando coletados com a base legal do legítimo interesse; portanto, a relação controlador (tomador) x operador (terceirizado) vai além da simples entrega do serviço contratado, deve existir uma relação de fácil comunicação, com a solicitação de informações necessárias, já que, muitas vezes, o controlador poderá precisar do operador para atender às solicitações da ANPD.

O art. 38 estabelece a possibilidade de a ANPD solicitar o Relatório de Impacto de Proteção de Dados (RIPD). Em termos práticos, o RIPD trata-se de um documento que apresenta uma análise de risco em relação a determinado(s) tratamento(s) referente à possibilidade de o tratamento causar danos aos titulares.

Esse instrumento acaba por ser um aliado na gestão de riscos e na tomada de decisão, principalmente no tocante à implementação de novos projetos, mas, muitas vezes, os dados necessários para tal análise poderão depender também do operador.

A responsabilidade solidária dos agentes está prevista nos arts. 42 e 43, conforme transcritos a seguir:

> Art. 42. O controlador ou o operador que, em razão do exercício de atividade de tratamento de dados pessoais, causar a outrem dano patrimonial, moral, individual ou coletivo, em violação à legislação de proteção de dados pessoais, é obrigado a repará-lo.
> § 1º A fim de assegurar a efetiva indenização ao titular dos dados:
> I – o operador responde solidariamente pelos danos causados pelo tratamento quando descumprir as obrigações da legislação de proteção de dados ou quando não tiver seguido as instruções lícitas do controlador, hipótese em que o operador equipara-se ao controlador, salvo nos casos de exclusão previstos no art. 43 desta Lei;

II – os controladores que estiverem diretamente envolvidos no tratamento do qual decorreram danos ao titular dos dados respondem solidariamente, salvo nos casos de exclusão previstos no art. 43 desta Lei.

§ 2º O juiz, no processo civil, poderá inverter o ônus da prova a favor do titular dos dados quando, a seu juízo, for verossímil a alegação, houver hipossuficiência para fins de produção de prova ou quando a produção de prova pelo titular resultar-lhe excessivamente onerosa.

§ 3º As ações de reparação por danos coletivos que tenham por objeto a responsabilização nos termos do *caput* deste artigo podem ser exercidas coletivamente em juízo, observado o disposto na legislação pertinente.

§ 4º Aquele que reparar o dano ao titular tem direito de regresso contra os demais responsáveis, na medida de sua participação no evento danoso.

Art. 43. Os agentes de tratamento só não serão responsabilizados quando provarem:

I – que não realizaram o tratamento de dados pessoais que lhes é atribuído;

II – que, embora tenham realizado o tratamento de dados pessoais que lhes é atribuído, não houve violação à legislação de proteção de dados; ou

III – que o dano é decorrente de culpa exclusiva do titular dos dados ou de terceiro.

Sempre que o tratamento de dados pessoais acarretar danos ao titular haverá a obrigação de repará-lo. Já falamos anteriormente sobre a responsabilidade civil, no entanto, a LGPD traz uma novidade: a possibilidade de eximir-se de responsabilidade se o dano for comprovadamente causado por terceiros que não façam parte da relação ou quando causados pelo próprio titular, nos termos do art. 43.

O controlador, quando envolvido no tratamento, será responsável solidário junto ao operador, mas o operador apenas terá responsabilidade solidária se não atender às obrigações lícitas estabelecidas pelo controlador ou quando não atender à própria lei.

Outro ponto importante está no artigo seguinte, que estabelece que, ao deixar de observar a lei, o agente estará incorrendo em tratamento ilícito; e outro ponto chama a atenção: além do princípio da segurança, temos mais uma vez a menção expressa à necessidade de proteger os dados pessoais, considerando-se tratamento ilícito quando não o fizer.

> Art. 44. O tratamento de dados pessoais será irregular quando deixar de observar a legislação ou quando não fornecer a segurança que o titular dele pode esperar, consideradas as circunstâncias relevantes, entre as quais:
>
> I – o modo pelo qual é realizado;
>
> II – o resultado e os riscos que razoavelmente dele se esperam;
>
> III – as técnicas de tratamento de dados pessoais disponíveis à época em que foi realizado.
>
> Parágrafo único. Responde pelos danos decorrentes da violação da segurança dos dados o controlador ou o operador que, ao deixar de adotar as medidas de segurança previstas no art. 46 desta Lei, der causa ao dano.

No parágrafo único, pode-se perceber o vínculo direto e a obrigação de reparar o dano quando não atender aos arts. 46 e 47, que preceituam diretamente a obrigação, mais uma vez, da proteção de dados pessoais.

Alertamos, no art. 46, § 2º, quanto ao quesito *Privacy by Design* e, no art. 47, quanto ao quesito responsabilidade de todos que tiverem contato com dados pessoais. Portanto, serão de importância elevada as campanhas de sensibilização em relação a todas as equipes; por esse motivo, recomendamos que tais campanhas tenham conteúdos direcionados e atinjam de alguma forma os terceirizados. Veja o que dizem os artigos respectivos:

> Art. 46. Os agentes de tratamento devem adotar medidas de segurança, técnicas e administrativas aptas a proteger os dados pessoais de acessos não autorizados e de situações acidentais ou ilícitas de destruição, perda, alteração, comunicação ou qualquer forma de tratamento inadequado ou ilícito.
>
> § 1º A autoridade nacional poderá dispor sobre padrões técnicos mínimos para tornar aplicável o disposto no *caput* deste artigo, considerados a natureza das informações tratadas, as características específicas do tratamento e o estado atual da tecnologia, especialmente no caso de dados pessoais sensíveis, assim como os princípios previstos no *caput* do art. 6º desta Lei.
>
> § 2º As medidas de que trata o *caput* deste artigo deverão ser observadas desde a fase de concepção do produto ou do serviço até a sua execução.
>
> Art. 47. Os agentes de tratamento ou qualquer outra pessoa que intervenha em uma das fases do tratamento obriga-se a garantir a segurança da informação prevista nesta Lei em relação aos dados pessoais, mesmo após o seu término.

Mais uma vez, faz-se menção à segurança dos dados nos padrões de boas práticas e de governança. Portanto, todo e qualquer projeto de adequação deverá contemplar a possibilidade de contratação dos terceirizados, incluindo o fluxo de dados e finalidades de compartilhamento, quando ocorrer.

> Art. 49. Os sistemas utilizados para o tratamento de dados pessoais devem ser estruturados de forma a atender aos requisitos de segurança, aos padrões de boas práticas e de governança e aos princípios gerais previstos nesta Lei e às demais normas regulamentares.

Por fim, vamos faz comentar o art. 48, que estabelece o dever de *report* ou, em português, o 'dever de notificar' os titulares de dados e a ANPD em caso de incidentes:

> Art. 48. O controlador deverá comunicar à autoridade nacional e ao titular a ocorrência de incidente de segurança que possa acarretar risco ou dano relevante aos titulares.
>
> § 1º A comunicação será feita em prazo razoável, conforme definido pela autoridade nacional, e deverá mencionar, no mínimo:
>
> I – a descrição da natureza dos dados pessoais afetados;
>
> II – as informações sobre os titulares envolvidos;
>
> III – a indicação das medidas técnicas e de segurança utilizadas para a proteção dos dados, observados os segredos comercial e industrial;
>
> IV – os riscos relacionados ao incidente;
>
> V – os motivos da demora, no caso de a comunicação não ter sido imediata; e
>
> VI – as medidas que foram ou que serão adotadas para reverter ou mitigar os efeitos do prejuízo.
>
> § 2º A autoridade nacional verificará a gravidade do incidente e poderá, caso necessário para a salvaguarda dos direitos dos titulares, determinar ao controlador a adoção de providências, tais como:
>
> I – ampla divulgação do fato em meios de comunicação; e
>
> II – medidas para reverter ou mitigar os efeitos do incidente.
>
> § 3º No juízo de gravidade do incidente, será avaliada eventual comprovação de que foram adotadas medidas técnicas adequadas que tornem os dados pessoais afetados ininteligíveis, no âmbito e nos limites técnicos de seus serviços, para terceiros não autorizados a acessá-los.

O leitor pode se perguntar o que o art. 48 tem a ver com nosso assunto voltado à terceirização. Pois bem, dizemos que muito tem a ver. Os artigos neste texto foram transcritos a fim de facilitar a absorção e provocar uma reflexão junto dos comentários destas autoras.

Vamos pensar em um exemplo prático: na ocorrência de um incidente como vazamento de dados pessoais proveniente do tratamento feito pelo operador (fornecedor/terceirizado), terá o controlador o dever de notificar a ANPD e os titulares dos dados.

Perceba também que o artigo menciona as informações mínimas que devem constar da notificação; nota-se que a maioria delas deverá ser fornecida pelo operador, tendo em vista que o controlador não terá acesso direto aos detalhes do incidente. Por esse motivo, é preciso mais uma vez atentar às cláusulas contratuais preventivas e obrigacionais, como, por exemplo, a responsabilidade em fornecer ao controlador todos os dados necessários para a comunicação à ANPD e aos titulares dos dados em caso de incidentes, incluindo a obrigação de aplicar medidas de contenção e informar sobre as medidas aplicadas.

> O exemplo acima pode ser aplicado em qualquer área, seja o operador uma empresa voltada ao marketing – como mídias digitais –, seja uma empresa de tecnologia, seja um escritório de contabilidade, seja um profissional autônomo contratado pelo controlador. Contrato deve ser como "bula de remédio" – palavras que aprendemos com a amiga Patricia Peck, muito tempo atrás.

11

IOT, INTELIGÊNCIA ARTIFICIAL E *SMART CITIES*

CRISTINA SLEIMAN, LARISSA LOTUFO E MARCOS TUPINAMBÁ

As cidades inteligentes já são uma tímida realidade em nossa sociedade; podemos encontrar, principalmente em grandes centros, diversas iniciativas como o controle inteligente de trânsito, a leitura à distância do consumo de energia elétrica ou de água, ou, ainda, a prevenção de catástrofes com sensores de índices pluviométricos e de gases subterrâneos –mesmo que funcionando de forma independente –, demonstrando que o futuro bate a nossa porta.

Contudo, antes de falarmos de cidades inteligentes, temos que falar das tecnologias que possibilitam essas inovações: a internet das coisas (IoT) e a inteligência artificial aprimorada pelo aprendizado de máquina.

11.1 PARA ONDE VAMOS (OU JÁ ESTAMOS)?

A internet das coisas (IoT) permite que o mundo fique mais conectado, inteligente, responsivo e eficaz por intermédio da interconexão dos sistemas.

Por meio da conexão entre usuário/máquina ou máquina/máquina, a IoT impacta diretamente no cotidiano das pessoas e dos negócios, modificando comportamentos, hábitos e até mesmo a qualidade de vida das pessoas, como esquematiza a Figura 14:

FIGURA 14 – Impactos da IoT no cotidiano
Fonte: PROOF, 2017.

Compreender a IoT é muito importante para os gestores, pois, de acordo com a estimativa calculada pelo estudo realizado pelo Mckinsey Global Institute, a IoT vai gerar entre 3,9 e 11,1 trilhões de dólares anuais em 2025.[1]

Isso mostra que, cada vez mais, a IoT vai fazer parte do dia a dia das empresas, seja de maneira direta com a mudança dos modelos de trabalho, na otimização de processos, seja de forma indireta por meio das alterações de perfil e comportamento dos consumidores. Essa expansão foi objeto de análise da pesquisa realizada pela Cisco Internet Business Solutions Group

---

[1] Estudo publicado em 2015 pelo McKinsey Global Institute e que avaliou mais de 150 aplicações específicas da IoT.

que apontou que a previsão para 2020 é de 50 bilhões de aparelhos conectados,[2] conforme a Figura 15:

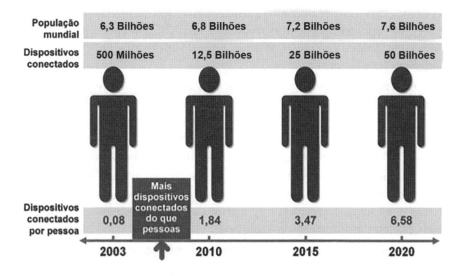

FIGURA 15 – Estimativa da expansão da IoT
Fonte: CISCO, 2011.

Apesar dos grandes avanços e facilidades que a IoT traz, alguns pontos negativos – como a extinção de empregos, diminuição de postos de trabalho e vulnerabilidades da segurança e da privacidade – precisam ser discutidos.

Isso porque todas as mudanças trazidas com a IoT impactam diretamente o processo de tomada de decisão dos gestores, já que novos indicadores vão surgindo e novas questões e preocupações surgem com eles.

Nesse contexto, a questão da segurança da informação e a privacidade são pontos de preocupação essenciais, já que essas modificações também tornam as informações, os dados e a privacidade mais vulneráveis, tendo em vista que o grau de exposição dos sistemas é bem maior nessa nova realidade.

Segundo o Internet Security Threat Report 2018 (ISTR), estudo realizado pela Symantec, houve um aumento de 600% nos ataques contra IoT

---

[2] A pesquisa da Cisco foi publicada em 2011 e considerou que a IoT "nasceu" em 2008; o estudo baseou-se nas propriedades da lei de Moore e levou em conta os conhecimentos acerca da tecnologia existentes na época, desconsiderando os avanços futuros.

entre 2016 e 2017,[3] demonstrando que a preocupação com a segurança da informação é mais do que necessária.

Nesse sentido, cabe às empresas e aos gestores adotarem políticas de segurança da informação como prioridade ao longo do desenvolvimento de projetos e produtos, pois compensa mais trabalhar de maneira preventiva e consciente do que corrigir problemas causados por situações de risco que poderiam ter sido evitadas.

Essa nova realidade deve ser associada à ética de trabalho de qualquer empresa. Foi o que demonstrou o caso da boneca "My Friend Cayla", da empresa Genesis Toy, que foi banida na Alemanha porque o brinquedo possuía um dispositivo considerado de espionagem devido à sua capacidade de coletar e transmitir informações sobre as crianças que brincavam com ele.

A boneca fazia perguntas às crianças, funcionando como uma "amiga" virtual; o problema é que o dispositivo podia receber comandos de qualquer pessoa que estivesse a menos de 10 metros da boneca, podendo ainda transmitir e coletar as informações adquiridas.[4]

Esse caso é um claro exemplo de que se as empresas não se preocuparem com a proteção da segurança da informação e da privacidade dentro da nova realidade da IoT, o crescimento do negócio será prejudicado, de maneira que os prejuízos à imagem da empresa podem ser irreversíveis.

Nesse sentido, é importante adotar alguns passos essenciais para garantir que a segurança da informação e a privacidade dos usuários sejam respeitadas e protegidas pela sua empresa dentro da inserção da IoT. Esses procedimentos independem de o negócio fornecer ou não produtos ou serviços diretamente vinculados à IoT, pois mesmo que o produto não seja tecnológico, a produção dele está inserida em um mundo em constante evolução digital e acaba sendo afetado por esse cenário.

---

[3] O estudo da Symantec analisou as atividades de mais de 175 milhões de *endpoints* localizados em 157 países, de maneira que o levantamento também apontou que houve um aumento de 13% das vulnerabilidades reportadas e crescimento de 25% de vulnerabilidades relacionadas a sistemas de controle industrial.

[4] Segundo informações da CNET Magazine, a boneca "My Friend Cayla" foi banida na Alemanha sob a alegação de os microfones inseridos na boneca são classificados como dispositivos de espionagem escondidos, o que viola as regras de privacidade do país. A U.S. Federal Trade Commission – agência de proteção ao consumidor dos EUA – também compreendeu que o brinquedo viola as regras de privacidade ao gravar conversas e transmitir os arquivos de áudio para um servidor remoto sem o consentimento dos pais. Outras reclamações dos consumidores acerca da boneca foram feitas em diversos países como França, Holanda, Bélgica, Irlanda e Noruega.

11.2 ENTENDENDO CADA TECNOLOGIA E SUAS ESPECIFICIDADES

11.2.1 IoT – *Internet of Things* (internet das coisas)

A internet das coisas é a evolução natural da miniaturização e da conectividade de pequenos sensores e atuadores que possibilitam a interação remota e até a operação autônoma de equipamentos domésticos, comerciais, industriais, de infraestrutura e governamentais.[5,6]

Neste ponto, precisamos diferenciar, para fins de exemplificação, uma casa inteligente de uma casa automatizada, para que fique clara a diferença e o que podemos esperar de tais tecnologias.

Em uma casa automatizada, conseguimos controlar remotamente diversos itens da casa, como, por exemplo: a iluminação; a abertura de um portão; a abertura da porta principal ou das persianas; o aquecimento; os alarmes da casa; e, até, a nossa cafeteira. Essa tecnologia nos ajuda a tornar o dia a dia mais simples, pois conseguimos, ao retornar do trabalho, encontrar a casa da forma que desejamos.

Já em uma casa inteligente, uma central local ou na nuvem recebe previamente os parâmetros desejados como, por exemplo, temperatura e iluminação e, por meio da leitura de sensores espalhados pela casa, mantém os padrões preestabelecidos em funcionamento. O sistema também possibilita a operação remota, porém, a grande diferença está na autonomia do sistema que, por si só, gerencia as diversas condições que os sensores devem considerar para que o ambiente doméstico esteja da forma que foi programado.

Conforme o *Gartner*: "The Internet of Things (IoT) is the network of physical objects that contain embedded technology to communicate and sense or interact with their internal states or the external environment".[5,6]

O conceito exposto apresenta uma das mais importantes características da internet das coisas: o funcionamento em rede, a interligação dos objetos e o ecossistema tecnológico.

Para o funcionamento de tais processos em curtas distâncias, são utilizadas tecnologias e protocolos como o ZigBee, WiFi, Bluetooth, BLE (Bluetooth Low Energy), também chamado Bluetooth Smart, que possibilitam a transmissão de dados com baixo consumo de energia e alta eficiência em curtas distâncias.

---

[5] GARTNER. *Gartner Glossary*. Internet of Things (iot).

[6] 'A internet das coisas é a rede de objetos físicos que contém tecnologia incorporada para comunicar e mensurar ou interagir com seus estados internos ou ambientes externos' (tradução livre).

Porém, para as questões de IoT relacionadas a cidades inteligentes, precisamos de soluções que atendam grandes áreas, possibilitando a comunicação de dados em cobertura quase universal; nesse contexto, surgem as soluções WiMAX e 5G.

O WiMAX[7] surgiu como uma aposta revolucionária, que cobriria de 6 a 9 km com altas taxas de transferência de dados, provendo acesso como um WMAN,[8] como se fosse um WiFi doméstico de ampla cobertura, chegando a ter diversos provedores operando em algumas cidades brasileiras, como Belém, Belo Horizonte, Brasília, Curitiba, Fortaleza, Goiânia, Mangaratiba, Ouro Preto, Palmas, Parintins, Porto Alegre, Recife, Rio de Janeiro, Salvador, São Luís e São Paulo.

Com o passar dos anos, grande parte das frequências destinadas originalmente ao WiMAX acabou sendo utilizada para o 4G LTE,[9] por ser essa uma tecnologia mais atrativa financeiramente, pela compatibilidade com o sistema de telefonia celular GSM.

A tecnologia não foi abandonada e é de extrema utilidade em áreas onde não haja cobertura de empresas de telefonia celular, podendo ser fornecida conectividade à internet de forma autônoma, ou seja, independentemente da vinculação ao fornecimento de outros serviços.

O 5G surge no contexto de evolução das atuais redes de telefonia celular.

Além dos ganhos de velocidade, amplamente divulgados, o grande trunfo das redes 5G será a conectividade sem fios universalizada, pois o 5G foi desenvolvido para ser flexível, podendo suportar os gigabits das conexões pessoais e até empresariais e, ao mesmo tempo, servir de transporte para aplicações que demandem pouca banda, baixa latência[10] e alta confiabilidade.

Outro elemento necessário para a difusão do 5G é a adoção plena do protocolo IPV6. O Protocolo de Internet versão 6 possibilitará, entre outras vantagens, a distribuição de endereços IP na quantidade necessária para os futuros projetos de IoT de amplo alcance, pois, diferentemente do IPV4, que suportava pouco mais de quatro bilhões de endereços,[11] o IPV6

---

[7] IEEE 802.16.
[8] *Wireless Metropolitan Area Network* – 'redes de área metropolitana sem fio', em tradução livre.
[9] *Long Term Evolution* – 'evolução de longo prazo', em tradução livre.
[10] Latência: tempo necessário entre o envio de um pacote de dados e a recepção desse pelo provedor. A velocidade real do acesso à internet depende de baixa latência e da capacidade de transferência de dados (banda).
[11] 4.294.967.296 de endereços.

suporta 340 undecilhões de endereços,[12] atribuídos de uma forma mais rápida, direta e segura.

Um bom exemplo será a aplicação das tecnologias 5G e IoT para viabilizar o automóvel autônomo, que dependerá dos dados gerados por diversos sensores no veículo e das informações proximais de outros automóveis, de informações sobre a via, de dados de trânsito em tempo real, da parte futura do trajeto e, até, do cruzamento de informações meteorológicas.

Parte dessas informações, como a dos sensores do veículo e a informação de outros automóveis próximos, será coletada e processada localmente, mas também será enviada para servidores remotos, em uma via de mão dupla com a nuvem que, após o processamento dos dados em servidores remotos, aplicando técnicas de inteligência artificial, gerará itinerários, alertas e desvios necessários para a operação do sistema, possibilitando a diminuição do trânsito, da poluição e de acidentes.

Sim, a viabilidade do carro autônomo depende da existência de uma infraestrutura robusta de processamento e transmissão de dados, sendo que a primeira parte será provida por serviços em nuvem e a segunda parte, provavelmente, por redes 5G.

Do parágrafo anterior podemos verificar que apenas a presença da ampla conectividade e da instalação maciça de sensores dos mais diferentes tipos, interligados em rede, possibilitará a existência das cidades inteligentes e de todos os componentes possíveis nesse cenário, e isso trará riscos de várias espécies à segurança das informações, das pessoas e do próprio sistema, assunto que será tratado um pouco mais à frente.

11.2.1.1 IoT – Segurança

Os dispositivos de IoT já apresentam sua utilidade atualmente – isso é inegável. Porém, com a larga adoção de recursos de monitorização, parametrização e atuação remotos, tais dispositivos se tornarão cada dia mais visados como pontos de invasão, violação de privacidade, furto de dados e outros delitos.

Vejamos o exemplo de um cassino nos Estados Unidos, que, em 2017,[13] possuía um termostato de aquário conectado à rede, sendo que esse serviu como ponte para uma invasão à rede da empresa, resultando na subtração de 10 Gb de dados, contendo informações sobre os grandes apostadores do cassino.

Ao explorarem a segurança da rede da empresa, criminosos se aproveitaram de uma falha no software do termostato para acessar os dados privados.

---

[12] 340.282.366.920.938.463.463.374.607.431.768.211.456 de endereços.
[13] LARSON, Selena. A smart fish tank left a casino vulnerable to hackers. *CNN*, 2017.

Imaginem se fossem dados médicos de um hospital ou de semáforos; o resultado poderia ser bem pior.

Por isso, deve haver um controle efetivo de todos os dispositivos na rede, um controle de atualizações, segregação de redes, e, um controle de acesso eficiente, além de uma auditoria constante de segurança, para que tais dispositivos, concebidos para evitar problemas, não se tornem parte desses problemas, pois é sabido que qualquer sistema ou produto digital pode, mesmo que muitas vezes indevidamente, ser vítima de engenharia reversa, e novas vulnerabilidades e falhas são descobertas diuturnamente.

11.2.2 Inteligência artificial

Para entendermos o funcionamento e as implicações da inteligência artificial, temos que entender que, para que um sistema computacional tome decisões ou análise cenários, primeiramente, ele precisa de dados para poder começar a trabalhar.

Esses dados devem ser suficientemente extensivos para que possam ser úteis; nesse ponto é que entra a primeira parte da lista de técnicas, procedimentos e tecnologias que tornam a inteligência artificial possível: o Big Data.

O Big Data é um conjunto massivo de dados, normalmente oriundos de diversas fontes, estruturados[14] ou não.

Os dados presentes em um sistema de Big Data passam por diversos processos para que possam ser utilizados por sistemas mais complexos e, também, para que possam gerar *insights*[15] pelo processo de extração de conhecimento – também chamado de KDD –,[16] ou até fazer parte de um processo decisório, podendo ainda, conforme a complexidade do sistema, tomar as próprias decisões.

Tendo uma quantidade de dados suficiente, um sistema pode ser treinado para realizar tarefas que desenvolvam sua acuidade nas decisões e resultados; essas técnicas são conhecidas como 'aprendizado de máquina', ou, em inglês, *machine learning*, e consistem, de uma maneira simplista, na oferta de diversas amostras e no estabelecimento lógico dos resultados que se esperam do processamento dos dados.

Quanto mais amostras e mais tentativas, a máquina vai "afinando" seus resultados e melhorando sua precisão, aprendendo, de certa forma.

---

[14] Organizados em linhas e colunas.
[15] Conclusão oriunda de padrões.
[16] *Knowledge discovery in databases.*

11.2.3 Smart cities

As cidades inteligentes são mais um conceito e um objetivo do que o nome de uma tecnologia. De forma direta, as *smart cities* são a junção de diversos sensores e coletores de dados conectados em rede para otimização de recursos e melhoria de serviços.

O termo é aplicado ao emprego de tecnologias na melhoria de infraestruturas e serviços, sendo considerado tão importante que, em países mais avançados, já foi inserido em agendas públicas de gestão.

Podemos ter, como exemplos de aplicações já previstas dessas inovações, o controle e o monitoramento, entre outros:

- → de distribuição de energia;
- → de distribuição de água;
- → de distribuição de gás encanado;
- → de tráfego e de carros autônomos;
- → da logística de transportes públicos;
- → do despacho e da localização de carros de polícia, bombeiros e de atendimento médico;
- → de prontuários médicos centralizados;
- → de iluminação pública;
- → de locais sujeitos a riscos de incêndio, desabamento e inundação;
- → de câmeras e sistemas de segurança e vigilância;
- → de efemérides meteorológicas ou eventos meteorológicos não previsíveis;
- → de telecomunicações;
- → da própria infraestrutura digital da cidade.

Diversas cidades do mundo têm parte da sua infraestrutura digitalizada, porém, em conceito, o almejado nas *smart cities* é a plena conexão, em busca de excelência, otimização e continuidade dos serviços, da economia de recursos públicos, de conforto, proteção e segurança do cidadão.

11.2.3.1 Smart cities – *segurança da informação, privacidade e continuidade dos negócios*

No caso de cidades inteligentes, a questão de segurança se torna mais séria, pois, com tantos pontos nevrálgicos sobre gestão digital, os responsáveis por tais serviços devem contratar pessoal técnico altamente especializado, realizar auditorias de segurança e verificar os códigos dos sistemas para prevenir a existência de *backdoors*[17] ou o vazamento de dados, além de monitorar acessos e a utilização dos recursos, bem como, com técnicas de inteligência artificial, monitorar anomalias nos serviços.

Um bom exemplo é o noticiado no começo de 2020,[18] em que um homem carregando um carrinho com 99 celulares conectados ao serviço "Google Maps", enganou o serviço, causando um congestionamento fictício nas telas dos celulares que visualizaram aquela região no momento da passagem do homem – com o detalhe de que foram fotografados os momentos da passagem do autor do experimento e que as ruas estavam praticamente vazias. Por isso, os sistemas devem contar com detecções inteligentes de anomalias em seus sistemas; devem também ter um rigoroso plano de respostas a incidentes e recuperação de desastres presente e revisado periodicamente.

Além disso, precisam atentar para a adoção preferencial de padrões abertos, para evitar que se tornem "reféns" de fornecedores. Explicando melhor, podemos dizer que o mundo das soluções padronizadas tem duas possibilidades: o padrão proprietário, que está vinculado a um fornecedor e que força a compra futura de equipamentos complementares e peças de reposição da mesma marca do fabricante/fornecedor primário; e, o padrão aberto, em que diversos fabricantes fornecem o mesmo produto seguindo protocolos ou especificações de um consórcio, de uma associação ou de um órgão que estabelece os preceitos técnicos. Mesmo tendo um valor de aquisição menor em um momento inicial, muitas vezes, equipamentos de padrões fechados se tornam mais caros durante o ciclo total de vida do produto ou em momentos de expansão e interligação de serviços, fato que deve ser observado no momento da realização dos editais de compras públicas.

Ainda sobre esse tema, as autoridades públicas devem atentar, no momento de realizarem contratações, concessões ou parcerias público-privadas, para a questão do acesso indevido e da revenda de dados gerados pelos serviços. Mesmo que anonimizados, em virtude da quantidade "gigante" de informações que tais sistemas geram, o conjunto daquelas pode ser cruzado, gerando a quebra do anonimato dos dados.

Por esse motivo, todo contrato celebrado entre o poder público e a iniciativa privada deve possuir uma cláusula sobre o uso dos dados e, se permitida alguma forma de utilização ou comercialização que fuja do escopo original

---

[17] "Porta dos fundos" – acesso não monitorado e não documentado. Geralmente utilizado para atividades escusas ou impublicáveis.

[18] Disponível em: <https://www.wired.com/story/99-phones-fake-google-maps-traffic-jam/>.

e das finalidades do projeto, que seja ao menos submetida a um conselho de ética e privacidade, que deverá registrar e aprovar, ou, negar o uso das informações coletadas.

11.2.3.2 Riscos da IoT, smart cities e inteligência artificial

As tecnologias de IoT, *smart cities* e inteligência artificial em si são encantadoras, porém, certos cuidados devem ser tomados para que sejam seguramente aplicadas, como veremos nos exemplos à frente, mas lembre-se: a existência de riscos não deve eliminar os projetos ou ideias, e sim ajudar a moldar as práticas e soluções no caminho correto, lícito e seguro juridicamente.

11.2.4 *Machine learning* – reprodução de preconceitos e injustiças sociais

Como vimos acima, as máquinas aprendem com base nas amostras de dados a que são expostas e, aí, reside certo risco. Em 2016,[19] o Tay, um robô de inteligência artificial para interação em redes sociais, desenvolvido pela Microsoft, saiu do ar após um dia de contato com a humanidade, pois a inteligência artificial reproduziu o conteúdo e as ideias aos quais foi exposta naquele breve período, apresentando comportamento racista e misógino.

Outras tantas experiências apontam resultados semelhantes, o que é óbvio, pois é decorrente do treinamento que a máquina recebe. A qualidade das amostras e a curadoria dos resultados é uma parte importante para a criação de inteligências artificiais que não reproduzam o que há de pior na humanidade.

11.2.4.1 Machine learning – *Perda de controle*

Um experimento de inteligência artificial liderado pelo Facebook, em 2017,[20] em que duas máquinas interagiam entre si buscando "acordos mutuamente benéficos", simulando negociações, resultou em uma conversa desenvolvida em uma linguagem própria, mas plenamente lógica para as máquinas envolvidas.

Lembremos que, em matéria de *machine learning*, uma parte do processo é o aperfeiçoamento dos resultados, e as máquinas não foram instruídas nem vislumbraram vantagens em se comunicar em inglês; logo, abandonaram essa língua para conversar de uma forma mais produtiva quanto aos resultados

---

[19] VEJA. Exposto à internet, robô da Microsoft vira racista em 1 dia. *Veja*, 2016.
[20] SUMARES, Gustavo. Facebook desativa inteligência artificial que criou linguagem própria. *Olhar Digital*, 2017.

esperados. Por mais cômico que possa ser tal caso, é sempre importante que os resultados decorrentes de processos automatizados de decisão ou de *insights* possam ter sua lógica auditada, para que o mundo possa continuar a ser governado por seres humanos, visto que máquinas não têm sentimentos, mesmo que possam emular tais processos.

Um adendo importante a esse item é que, em decorrência da LGPD,[21] tal recomendação tornou-se obrigatória, como podemos verificar na leitura abaixo:

> Art. 20. O titular dos dados tem direito a solicitar a revisão de decisões tomadas unicamente com base em tratamento automatizado de dados pessoais que afetem seus interesses, incluídas as decisões destinadas a definir o seu perfil pessoal, profissional, de consumo e de crédito ou os aspectos de sua personalidade. (Redação dada pela Lei nº 13.853, de 2019)
>
> § 1º O controlador deverá fornecer, sempre que solicitadas, informações claras e adequadas a respeito dos critérios e dos procedimentos utilizados para a decisão automatizada, observados os segredos comercial e industrial.
>
> § 2º Em caso de não oferecimento de informações de que trata o § 1º deste artigo baseado na observância de segredo comercial e industrial, a autoridade nacional poderá realizar auditoria para verificação de aspectos discriminatórios em tratamento automatizado de dados pessoais.

11.3 ASPECTOS E CONSIDERAÇÕES JURÍDICAS ACERCA DAS NOVAS TECNOLOGIAS

Em todos os casos apresentados existem aspectos jurídicos que devem ser considerados. Primeiramente, o Brasil segue uma evolução tecnológica em prazo razoável; embora algumas vezes um pouco tardia, podemos observar que a legislação tenta acompanhar a modernização.

Apesar de existir a busca pela evolução legislativa, por certo não será possível alcançar os anseios com a rapidez dos avanços tecnológicos; isto porque o processo de aprovação legislativa deve ser pautado em segurança, estudos, pesquisas e debates, antes de se chegar a uma decisão final.

Qualquer lei feita às pressas e sem o devido embasamento pode colocar em risco uma nação, no âmbito econômico, financeiro, comercial e, até mesmo, nas relações internacionais.

---

[21] BRASIL. Lei 13.709, de 14 de agosto de 2018.

Isto posto, podemos dizer que o Brasil está no processo de evolução jurídica e, neste período de crescimento da própria sociedade, não há como deixar de legislar sobre as relações virtuais – pessoais, comerciais ou empresariais.

Nesse contexto, contamos com a proteção da Carta Magna – Constituição Federal – na proteção à privacidade e aos direitos humanos; do Código Civil, que preceitua direitos e deveres; do Código Penal, que estabelece tipos penais e as devidas sanções; da Lei de Crimes Informáticos; do Código de Defesa do Consumidor – e, posteriormente, do Decreto do *E-commerce* que veio para regulamentar o comércio eletrônico –; do Marco Civil da Internet, que preceitua direitos e deveres relacionados ao uso da internet; e, por fim, da Lei Geral de Proteção de Dados Pessoais, sancionada em 2018.

Percebam que o desenvolvimento e o uso das tecnologias não estão livres de responsabilidades – pela pessoa física ou jurídica.

Vamos tentar contextualizar e exemplificar as hipóteses tratadas anteriormente neste texto.

No contexto de todas as tecnologias que foram mencionadas e considerando "dados e informação", podemos mencionar que muitos dispositivos IoT são projetados para operar em uma variedade de frequências, conforme mencionado. Além disso, poderiam fazer capturas de dados não informadas, com transferências indevidas de informações em conexões ilícitas?

Os desafios desse tema não estão apenas em sua funcionalidade, mas em toda sua estrutura de funcionamento, o que reflete, inclusive, na Segurança da Informação referente aos dados que trafegam decorrente dessas conexões.

Os desafios desse tema não estão apenas na sua funcionalidade, mas em toda a sua estrutura de funcionamento, o que reflete, inclusive, na segurança da informação referente aos dados que trafegam em virtude dessas conexões.

Em outros países, utiliza-se termo *kill switch* – um mecanismo orientado por banco de dados que permite aos reguladores forçar a desconexão de dispositivos IoT ofensivos.[22] Nesse sentido, como garantir a eficiência do IoT sem que haja interferências em outros contextos legais? Utilizando-se de conexões paralelas, não estaria incorrendo em maior risco de um ataque/invasão?

Então, podemos mencionar desafios diversos, como, por exemplo, a responsabilidade civil por danos causados por máquinas. Estendendo-se também o assunto à inteligência artificial, quem seria o responsável por um acidente decorrente de um carro autônomo? Quem seria o responsável pelos dispositivos conectados entre si e que causam danos a terceiros?

---

[22] WOMBLE BOND DICKISON. Smart cities need smart laws, 2016.

Por certo ainda se discute, na tentativa de livrar os fabricantes, com intuito de defender o desenvolvimento tecnológico. A justificativa é de que responsabilizar os fabricantes seria um fator inibitório para novos investimentos. Mas fato é que não podemos viver em sociedade sem que haja responsabilização pelos danos causados – ao mesmo tempo, seria um incentivo à irresponsabilidade.

Não podemos esquecer que a autonomia das máquinas é uma autonomia tecnológica e não humana, de forma que é proveniente de combinações de algoritmos fornecidos ao sistema.

Existe, em diversos países, a discussão sobre criar uma personalidade para o chamado "robô", ou melhor, para a IA, uma vez que esta aprende teoricamente, ou, conforme argumentado por muitas pessoas, "sozinha".

Ainda que não seja tão simples quanto argumentar, sempre haverá humanos por trás da máquina e talvez o maior desafio, nesse caso, seja a codificação, portanto, a programação, de forma a direcionar o aprendizado das máquinas para questões lícitas, como, por exemplo, não utilização de soluções discriminatórias.

Entretanto, existe um contexto que traz mais complexibilidade às discussões, no exemplo do carro autônomo: quem seria o responsável pela decisão de uma situação de risco ou perigo eminente. Vamos a um exemplo concreto: ao se deparar com um pedestre e um desvio por uma ponte quebrada ou a colisão com outro veículo, qual seria a decisão da máquina e qual seria a decisão do humano?

No que concerne ao ser humano, não existe uma padronização de decisões. Cada qual tem seus valores, seus medos, seus anseios e crenças que definem cada ser; por isso, somos únicos, com crenças positivas ou negativas. Há quem prefira morrer a matar e há quem prefira matar a morrer.

A máquina, por sua vez, como mencionado anteriormente, depende da codificação que lhe é imposta, portanto, da união de algarismos que lhe ditem as regras e, sejamos práticos: o novo aprendizado depende dos algoritmos iniciais que lhe foram fornecidos, ou seja, dos comandos iniciais.

Então, quem seria o responsável?

Quando se trata de relação de consumo, há previsão expressa na lei; no entanto, as dúvidas ainda pairam, tendo em vista a complexidade, principalmente, no tocante ao aprendizado da máquina. Vejamos as transcrições abaixo referentes ao Código de Defesa do Consumidor:

> Art. 12. O fabricante, o produtor, o construtor, nacional ou estrangeiro, e o importador respondem, independentemente da existência de culpa, pela reparação dos danos causados aos consumidores por

defeitos decorrentes de projeto, fabricação, construção, montagem, fórmulas, manipulação, apresentação ou acondicionamento de seus produtos, bem como por informações insuficientes ou inadequadas sobre sua utilização e riscos.

§ 1º O produto é defeituoso quando não oferece a segurança que dele legitimamente se espera, levando-se em consideração as circunstâncias relevantes, entre as quais:

I – sua apresentação;

II – o uso e os riscos que razoavelmente dele se esperam;

III – a época em que foi colocado em circulação.

§ 2º O produto não é considerado defeituoso pelo fato de outro de melhor qualidade ter sido colocado no mercado.

§ 3º O fabricante, o construtor, o produtor ou importador só não será responsabilizado quando provar:

I – que não colocou o produto no mercado;

II – que, embora haja colocado o produto no mercado, o defeito inexiste;

III – a culpa exclusiva do consumidor ou de terceiro.

O dispositivo vai além, pois responsabiliza também o comerciante; trata-se da responsabilidade subsidiária, ou seja, se o fabricante não puder ser identificado, mas com a garantia do direito de regresso contra aquele que deu causa.

Art. 13. O comerciante é igualmente responsável, nos termos do artigo anterior, quando:

I – o fabricante, o construtor, o produtor ou o importador não puderem ser identificados;

II – o produto for fornecido sem identificação clara do seu fabricante, produtor, construtor ou importador;

III – não conservar adequadamente os produtos perecíveis.

Parágrafo único. Aquele que efetivar o pagamento ao prejudicado poderá exercer o direito de regresso contra os demais responsáveis, segundo sua participação na causação do evento danoso.

No art. 14 encontramos a responsabilidade do fornecedor de serviços:

Art. 14. O fornecedor de serviços responde, independentemente da existência de culpa, pela reparação dos danos causados aos consumidores por defeitos relativos à prestação dos serviços, bem como por informações insuficientes ou inadequadas sobre sua fruição e riscos.

§ 1º O serviço é defeituoso quando não fornece a segurança que o consumidor dele pode esperar, levando-se em consideração as circunstâncias relevantes, entre as quais:

I – o modo de seu fornecimento;

II – o resultado e os riscos que razoavelmente dele se esperam;

III – a época em que foi fornecido.

§ 2º O serviço não é considerado defeituoso pela adoção de novas técnicas.

§ 3º O fornecedor de serviços só não será responsabilizado quando provar:

I – que, tendo prestado o serviço, o defeito inexiste;

II – a culpa exclusiva do consumidor ou de terceiro.

§ 4º A responsabilidade pessoal dos profissionais liberais será apurada mediante a verificação de culpa.

[...]

Art. 17. Para os efeitos desta Seção, equiparam-se aos consumidores todas as vítimas do evento.

Contudo, nem sempre as questões de responsabilidade são provenientes de uma relação de consumo, assim como nas cidades inteligentes.

Além disso, podemos mencionar duas hipóteses como exemplos da complexidade: (1) o aprendizado veio de fábrica; e (2) o aprendizado foi inserido pelo seu proprietário; e percebam a diferença: usamos a palavra "inserido", de forma que não se trata de aprendizado autônomo, em que a máquina aprende com as atitudes do seu proprietário. No primeiro caso, sendo o aprendizado proveniente de fábrica, poderia ser entendido como de responsabilidade do fabricante, e, tendo sido inserido pelo proprietário, este último responderia por suas decisões.

E se a máquina aprende com as atitudes de seu proprietário, como, por exemplo, uma pessoa que tem por hábito passar em sinal fechado, arriscar em ultrapassagens e, até mesmo, passar os limites de velocidade, como ficaria esse aprendizado? Seria obrigação do fabricante programá-la para não praticar infrações? Seria sua responsabilidade programá-la para que todas as decisões fossem baseadas na importância de salvar uma ou mais vidas?

Percebam que, mesmo para o ser humano, as decisões são complexas; porém, para a máquina, não haverá dilema: ela vai executar friamente seus comandos.

Existem outros desafios jurídicos ligados diretamente à segurança da informação, como, por exemplo: haveria responsabilidade do fabricante no tocante à invasão do sistema desse mesmo carro autônomo? E se for um sistema conectado (IoT) relacionado à saúde? Trazendo mais subsídios para esta discussão, como seria o embate jurídico se dessa invasão decorresse a morte de terceiros? E se a ocorrência fosse devida a um defeito do sistema e não da invasão?

Percebam que os cenários mudam e cada hipótese pode ensejar entendimentos e resultados diferentes.

11.3.1 Proteção de dados pessoais

Os desafios não param por aqui, pois não podemos deixar de mencionar aqueles relacionados à proteção de dados pessoais: propriedade, tratamento, uso e segurança de dados gerados por IA e dispositivos IoT; e, infraestrutura de cidades inteligentes.

Por certo serão coletados e armazenados dados sobre localização individual, atividades e, até mesmo, informações pessoais íntimas. E, nesse contexto, quem será o responsável?

No Brasil, em 2018, foi sancionada a Lei Geral de Proteção de Dados Pessoais (Lei 13.709/2018), que preceitua direitos para os titulares e deveres para as empresas. Na prática, a nova lei é totalmente protetiva ao titular, no modelo do Código de Defesa do Consumidor; portanto, é preciso muita cautela, pois qualquer erro ou descuido pode custar muito caro, vez que a respectiva Lei prevê sanções que podem chegar à multa de 2% do faturamento do ano anterior, no limite de 50 milhões de reais por infração.

Trata-se de um movimento mundial e a lei brasileira segue o modelo e a inspiração da GDPR (General Data Protection Regulation), lei proveniente da União Europeia.

Mais uma vez, vamos tentar contextualizar, de acordo com os exemplos mencionados anteriormente. Vamos imaginar que um carro autônomo tenha seu sistema invadido e, neste, seja possível ter acesso a informações relacionadas à vida pessoal de seu proprietário, bem como de sua família.

Obviamente, vai depender do tipo de dados que ficam armazenados no dispositivo, ou mesmo servidor, pois, tecnicamente, pode haver um armazenamento local ou em nuvem.

A questão está relacionada a dados pessoais, e dados pessoais sensíveis, então, por exemplo: se o sistema armazenar não apenas dados de geolocalização, rotas frequentes, local de trabalho, mas também dados sobre tipo sanguíneo – ainda que para a finalidade nobre de salvaguarda da vida –, estará armazenando dados que, além de possivelmente identificar seu titular, representam uma grave ameaça se caírem em mãos de terceiros mal-intencionados; afinal, rotas frequentes podem facilitar um sequestro.

O vazamento desses dados pode se dar de várias formas e não apenas por invasão do sistema, como, por exemplo: acesso não autorizado de funcionários/colaboradores ou de terceirizados, ou, ainda que seja autorizado, não incidência das ações de SI necessárias, falta de cuidado, compartilhamento e, até, "fofoca" entre colegas.

Embora o foco deste artigo não seja a LGPD, mister se faz tecer alguns comentários a ela, e vamos iniciar com o desafio da adequação às bases legais. A lei traz, nos arts. 7º (Dados Pessoais) e 11 (Dados Pessoais Sensíveis), as bases legais que justificam o tratamento de dados no Brasil, quais sejam:

> Art. 7º O tratamento de dados pessoais somente poderá ser realizado nas seguintes hipóteses:
>
> I – mediante o fornecimento de consentimento pelo titular;
>
> II – para o cumprimento de obrigação legal ou regulatória pelo controlador;
>
> III – pela administração pública, para o tratamento e uso compartilhado de dados necessários à execução de políticas públicas previstas em leis e regulamentos ou respaldadas em contratos, convênios ou instrumentos congêneres, observadas as disposições do Capítulo IV desta Lei;
>
> IV – para a realização de estudos por órgão de pesquisa, garantida, sempre que possível, a anonimização dos dados pessoais;
>
> V – quando necessário para a execução de contrato ou de procedimentos preliminares relacionados a contrato do qual seja parte o titular, a pedido do titular dos dados;
>
> VI – para o exercício regular de direitos em processo judicial, administrativo ou arbitral, esse último nos termos da Lei nº 9.307, de 23 de setembro de 1996 (Lei de Arbitragem);
>
> VII – para a proteção da vida ou da incolumidade física do titular ou de terceiro;
>
> VIII – para a tutela da saúde, exclusivamente, em procedimento realizado por profissionais de saúde, serviços de saúde ou autoridade sanitária;
>
> IX – quando necessário para atender aos interesses legítimos do controlador ou de terceiro, exceto no caso de prevalecerem direitos e liberdades fundamentais do titular que exijam a proteção dos dados pessoais; ou
>
> X – para a proteção do crédito, inclusive quanto ao disposto na legislação pertinente.

[...]

Art. 11. O tratamento de dados pessoais sensíveis somente poderá ocorrer nas seguintes hipóteses:

I – quando o titular ou seu responsável legal consentir, de forma específica e destacada, para finalidades específicas;

II – sem fornecimento de consentimento do titular, nas hipóteses em que for indispensável para:

a) cumprimento de obrigação legal ou regulatória pelo controlador;

b) tratamento compartilhado de dados necessários à execução, pela administração pública, de políticas públicas previstas em leis ou regulamentos;

c) realização de estudos por órgão de pesquisa, garantida, sempre que possível, a anonimização dos dados pessoais sensíveis;

d) exercício regular de direitos, inclusive em contrato e em processo judicial, administrativo e arbitral, este último nos termos da Lei nº 9.307, de 23 de setembro de 1996 (Lei de Arbitragem);

e) proteção da vida ou da incolumidade física do titular ou de terceiro;

f) tutela da saúde, exclusivamente, em procedimento realizado por profissionais de saúde, serviços de saúde ou autoridade sanitária; ou

g) garantia da prevenção à fraude e à segurança do titular, nos processos de identificação e autenticação de cadastro em sistemas eletrônicos, resguardados os direitos mencionados no art. 9º desta Lei e exceto no caso de prevalecerem direitos e liberdades fundamentais do titular que exijam a proteção dos dados pessoais.[23]

Percebam que quando falamos em cidades inteligentes, IoT, IA, todo e qualquer recurso terá que considerar a proteção dos dados pessoais, bem como as regras de tratamento; portanto, podemos observar dois atores: empresas públicas e empresas privadas.

Assim, há perguntas básicas a serem feitas:

1. Quais dados serão coletados?
2. Para qual finalidade?
3. Existe previsão de uma segunda finalidade ainda que futura?
4. Qual a base legal de enquadramento?

---

[23] Disponível em: <http://www.planalto.gov.br/ccivil_03/_ato2015-2018/2018/lei/L13709.htm>. Acesso em: 5 ago. 2020.

5. Será necessário o consentimento?
6. Por quanto tempo será necessário guardar?
7. É possível aplicar anonimização?
8. Quais requisitos de SI devem ser aplicados?

As perguntas não acabam por aqui; trata-se apenas de uma lista exemplificativa do que será preciso saber. Vamos aos exemplos práticos: um projeto de monitoramento de tráfego que prevê a contagem da quantidade de carros a passar em determinado logradouro, e, a identificação das placas de cada carro que passa por ali a fim de levantamento estatístico da rotatividade/diversidade de pessoas a passarem pelo local.

Nos casos acima, temos duas finalidades nítidas: monitoramento de tráfego, que poderia ser feito pela simples contagem de veículos, portanto, dados que não identificariam os proprietários dos carros e, consequentemente, não se aplicaria a LGPD; mas a segunda finalidade, que prevê a coleta de dados das placas dos veículos, por sua vez, identificaria os proprietários, tratando-se de dados pessoais sensíveis. Nesse caso, o que justificaria a respectiva identificação no contexto de políticas públicas? Seria possível? Em caso positivo, bastaria a informação prévia aos titulares; mas, em caso negativo, ainda que coletado por uma entidade pública, seria necessário o consentimento.

Além disso, no quesito segurança, vale mencionar os arts. 46 e 47 da respectiva Lei:

> Art. 46. Os agentes de tratamento devem adotar medidas de segurança, técnicas e administrativas aptas a proteger os dados pessoais de acessos não autorizados e de situações acidentais ou ilícitas de destruição, perda, alteração, comunicação ou qualquer forma de tratamento inadequado ou ilícito.
>
> § 1º A autoridade nacional poderá dispor sobre padrões técnicos mínimos para tornar aplicável o disposto no *caput* deste artigo, considerados a natureza das informações tratadas, as características específicas do tratamento e o estado atual da tecnologia, especialmente no caso de dados pessoais sensíveis, assim como os princípios previstos no *caput* do art. 6º desta Lei.
>
> § 2º As medidas de que trata o *caput* deste artigo deverão ser observadas desde a fase de concepção do produto ou do serviço até a sua execução.
>
> Art. 47. Os agentes de tratamento ou qualquer outra pessoa que intervenha em uma das fases do tratamento obriga-se a garantir a segurança

da informação prevista nesta Lei em relação aos dados pessoais, mesmo após o seu término.

A LGPD não deixou de tratar da necessidade de assegurar os dados pessoais; portanto, é dever de toda e qualquer empresa promover ações e implementar requisitos técnicos aceitáveis de SI.

O desafio está nos requisitos técnicos aceitáveis, pois a lei não determina com clareza o que deve ser feito; apenas estabelece a obrigação em relação à proteção, inclusive de toda e qualquer pessoa que tenha contato com os dados, portanto, estabelece também obrigação dos colaboradores que tenham acesso aos dados pessoais sensíveis.

Por certo, a ANPD – Autoridade Nacional de Proteção de Dados Pessoais –, quando devidamente constituída e em funcionamento, deverá deliberar sobre os requisitos técnicos aceitáveis, mas, até lá, como se proteger?

Enquanto não houver um direcionador específico, a solução é atender às boas práticas mundiais, provenientes e estabelecidas na família ISO 27000 (27001 e 27002). A propósito, foi lançada recentemente a ISO 27701, específica para a gestão da privacidade da informação, que faz menção direta à GDPR, sendo que a adequação à legislação da União Europeia é um caminho prático para a adequação à LGPD.

Cabe ressaltar que o dispositivo acima transposto, qual seja, art. 46, § 2º, prevê o chamado *Privacy by Design*, que pressupõe aplicação das medidas de segurança e, portanto, a preocupação com a proteção de dados pessoais desde a concepção de qualquer projeto, tratando de medidas protetivas que objetivam evitar qualquer incidente relacionado a dados pessoais e, consequentemente, eventuais danos a seus titulares.

Na premissa do *Privacy by Design*, todo e qualquer projeto relacionado a IoT, IA e cidades inteligentes deve considerar a proteção, a segurança e a adequação aos requisitos de lei.

O desafio não é apenas no Brasil; conforme mencionado anteriormente, existem outros países que já possuem leis voltadas à proteção de dados pessoais, portanto, a adequação à GDPR é uma realidade para muitas empresas brasileiras que possuem relação jurídica com empresas da União Europeia envolvendo tratamento de dados pessoais.

Tanto a LGPD como a GDPR têm a previsão de relatório de impacto, diferenciando-se entre ambas as hipóteses de sua obrigatoriedade. Na lei brasileira, a ANPD poderá solicitar um DPIA (*Data Protection Impact Assessment*) para o controlador, no caso, a empresa ou órgão que toma as decisões de tratamento dos dados e, principalmente, quando os dados forem tratados com base no legítimo interesse; no entanto, ainda que não haja uma previsão de obrigatoriedade para as demais hipóteses de utilização, o DPIA acaba por ser um instrumento de gestão de risco e pode ser um forte aliado para tomada de decisões e delimitação das coordenadas de qualquer projeto.

Assim preceitua a LGPD:

> Art. 37. O controlador e o operador devem manter registro das operações de tratamento de dados pessoais que realizarem, especialmente quando baseado no legítimo interesse.
>
> Art. 38. A autoridade nacional poderá determinar ao controlador que elabore relatório de impacto à proteção de dados pessoais, inclusive de dados sensíveis, referente a suas operações de tratamento de dados, nos termos de regulamento, observados os segredos comercial e industrial.
>
> Parágrafo único. Observado o disposto no *caput* deste artigo, o relatório deverá conter, no mínimo, a descrição dos tipos de dados coletados, a metodologia utilizada para a coleta e para a garantia da segurança das informações e a análise do controlador com relação a medidas, salvaguardas e mecanismos de mitigação de risco adotados.

Percebam que, além do DPIA, a lei determina expressamente a necessidade de registros das operações e, de fato, serão de extrema valia, pois se trata de prova eletrônica das transações, de forma que, ainda que não houvesse uma previsão legal, seu armazenamento seria indicado para fins de comprovação do efetivo tratamento de acordo com o estabelecido em lei.

Trazendo essa necessidade aos projetos de IoT, IA e cidades inteligentes, temos um impacto, não apenas de armazenamento, mas de rastreabilidade e trilha de auditoria. Por fim, o levantamento do fluxo de dados é essencial para qualquer um dos casos.

11.4 CUIDADOS EM SEGURANÇA GERAIS EM IOT, IA E *SMART CITIES*

O primeiro passo para aplicar procedimentos de segurança na internet da sua empresa é compreender a realidade de seu negócio. Thomas Parenty[24] –

---

[24] Thomas J. Parenty é especialista em segurança da informação e autor do livro *Digital defense*.

especialista em segurança da informação – aponta que se deve analisar o período de atividade, a localização e a escala de limitações das atividades da empresa; junto a isso, algumas perguntas simples devem ser elencadas e respondidas: (i) onde as atividades são realizadas?; (ii) quem participa de cada atividade?; (iii) onde essas atividades podem ser realizadas em caso de necessidade de mudança?

Com as respostas a essas perguntas, a sua empresa passa a quantificar a escala – local, regional, nacional ou global – e os impactos das atividades que desenvolve, quantas pessoas são envolvidas em cada atividade e quais as limitações que possui.

Da mesma forma, essas respostas contribuem na autoanálise de sua empresa acerca da qualidade de segurança que possui em relação ao uso da internet e do quanto o uso da rede impacta a produção de seu negócio.

Tais conhecimentos estimulam os gestores de segurança da informação a fazer análises gerais e particulares acerca da realidade e se perguntar se é preciso melhorar algum procedimento ou só promover a manutenção do processo.

Outras dicas valiosas acerca dos procedimentos de segurança da informação e de proteção da privacidade dentro da realidade corporativa envolvem as escolhas e os investimentos realizados pela empresa.

Por isso, antes de comprar qualquer produto, é preciso analisar: esse produto é de qualidade? O fabricante adotou critérios de segurança suficientes para fazer parte do meu processo? O produto tem capacidade de acompanhar as minhas necessidades de segurança no cotidiano? Possui atualizações constantes e acessíveis?

É dentro desse cenário que a empresa deve pensar em economia de gastos e cortes no orçamento, pois de nada adianta comprar um produto barato, que não seja suficiente para as necessidades da empresa e que, dentro de alguns meses ou mesmo anos, precisará ser substituído às pressas porque causou um impacto – muitas vezes desnecessário e evitável – dentro da cadeia de produção da empresa.

A empresa também precisa pensar que a segurança é sempre efetuada em dois níveis na IoT: é preciso verificar a segurança do dispositivo, e, a segurança da ferramenta/espaço que coleta os dados gerados pelo dispositivo, de maneira que esse processo de verificação deve ser realizado por meio de mecanismos ou empresas especializadas nesse tipo de segurança (Figura 16).

FIGURA 16 – Verificação da segurança em dois níveis na IoT
Fonte: GEMALTO, 2018.

Após analisar, escolher e aplicar as ferramentas necessárias à cadeia de produção, o próximo passo é garantir que os colaboradores da empresa estejam conscientes da importância da segurança e da privacidade no dia a dia de trabalho, pois, de nada adianta a sua empresa investir em dispositivos de alta qualidade se os funcionários utilizarem esses dispositivos de maneira insegura ou de forma que o sistema interno fique exposto a vulnerabilidades que vão além do risco calculado.

Nesse contexto, alguns comportamentos devem ser sempre reforçados:

→ mantenha os sistemas sempre atualizados para tornar a proteção contra ataques e invasões mais eficiente;

→ instrua os funcionários a criar senhas complexas, que combinem letras maiúsculas e minúsculas, números e símbolos em sua composição. Além disso, é importante criar senhas diferentes para diferentes tipos de acesso a serviços na internet e, também, que as senhas sejam renovadas a cada três ou seis meses, a depender da intensidade do uso da internet nos processos internos;

→ adote a postura de realizar *backups* constantes para evitar perdas e ter um plano B em caso de ataques/invasões.[25] Esses *backups* podem ser feitos em HD externo ou na nuvem; de qualquer maneira, adotar procedimentos de encriptação e utilizar um servidor com múltiplos fatores de autenticação são itens essenciais;

→ adote procedimentos de análise interna para a verificação da segurança dos *e-mails*; embora não seja possível banir o contato por *e-mail*, ele pode ser realizado de maneira mais consciente, evitando invasões e ataques por meio de *phishing*;

→ instale extensões de proteção a *malwares* – *adblock*, por exemplo – nos navegadores utilizados pelos funcionários.

Com a adoção desses procedimentos simples e o estímulo à conscientização dentro do ambiente empresarial, a IoT pode ser uma realidade segura e eficaz, que não só agiliza os procedimentos empresariais, como também encurta distâncias e promove a conexão da sua empresa ao contexto global digital.

---

[25] Em 2017, diversas empresas sofreram ataques de *ransomwares* que "sequestravam" seus dados e só os liberavam após o pagamento de uma taxa de resgate; todavia, nem todas as empresas receberam as suas informações de volta, o que causou impactos enormes dentro da cadeia de produção do negócio. Pensando nisso, a manutenção de *backups* constantes é muito importante para garantir que a sua empresa continue em pleno funcionamento, independentemente do cenário.

12

SECURITY BY INFORMATION,
UM ENSAIO SOBRE O FUTURO

Marcos Sêmola[1]

12.1 SEGURANÇA DIGITAL NA SOCIEDADE DA INFORMAÇÃO LÍQUIDA

A própria INFORMAÇÃO é o novo e último perímetro de proteção.

A obsessão e a capacidade de manter segredos têm direcionado o rumo de guerras, monarquias e influenciado a vida em sociedade desde o Egito antigo. A ciência do sigilo vem transformando a forma com que percebemos e garantimos a privacidade e a proteção dos dados. Como testemunha do progresso tecnológico recente e das práticas de segurança da informação em uma fração da história representada por pouco menos de três décadas, parece evidente a exponencial relação de dependência entre a sociedade e a informação nessa nova Economia Digital.

Não é preciso recorrer às estatísticas que mapeiam as pegadas digitais dos cidadãos do mundo para reconhecermos o volume com que estamos produzindo informação digitalizada, e a aceleração do processo de virtualização dos serviços que consumimos.

Uma breve análise sobre nossos próprios comportamentos produzirá evidências convincentes. Não telefonamos mais para as pessoas; não escrevemos mais cartas; não nos deslocamos mais a uma loja ou a uma repartição pública; não assinamos mais tantos contratos em papel; não entrevistamos

---

[1] Texto originalmente publicado no Linkedin do autor. Foram feitas atualizações e adições de conteúdo. Fonte: https://www.linkedin.com/pulse/seguran%C3%A7a-da-informa%C3%A7%C3%A3o-l%C3%ADquida-marcos-s%C3%AAmola/?articleId=6611429223200505856. Acesso em: 24 set. 2020.

mais os candidatos encontrando-os pessoalmente; e quase não pagamos mais as despesas corriqueiras com dinheiro em espécie. Em vez disso, passamos a redigir *e-mails*; a enviar mensagens instantâneas de texto e voz; a comprar tudo no *e-commerce*; a assinar documentos pela internet; a estabelecer contato humano por videoconferência; e a realizar transações financeiras quase sem atrito por intermédio dos dispositivos móveis.

Onde há pouco só se via matéria sob a forma de papel, caneta, aperto de mão e "olho no olho", agora se vê máquina, programa de computador, rede e assinatura eletrônica.

As possibilidades proporcionadas pela tecnologia aplicada são ilimitadas. As relações socioeconômicas nunca mais serão as mesmas, e o pivô de toda essa transformação digital é a INFORMAÇÃO LÍQUIDA.

Para que a Economia Digital funcione amplamente é necessário permitir que as informações trafeguem em velocidade, em segurança e com alta capacidade de interoperabilidade, o que significa dizer que elas precisam ser capazes de interagir com múltiplos e distintos interlocutores, assumir múltiplas formas, e reagir a múltiplos estímulos heterogêneos para que não sucumbam a potenciais barreiras operacionais, como se nota da conceituação da palavra na Figura 17:

FIGURA 17 – Conceito de "líquido"
Fonte: Google, 2020.

O conceito de informação líquida está ancorado nos atributos dos meios líquidos, em razão da capacidade de alterar sua forma conforme seu recipiente.

Tudo teoricamente evolutivo e funcional, não fossem os efeitos colaterais que tamanha transformação pode gerar. Excluo dessa equação os efeitos potencialmente negativos nas relações humanas e na saúde física e mental dos indivíduos, apenas para citar alguns, e concentro-me nos impactos à segurança da informação.

A exponencialidade da relação de dependência entre a sociedade e a informação digital fica evidente diante de caso real ocorrido em New Orleans em 14 de dezembro de 2019, quando a cidade sofreu um ciberataque que fez a prefeita, LaToya Cantrell, declarar estado de emergência.

Abordagens tradicionais de segurança baseadas em perímetro e, portanto, na segurança oferecida pelos *containers* que custodiam os dados, não oferecem mais ampla eficácia. O tempo se encarregou de transformar os *containers* e sua segurança embarcada. Evolutivamente se adaptaram às mudanças de comportamento de uso das informações e conseguiram, em certa medida, manter níveis aceitáveis de confidencialidade, integridade e disponibilidade. Vimos o efeito da descentralização e da pulverização dos dados; o declínio do *mainframe*, do *data center* privado, do servidor *on premisse*, e, agora, presenciamos a ineficácia da segurança no perímetro do *end-point*, sabedores de que proteger um *desktop, notebook* ou *smartphone*, por exemplo, não blinda a inteligência dos negócios exposta em ambientes híbridos, dispositivos vestíveis e IoT, suscetíveis a ameaças diferenciadas e inovadoras (Figura 18).

Representação visual da abordagem de segurança por perímetros concêntricos em tempo de dados concêntricos

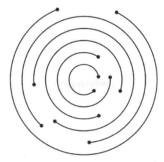
Representação visual da abordagem de segurança por perímetros concêntricos em tempo de dados líquidos e dispersos

FIGURA 18 – Representação visual da abordagem da segurança
Fonte: SÊMOLA, Marcos. 2020.

Penso que chegamos ou estamos muito próximos de chegar – a depender do grau de digitalização do país e/ou da indústria em questão – ao limite da proteção por perímetro como a conhecemos. Similar ao que estamos vendo ocorrer com a Lei de Moore de 1965, estabelecida por Gordon Earl Moore – cofundador da Intel –, que dizia que o poder de processamento dos computadores dobraria a cada 18 meses, em virtude do ritmo de miniaturização dos componentes e do aumento da densidade dos transistores.

Em termos computacionais, atingimos o limite de um perímetro físico e entramos em um novo perímetro de dimensão atômica, levando-nos, por exemplo, a pensar diferente e discutir inovações necessárias como a computação quântica, conforme também entende o cientista Stanley Williams: "Abandonar a lei de Moore é uma necessidade para fazer avançar a computação e levar os fabricantes de processadores a inovarem".

Precisamos, portanto, fazer o mesmo com as práticas de proteção de dados orientadas a perímetros concêntricos: desconstruir para reconstruir.

Os dados estão na trajetória de se tornarem fluidos, líquidos, adaptáveis, interoperáveis, imperceptíveis, voláteis, onipresentes e, por tudo isso, precisam ser protegidos de forma mais autônoma, inteligente e independente, encarando a própria informação como um novo e último perímetro de proteção: *SECURITY BY INFORMATION.*

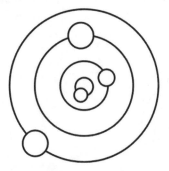

Representação visual da abordagem de segurança híbrida combinando perímetros concêntricos e security by information em tempo de dados líquidos e dispersos

FIGURA 19 – Representação da abordagem híbrida da segurança
Fonte: SÊMOLA, Marcos. 2020.

A própria informação terá de adquirir atributos de autogestão e autoproteção, para então ganhar inteligência e autonomia.

Ela mesma fará a troca de credenciais com seus interlocutores: redes, *devices*, sistemas operacionais, apps e usuários, seguindo à risca uma política de tratamento, em que se lê: manuseio, armazenamento, transporte e descarte, definida por seu proprietário em algum repositório público, disponível e confiável como em um ambiente *blockchain*, potencialmente incorporando atributos de inteligência artificial que confira ainda mais autonomia para tomadas de decisões caso a informação se depare com algum cenário indefinido e não previamente estabelecido pelas políticas de tratamento elaboradas por seu proprietário ou influenciadas por leis e regulamentações relevantes em sua "jurisdição".

A propósito, é o momento oportuno para ilustrarmos o modelo funcional da *SECURITY BY INFORMATION*, conectando-o à Lei Geral de Proteção de Dados. Em tempo de LGPD de um ecossistema digital interoperativo em que a gestão de segurança é orientada à autonomia da própria informação, não precisaríamos mais nos preocupar com a conduta e a aderência dos interlocutores nas inúmeras relações comerciais e/ou de consumo em que houver tratamento de dados pessoais.

Os processos de propriedade e geridos pelos controladores e operadores de dados irão, por força de uma política acessível globalmente e publicada pelo titular dos dados pessoais, respeitar compulsoriamente os limites de finalidade, adequação, necessidade, livre acesso, qualidade, transparência, segurança, prevenção, não discriminação e prestação de contas, como conferidos pela lei aos titulares proprietários dos dados.

A Comissão Especial sobre Dados Pessoais aprovou em 10.12.2019 a proposta de emenda à Constituição (PEC 17/2019) que insere a proteção de dados pessoais na lista de garantias individuais da Constituição (Figura 20).

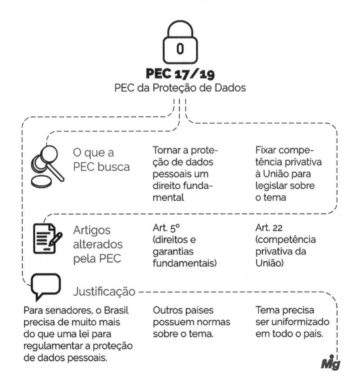

FIGURA 20 – Proteção de dados no rol dos direitos humanos
Fonte: *Migalhas.*

De volta ao estado líquido dos dados e, consequentemente, da sociedade, convém explorar o fragmento de pensamento do sociólogo e filósofo Zygmunt Bauman:[2] "A liquidez da sociedade se dá pela sua incapacidade de tomar forma fixa. Ela se transforma diariamente, toma as formas que o mercado a obriga tomar, não propicia a elaboração de projetos de vida de longo prazo".

Diante de tudo já exposto, precisamos assumir a liquefação da informação e reagir rápida e positivamente a ela: entender que não existe mais fronteira, tempo e espaço; que precisamos trabalhar juntos e coordenados para tornar o ecossistema dessa nova Economia Digital mais inteligente, autônomo e preparado para a interoperabilidade que a nova informação demanda; combinar novas regras para fabricação de máquinas, protocolos e programas de computador como se pavimentássemos um caminho novo para uma nova informação 2.0 que agora se autogerencia e se autoprotege.

12.2 *SECURITY BY INFORMATION FOR INFORMATION*

Em uma nova economia digital em que os serviços tendem à alta personalização orientados à individualidade de cada consumidor, precisamos trilhar o mesmo caminho personalizando a segurança da informação por informação.

Se tudo isso ocorrer, veremos mudanças profundas nas inteligências de ataque e defesa, e, consequentemente, nos vetores de sobrevivência e desenvolvimento dos negócios.

---

[2] Bauman nasceu em 1925, na Polônia, e faleceu em 2017, no Reino Unido.

CONSIDERAÇÕES FINAIS

Patricia Peck Pinheiro

Com todos os avanços da tecnologia, por tudo que podemos ainda desenvolver, uma coisa tem se mostrado extremamente necessária: a importância de continuar a preservar e garantir a proteção dos direitos humanos fundamentais.

Nesse sentido, quando estudamos de forma mais aprofundada o que seriam os novos direitos de uma sociedade mais digital, então conhecidos como "ciberdireitos", entraria neste rol uma nova geração de direitos que são um desdobramento natural dos originários. Se há o direito à privacidade, logo, podemos concluir que haveria um direito à criptografia dos dados.

É este o entendimento de Spencer Sydow:

> Importante apresentar, também, que defendemos que há um direito à criptografia (direito à proteção de dados e armazenamento seguro e não sujeito à interceptação ou violação por terceiros, nem mesmo a empresa que faz a guarda dos dados), inserido na 5ª geração de direitos humanos. A esse direito também damos o nome de direito à anonimidade e que possui lastro legal nos princípios da autodeterminação dos dados e da proteção da privacidade e da intimidade.[1]

É interessante observar que, se de um lado temos uma grande preocupação com a cibersegurança, isso significa que precisamos investir muito mais em criptologia, ou seja, no estudo da criptografia e da criptoanálise,[2] pois isto é justamente o que pode permitir uma maior proteção dos dados, seja em armazenamento, seja em transmissão. Mas, por outro lado, conforme se desenvolvem formas de cifragem mais robustas, também se corre o risco

---

[1] SYDOW, Spencer. *Curso de direito penal informático*. Salvador: JusPodivm, 2020. p. 71.
[2] ERICKSON, Jon. *Hacking*. São Paulo: Digerati, 2009. p. 443.

disso cair em mãos erradas, ou seja, ser utilizado por organizações criminosas e dificultar ainda mais a ação da polícia e das autoridades nas investigações de combate ao crime.

Como trazer o equilíbrio para a balança? Como harmonizar a segurança pública com o direito à privacidade, à proteção dos dados dos indivíduos? Esta é uma das questões mais emblemáticas e paradoxais de nosso tempo e que continua ainda sem uma solução a contento. E, conforme as ferramentas técnicas evoluem – como, por exemplo, para permitir maior monitoração da população, como ocorre com o uso do reconhecimento facial –, maior é o risco de em algum momento nos depararmos com situações que podem beirar o conflito com a proteção dos direitos humanos dentro no novo rol da considerada "5ª geração dos direitos humanos".

E vamos rumo ao uso maciço das soluções de inteligência artificial e ao debate sobre a transparência dos algoritmos, com a aplicação das novas regulamentações de proteção de dados que, em seus princípios trazem a necessidade de não discriminação, além da proteção da privacidade e da transparência. Mas também trazem uma série de exceções para, justamente, permitir o exercício da segurança pública. A quem cabe o poder de decidir, afinal, a aplicação de tais medidas?

Por mais que possamos aplicar melhores práticas, estabelecer regras contratuais, procedimentos, coletar evidências, na luta do bem contra o mal, tem que haver uma igualdade de armas, ou seja, será, em breve, robô *versus* robô, e, quem tem mais acesso às informações, por certo tem vantagem, pois sempre ganha quem possui mais inteligência, e, para isso, é preciso muito *analytics*, muita análise de dados. Novamente, vamos nos deparar com o dilema da segurança *versus* a privacidade.

REFERÊNCIAS BIBLIOGRÁFICAS

ALENCAR, Felipe. Após sair do ar, TeamViewer nega invasão e pede cuidado com senhas. *TechTudo*, jun. 2016. Disponível em: <https://www.techtudo.com.br/noticias/noticia/2016/06/apos-sair-do-ar-teamviewer-nega-ataque-e-pede-cuidado-com-senhas.html>. Acesso em: 25 ago. 2018.

ALEXANDRIA, João Carlos Soares de. *Gestão da segurança da informação*: uma proposta para potencializar a efetividade da segurança da informação em ambiente de pesquisa científica. 2009. Tese (Doutorado em Ciências na área de Tecnologia Nuclear) – Instituto de Pesquisas Energéticas e Nucleares associada à Universidade de São Paulo, São Paulo, 2009. Disponível em: <http://www.iaea.org/inis/collection/NCLCollectionStore/_Public/43/130/43130675.pdf>. Acesso em: 2 maio 2018.

ALLAN, Ant; NOAKES-FRY, Kristen; MOGULL, Rich. Management update: how business can defend against social engineering attacks. *Gartner*, mar. 2005.

ASSOCIAÇÃO BRASILEIRA DAS ENTIDADES DOS MERCADOS FINANCEIRO E DE CAPITAIS. *Guia de cibersegurança*: dezembro/2017. Disponível em: <http://www.anbima.com.br/data/files/F5/62/AB/91/FBC206101703E9F5A8A80AC2/Guia-de-Ciberseguranca-ANBIMA.pdf>. Acesso em: 2 maio 2018.

ASSOCIAÇÃO BRASILEIRA DAS ENTIDADES DOS MERCADOS FINANCEIRO E DE CAPITAIS. *Primeira pesquisa Anbima de cibersegurança*, 2017. Disponível em: <http://www.anbima.com.br/data/files/BE/56/71/0C/DB5406101703E9F5A8A80AC2/Relat%C3%B3rio-Pesquisa%20ANBIMA%20de%20Cibersegura n%C3%A7a%202017.pdf >. Acesso em: 2 maio 2018.

ASSOCIAÇÃO BRASILEIRA DE NORMAS TÉCNICAS. *ABNT NBR ISO/IEC 27032*. Rio de Janeiro, 2015.

ASSOCIATION OF CERTIFIED FRAUD EXAMINERS. *Report to the nations*: 2018 Global Study on Occupational Fraud and Abuse. Disponível em: <https://s3-us-west-2.amazonaws.com/acfepublic/2018-report-to-the-nations.pdf>. Acesso em: 9 jun. 2018.

BAZZEL Michael. *Open source intelligence techniques*. 4. ed. [S.l.]: CCI Publishing, 2015.

BEAVER, Kevin. Hacking *para leigos*. 3. ed. Rio de Janeiro: Alta Books Editora, 2014.

BELO, Bruno Moreira Camargos. Ataques cibernéticos: mais que uma realidade. *Revista Fonte*, ano 14, n. 18, dez. 2017. Disponível em: <https://www.prodemge.gov.br/images/com_arismartbook/download/22/revista_18.pdf>. Acesso em: 15 maio 2018.

BERGMAN, Michael K. The deep web: surfacing hidden value. *The Journal of Eletronic Publishing*, v. 7, n. 1, 2001. Disponível em: <https://quod.lib.umich.edu/cgi/t/text/text-idx?c=jep;view=text;rgn=main;idno=3336451.0007.104>. Acesso em: 7 nov. 2019.

BRASIL. Lei nº 12.846, de 1º de agosto de 2013. *Diário Oficial da União*. Brasília, DF, 2 ago. 2013.

BRASIL. Lei nº 10.406, de 10 de janeiro de 2002. Institui o Código Civil. *Diário Oficial da União*. Brasília, DF, 11 jan. 2002. Disponível em: <http://www.planalto.gov.br/ccivil_03/leis/2002/L10406compilada.htm>. Acesso em: 1 set. 2020.

BRASIL. Decreto-lei nº 2.848, de 7 de dezembro de 1940. Código Penal. *Diário Oficial da União*. Brasília, DF, 31 dez. 1940. Disponível em: <http://www.planalto.gov.br/ccivil_03/decreto-lei/del2848compilado.htm>. Acesso em: 1 set. 2020.

BRASIL. Constituição da República Federativa do Brasil de 1988, de 5 de outubro de 1988. *Diário Oficial da União*. Brasília, DF, 5 out. 1988. Disponível em: <http://www.planalto.gov.br/ccivil_03/constituicao/constituicao.htm>. Acesso em: 1 set. 2020.

BRASIL. Lei nº 13.709, de 14 de agosto de 2018. *Diário Oficial da União*. Brasília, DF, 15 ago. 2018. Disponível em: <http://www.planalto.gov.br/ccivil_03/_ato2015-2018/2018/lei/L13709.htm>. Acesso em: 15 ago. 2020.

BRASIL. Lei nº 12.965, de 23 de abril de 2014. Estabelece princípios, garantias, direitos e deveres para o uso da Internet no Brasil. [Marco Civil da Internet]. Disponível em: <http://www.planalto.gov.br/ccivil_03/_ato2011-2014/2014/lei/l12965.htm>. Acesso em: 1 set. 2020.

BRASIL. Tribunal Regional do Trabalho (2. Região). Processo TRT/SP nº 0001489-37.2014.5.02.0055. Disponível em: <https://jurisprudencia.s3.amazonaws.com/TRT-2/attachments/TRT-2_RO_00014893720145020055_49324.pdf?Signature=vnMZxpTa4BdAnbsQAoe7XJOzvfg%3D&Expires=1597443429&AWSAccessKeyId=AKIARMMD5JEAO765VPOG&response-content-type=application/pdf&x-amz-meta-md5-hash=23c7d0a342adae8ff9e6a0a6b2e2bde4>. Acesso em: 13 ago. 2020.

BRASIL. Projeto tipifica crimes e aumenta penas para condutas ilegais na internet. Senado Notícias, 2020. Disponível em: https://www12.senado.leg.br/noticias/materias/2020/07/10/projeto-tipifica-crimes-e-aumenta-penas-para-condutas-ilegais-na-internet. Acesso em 11 set. 2020.

BRASIL. Decreto nº 10.474, de 26 de agosto de 2020. Disponível em: http://www.planalto.gov.br/ccivil_03/_ato2019-2022/2020/decreto/D10474.htm. Acesso em 12 set. 2020.

BRITISH STANDARDS ONLINE. ISO/IEC 27001 Gestão de Segurança da Informação, 2018. Disponível em: <https://www.bsigroup.com/pt-BR/ISO-IEC-27001-Seguranca-da-Informacao/>. Acesso em: 2 maio 2018.

CAMERON, Dell. Today's massive ransomware attack was mostly preventable; here's how to avoid it. *Gizmodo*, 2017. Disponível em: <https://www.gizmodo.com.au/2017/05/todays-massive-ransomware-attack-was-mostly-preventable-heres-how-to-avoid-it/>. Acesso em: 10 ago. 2020.

CANALTECH. Alerta! Usuários do TeamViewer relatam invasões em suas contas. *Canaltech*, jun. 2016. Disponível em: <https://canaltech.com.br/hacker/alerta-usuarios-do-teamviewer-relatam-invasoes-em-suas-contas-68259/>. Acesso em: 25 ago. 2018.

CANONGIA, Claudia; MANDARINO JUNIOR, Raphael (Org.). *Livro verde*: segurança cibernética no Brasil. Brasília: GSIPR/SE/DSIC, 2010.

CAPEZ, Fernando; PRADO, Stela. *Código Penal comentado*. Porto Alegre: Verbo Jurídico, 2007.

CASEY, Eoghan. *Digital evidence and computer crime*: forensic science, computers and the internet. 3. ed. California: Elsevier, 2010.

CAVALIERI FILHO, Sérgio. *Programa de responsabilidade civil*. 10. ed. São Paulo: Atlas, 2012.

CENCE, Ivanise. A inocência potencializa o risco. *Revista Fonte*, ano 14, n. 18, dez, 2017. Disponível em: <https://www.prodemge.gov.br/images/com_arismartbook/download/22/revista_18.pdf>. Acesso em: 2 maio 2018.

CENTRO DE ESTUDOS, RESPOSTA E TRATAMENTO DE INCIDENTES DE SEGURANÇA NO BRASIL. *Cartilha de segurança para internet*: versão 4.0. São Paulo: Comitê Gestor da Internet no Brasil, 2012. Disponível em: <https://cartilha.cert.br/livro/cartilha-seguranca-internet.pdf>. Acesso em: 9 jun. 2018.

COELHO, Flávia E. S.; ARAÚJO, Luiz Geraldo S. de; BEZERRA, Edson Kowask. *Gestão da segurança da informação*: NBR 27001 e NBR 27002. Rio de Janeiro: Escola Superior de Redes, 2014.

COLLINS, Katie. That smart doll could be a spy. Parents, smash! *CNET Magazine*, fev. 2017. Disponível em: <https://www.cnet.com/news/parents-told-to-destroy-connected-dolls-over-hacking-fears/>. Acesso em: 9 jun. 2018.

COLORADO TECHNICAL UNIVERSITY. *The history of cybersecurity*. Disponível em: <https://www.coloradotech.edu/degrees/studies/information-systems-and-technology/cybersecurity-history>. Acesso em: 7 nov. 2019.

COMITÊ GESTOR DA INTERNET NO BRASIL (CGI Brasil). *Publicações*. Disponível em: <http://www.cgi.br/publicacoes/index.htm>. Acesso em: 26 jul. 2020.

CORE WAR. *Creeper & Reaper*. Disponível em: <https://corewar.co.uk/creeper.htm>. Acesso em: 7 nov. 2019.

CORRÊA, Gustavo Testa. *Aspectos jurídicos da internet*. São Paulo: Saraiva, 2000.

CRESPO, Marcelo Xavier de Freitas. Crimes digitais: do que estamos falando? *Canal Ciências Criminais*, 17 jun. 2015. Disponível em: <https://canalcienciascriminais.com.br/crimes-digitais-do-que-estamos-falando/>. Acesso em: 23 abr. 2019.

CRESPO, Marcelo Xavier de Freitas. *Crimes digitais*. São Paulo: Saraiva, 2011.

DEHGHANTANHA, Ali et al. *Cyber threat intelligence* (advances in information security). Basel: Springer, 2018.

DONEDA, Danilo; MENDES, Laura; CUEVA, Ricardo (Org.). *Lei Geral de Proteção de Dados*. São Paulo: Thomson Reuters/Revista dos Tribunais, 2020.

DURBANO, Vinicius. Oito empresas de cibersegurança elencam as tendências de ameaças para 2017. *Ecoit*, jan. 2017. Disponível em: <https://ecoit.com.br/blog/seguranca/oito-empresas-de-ciberseguranca-elencam-as-tendencias-de-ameacas-para-2017/>. Acesso em: 2 maio 2018.

ELLOUZE, Nourhene; REKHIS, Slim, ALLOUCHE, Mohamed; BOUDRIGA, Noureddine. Digital Investigation of security attacks on cardiac implantable mecial devices. *Intrusion and Prevetion Workshop*, 2014.

ERICKSON, Jon. *Hacking*. São Paulo: Digerati, 2009.

EUROPEAN UNION AGENCY FOR NETWORK AND INFORMATION SECURITY. Baseline Security Recommendations for IoT in the context of Critical Information Infrastructures. *Enisa*, nov. 2017. Disponível em: <https://www.enisa.europa.eu/publications/baseline-security-recommendations-for-iot>. Acesso em: 9 jun. 2018.

EVANS, Dave. A internet das coisas: como a próxima evolução da internet está mudando tudo. *Cisco*, abr. 2011. Disponível em: <https://www.cisco.com/c/dam/global/pt_br/assets/executives/pdf/internet_of_things_iot_ibsg_0411final.pdf>. Acesso em: 9 jun. 2018.

FBI. New internet scam: 'Ransomware' locks computers, demands payment. 2012. Disponível em: <https://www.fbi.gov/news/stories/new-internet-scam/new-internet-scam>. Acesso em: 10 ago. 2020.

FEUND, Fabiana Ferreira et al. Novos negócios baseados em internet das coisas. *Revista FAE*, v. 1, p. 7-25, 2016. Disponível em: <https://revistafae.fae.edu/revistafae/article/view/402/286>. Acesso em: 9 jun. 2018.

FONTES, Edison. *Políticas e normas para segurança da informação*. Rio de Janeiro: Brasport, 2012.

FRANCO, Deivison Pinheiro; MAGALHÃES, Suyanne Ramos. A dark web – navegando no lado obscuro da internet. *Amazônia em Foco*, Castanhal, v. 4, n. 6, p. 18-33, jan./jul., 2015.

FREIRE, Moema Dutra. Paradigmas de segurança no Brasil: da ditadura aos nossos dias. *Aurora*, ano III, n. 5, dez. 2009.

FRUHLINGER, Josh. Ransomware explained: how it Works and how to remove it. *CSO*, 2020. Disponível em: <https://www.csoonline.com/article/3236183/

what-is-ransomware-how-it-works-and-how-to-remove-it.html>. Acesso em: 10 ago. 2020.

GAEA. Entenda o que é *framework*. *Blog Gaea*, 2015. Disponível em: <https://gaea.com.br/entenda-o-que-e-framework/>. Acesso em: 2 jul. 2018.

GALLAGHER, Sean. FBI says crypto ransomware has racked in >$18million for cybercriminals. *Ars Technica*, 2015. Disponível em: <https://arstechnica.com/information-technology/2015/06/fbi-says-crypto-ransomware-has-raked-in-18-million-for-cybercriminals/>. Acesso em: 10 ago. 2020.

GARCIA E SILVA, Hermann Bergmann; PINHEIRO, Marta Macedo Kerr; MARQUES, Rodrigo Moreno. Política de informação para a internet: regulação do zero-rating na União Europeia. In: POLIDO, Fabrício Bertini Pasquot; ANJOS, Lucas Costa dos; BRANDÃO, Luíza Couto Chaves (Org.). *Tecnologias e conectividade*: direito e políticas na governança das redes. Belo Horizonte: Instituto de Referência em Internet e Sociedade, 2018.

GARTNER. *Hyper cycle for consumer goods*. 2017. Disponível em: https://www.gartner.com/en/documents/3762265/hype-cycle-for-consumer-goods-2017. Acesso em 11 set. 2020.

GEMALTO. Proteção para a internet das coisas. *Gemalto Brasil*, 2018. Disponível em: <https://www.gemalto.com/brasil/iot/protecao-para-a-internet-das-coisas>. Acesso em: 9 jun. 2018.

GIL, Antonio de Loreiro. *Fraudes informatizadas*. São Paulo: Atlas, 1999.

GIRKEN, Elisha. Incident response steps and frameworks for SANS and NIST. *AT&Y Business*, 2020. Disponível em: <https://cybersecurity.att.com/blogs/security-essentials/incident-response-steps-comparison-guide>. Acesso em: 10 ago. 2020.

GOGONI, Ronaldo. Usuários do TeamViewer estão sendo hackeados em massa. *Meiobit*, 2016. Disponível em: <https://meiobit.com/345504/ataque-hacker-massivo-ao-teamviewer-usuario-tem-dados-bancarios-e-de-cartoes-roubados-dinheiro-contas-corrente-ebay-paypal-surrupiados-empresa-culpa/>. Acesso em: 17 ago. 2018.

GOODCHILD, John. Novos funcionários estão mais propensos a ataques de engenharia social. *CIO*, set. 2011. Disponível em: <http://cio.com.br/noticias/2011/09/21/novos-funcionarios-estao-mais-propensos-a-ataques-de-engenharia-social/>. Acesso em: 9 jun. 2018.

GOOGLE PATENTS. Criptographic communications system and method – US4405829A. Disponível em: <https://patents.google.com/patent/US4405829A/en>. Acesso em: 7 nov. 2019.

GRANT THORNTON. Ataques cibernéticos causaram prejuízo de US$ 280 bilhões, 2017. Disponível em: <https://www.grantthornton.com.br/grant-thornton-noticias/press-releases/2017/ataques-ciberneticos/>. Acesso em: 2 maio 2018.

HONORATO, Eduardo. Cibersegurança: qual o risco mundial? *Revista Fonte*, ano 14, n. 18, dez. 2017. Disponível em: <https://www.prodemge.gov.br/images/com_arismartbook/download/22/revista_18.pdf>. Acesso em: 2 maio 2018.

INCIDENT HANDLING GUIDE – NIST Disponível em <https://nvlpubs.nist.gov/nistpubs/SpecialPublications/NIST.SP.800-61r2.pdf>. Acesso em: 4 jul. 2020.

INTEL SECURITY; THE ASPEN INSTITUTE. Critical infrastructure readiness report. Holding the line against cyberthreats, 2015. Disponível em: <https://www.thehaguesecuritydelta.com/media/com_hsd/report/43/document/Critical-Infrastructure-Readiness-Report---Holding-the-Line-against-Cyberthreats.pdf>. Acesso em: 2 maio 2018.

JOHNSON, Mark. *Cyber crime, security and digital intelligence*. London: Routledge, 2013

JORGE, Higor Vinícius Nogueira. *Investigação criminal tecnológica*: modelos de documentos, pesquisa em elementos disponíveis e casos práticos. Rio de Janeiro: Brasport, 2018. v. 1 e 2.

JØRGENSEN, Rikke Frank. *Framing the net*: the internet and human rights. Cheltenham: Edward Elgar Publishing, 2013.

JULIAN, Ted. Defining moments in the history of the cyber-security and the rise of incident response. *Infosecurity*, dez. 2014. Disponível em: <https://www.infosecurity-magazine.com/opinions/the-history-of-cybersecurity/>. Acesso em: 7 nov. 2019.

KROLL. *Relatório global de fraude e risco*: construindo resiliência em um mundo volátil – Edição anual 2016/17. Disponível em: <http://www.fundamento.com.br/2016/Relato%CC%81rioGlobaldeFraudeERisco2016_17_Edi%C3%A7%C3%A3oBR.pdf>. Acesso em: 17 ago. 2018.

LARANJEIRA, Evandro Gomes. *Cibersegurança e parcerias público-privadas*, 2017. Monografia (Especialização em Gestão de Segurança da Informação) – Universidade do Sul de Santa Catarina, Florianópolis, 2017. Disponível em: <https://run.unl.pt/bitstream/10362/17370/1/TEGI0363.pdf>. Acesso em: 2 maio 2018.

LARSON, Selena. A smart fish tank left a casino vulnerable to hackers. *CNN*, 2017. Disponível em: <https://money.cnn.com/2017/07/19/technology/fish-tank-hack-darktrace/index.html>. Acesso em: 15 ago. 2020.

LEITE, Tácito Augusto Silva. *Gestão de riscos na segurança patrimonial*. Rio de Janeiro: Qualitymark, 2016.

LEOCÁDIO, Antônio Ricardo Gomes. Segurança cibernética, pessoas, empresas e governos. Precisamos muito falar sobre isso. *Revista Fonte*, ano 14, n. 18, dez. 2017. Disponível em: <https://www.prodemge.gov.br/images/com_arismartbook/download/22/revista_18.pdf>. Acesso em: 2 maio 2018.

LIMA, Paulo Marco Ferreira. *Crimes de computador e segurança computacional*. 2. ed. São Paulo: Atlas, 2011.

LIMA, Simão Prado. Crimes virtuais: uma análise da eficácia da legislação brasileira e o desafio do direito penal na atualidade. *Âmbito Jurídico*, n. 128, 2014. Disponível em: <http://www.ambitojuridico.com.br/site/index.php?n_link=revista_artigos_leitura&artigo_id=15260&revista_caderno=3>. Acesso em: 9 jun. 2018.

MANYIKA, James; CHUI, Michael. By 2025, internet of thing applications could have $11 trillion impact. *McKinsey Global Institute*, jul. 2015. Disponível em: <https://www.mckinsey.com/mgi/overview/in-the-news/by-2025-internet-of-things-applications-could-have-11-trillion-impact>. Acesso em: 9 jun. 2018.

MARCIANO, João Luiz; LIMA-MARQUES, Mamede. O enfoque social da segurança da informação. *Ciência da Informação*, Brasília, v. 35, n. 3, p. 89-98, set./dez. 2006. Disponível em: <http://www.scielo.br/pdf/ci/v35n3/v35n3a09>. Acesso em: 2 maio 2018.

MARTINS, Elaine. O que é World Wide Web? *Tecmundo*, 2008. Disponível em: <https://www.tecmundo.com.br/web/759-o-que-e-world-wide-web-.htm>. Acesso em: 23 abr. 2019.

MARTINS, Ives Gandra da Silva. *Manual esquemático de direito do trabalho e processo do trabalho*. 24. ed. São Paulo: Saraiva, 2017.

MATTHEWS, Tim. A brief history of cibersecurity. *Cibersecurity Insiders*, 2019. Disponível em: <https://www.cybersecurity-insiders.com/a-brief-history-of-cybersecurity/>. Acesso em: 7 nov. 2019.

MCCARTHY, N. K. *Resposta a incidentes de segurança em computadores*: planos para proteção de informação em risco. Porto Alegre: Bookman, 2014.

MEIRELLES, Júlia Botossi. Terceirização: há responsabilidade da empresa contratante? *Migalhas*, 2018. Disponível em: <https://www.migalhas.com.br/depeso/289566/terceirizacao-ha-responsabilidade-da-empresa-contratante>. Acesso em: 20 jul. 2020.

MITNICK, Kevin D.; SIMON, William L. *A arte de enganar*. São Paulo: Pearson Education do Brasil, 2003.

MJOLSNES, Stig F. A multidisciplinary introduction to information security. Boca Raton, FL: CRC Press, 2017.

NATIONAL ASSOCIATION OF CRIMINAL DEFENSE LAWYERS. Computer Fraude and Abuse Act (CFAA). Disponível em: <https://www.nacdl.org/Landing/ComputerFraudandAbuseAct>. Acesso em: 7 nov. 2019.

NATIONAL INSTITUTE OF STANDARDS AND TECHNOLOGY. U.S. Department of Commerce. *Computer Security Incident Handling Guide*, 2012. Disponível em: <https://nvlpubs.nist.gov/nistpubs/SpecialPublications/NIST.SP.800-61r2.pdf>. Acesso em: 10 ago. 2020.

NATIONAL INSTITUTE OF STANDARDS AND TECHNOLOGY. *Framework for improving critical infrastructure cybersecurity*. NIST, 16 abr. 2018. Disponível em: <https://nvlpubs.nist.gov/nistpubs/CSWP/NIST.CSWP.04162018.pdf>. Acesso em: 8 jul. 2018.

NORONHA, Eduardo Magalhães. *Direito penal*. 36. ed. São Paulo: Saraiva, 2001. v. 1.

OSBORN, Andrew; GRAFF, Peter. Ex-funcionário da CIA diz que revelou esquema de espionagem dos EUA por um mundo melhor. *G1*, 2013. Disponível em: <http://g1.globo.com/mundo/noticia/2013/06/ex-funcionario-da-cia-diz-que-revelou-esquema-de-espionagem-dos-eua-por-um-mundo-melhor.html>. Acesso em: 10 ago. 2020.

PAINEL BRASIL TV. Certificação ISO 27001 é garantia de segurança: entrevista com Carlos Valim. *Canal Painel Brasil TV*, nov. 2009. Disponível em: <https://www.youtube.com/watch?v=7Lkg9xFRhyQ>. Acesso em: 8 jul. 2018.

PALMA, Fernando. Sistema de Gestão de Segurança da Informação (SGSI). *Portal GSTI*, dez. 2016. Disponível em: <https://www.portalgsti.com.br/2016/12/sistema-de-gestao-de-seguranca-da-informacao-sgsi.html>. Acesso em: 2 maio 2018.

PARENTY, Thomas J. *Digital defense*: what you should know about protecting your company's assets. Boston: Harvard Business School Press, 2003.

PARENTY, Thomas J.; DOMET, Jack. *A leader's guide to cybersecurity*: why boards need to lead – and how to do it. Boston: Harvard Business Review, 2019.

PARKER, Donn B. *Crime por computador*. Rio de Janeiro: Agents Editores, 1977.

PECK PINHEIRO, Patricia. *Direito digital*. 6. ed. São Paulo: Saraiva, 2016.

PECK PINHEIRO, Patricia; ROCHA, Henrique. *Advocacia digital*. São Paulo: Saraiva, 2018.

PEIXOTO, Mário César Pintaudi. *Gestão da segurança da informação no contexto da vulnerabilidade técnica e humana inserida nas organizações*. Monografia (Bacharelado em Ciência da Computação) – Centro Universitário do Triângulo, Uberlândia, 2004. Disponível em: <https://bit.ly/2LkSxaP>. Acesso em: 9 jun. 2018.

PETERS, Michael. 5 best practices for outsourcing cyber security & compliance services. *Cybersecurity Ventures*, set. 2017. Disponível em: <https://cybersecurityventures.com/cybervisors-help-solve-cybersecurity-talent-shortage/>. Acesso em: 11 ago. 2018.

PINHEIRO, Patricia Peck. *Proteção de dados pessoais*: comentários à Lei n. 13.709/2018 (LGPD). 2. ed. São Paulo: SaraivaJur, 2020.

PIONTI, Rodrigo. Políticas de segurança da informação. 2013. Artigo (Especialização em Tecnologia em Segurança da Informação) – Faculdade de Tecnologia do Estado de São Paulo, Ourinhos, 2013. Disponível em: <https://s.profissionaisti.com.br/wp-content/uploads/2013/07/politica-de-seguranca-da-informacao.pdf>. Acesso em: 2 maio 2018.

PIRES E GONÇALVES ADVOGADOS. 9º Radar LGPD. LGPD entra em vigor e traz junto a ANPD. 27.08.2020. Disponível em: <https://www.pgadvogados.com.br/assets/files/radar_lgpd_9.pdf>. Acesso em 7 out. 2020.

PORTAL ESTADO DE SÃO PAULO. Como a Cibersegurança pode ajudar na gestão dos negócios? *O Estado de S. Paulo*, São Paulo, 10 maio 2016. Disponível em: <http://economia.estadao.com.br/discute/como-a-ciberseguranca-pode-ajudar-na-gestao-dos-negocios,272>. Acesso em: 2 maio 2018.

PRICEWATERHOUSECOOPERS. Uncovering the potential of the internet of things. *The Global State of Information Security Survey 2017*, out. 2016. Disponível em: <https://www.pwc.com/gx/en/issues/information-security-survey/internet-of-things.html>. Acesso em: 23 abr. 2018.

PROOF. Internet das coisas e seus desafios de segurança. *Proof*, 2017. Disponível em: <https://www.proof.com.br/blog/iot-internet-das-coisas/>. Acesso em: 9 jun. 2018.

REZENDE, Pedro Antônio Dourado de. Propriedade intelectual e segurança da informação [entrevista]. *Revista Tecnologias em Projeção*, v. 2, n. 1, p. 60-67, jun. 2011.

RIBEIRO, Gilmar. O dilema da proteção de informação nas organizações. *Revista Fonte*, ano 14, n. 18, dez. 2017. Disponível em: <https://www.prodemge.gov.br/images/com_arismartbook/download/22/revista_18.pdf>. Acesso em: 2 maio 2018.

SANTOS, Jánison Calixto dos; NASCIMENTO, Hugo A. D. do. Implantação de um sistema de gestão de segurança da informação na UFG. In: WORKSHOP DE TECNOLOGIA DA INFORMAÇÃO DA UFES, 2, Gramado, *Anais*, 2008. Disponível em: <http://www.ufrgs.br/iiwtiifes/trabalhos/TRAB10943_CPE55410_40_Seguranca%20da%20InformacaoUFG.pdf>. Acesso em: 2 maio 2018.

SCHNEIER, Bruce. *Aplied criptography*. 2. ed. New York: Wiley, 2000.

SECURITY REPORT. Fraudes feitas por funcionários: o crime nasce na empresa. *Conteúdo Editorial*, ago. 2017. Disponível em: <http://www.securityreport.com.br/overview/fraudes-feitas-por-funcionarios-o-crime-nasce-na-empresa/#.WyhEqKdKiM8>. Acesso em: 9 jun. 2018.

SÊMOLA, Marcos. Gestão da segurança da informação. In: STAREC, Cláudio; GOMES, Elizabeth; BEZERRA, Jorge (Org.). *Gestão estratégica da informação e inteligência competitiva*. São Paulo: Saraiva, 2006.

SENTINELONE. The history of ciber security – everything you ever wanted to know. *SentinelOne Blog*, fev. 2019. Disponível em: <https://www.sentinelone.com/blog/history-of-cyber-security/>. Acesso em: 7 nov. 2019.

SILVA, Denise Ranguetti Pilar da; STEIN, Lilian Milnitsky. Segurança da informação: uma reflexão sobre o comportamento humano. *Ciência & Cognição*, v. 10, p. 46-53, 2007. Disponível em: <http://www.cienciasecognicao.org/revista/index.php/cec/article/view/628/410>. Acesso em: 7 nov. 2019.

SILVA, Francisco José A. F. C. e. Classificação taxonômica dos ataques de engenharia social: caracterização da problemática da segurança de informar em Portuga relativamente à Engenharia Social. Dissertação (Mestrado em Segurança dos Sistemas de Informação) – Universidade Católica Portuguesa, Porto, 2013. Disponível em: <https://repositorio.ucp.pt/bitstream/10400.14/15690/1/Tese%20de%20Mestrado%20-%20Engenharia%20Social.pdf>. Acesso em: 13 jun. 2018.

SILVA, Narjara Bárbara Xavier; ARAÚJO, Wagner Junqueira de; AZEVEDO, Patrícia Moraes de. Engenharia social nas redes sociais *online*: um estudo de caso sobre a exposição de informações pessoais e a necessidade de estratégias de segurança da informação. *Ciência da Informação*, v. 6, n. 2, p. 37-55, ago./dez. 2013. Disponível em: <http://eprints.rclis.org/23215/1/Engenharia%20social%20nas%20redes%20sociais%20online.pdf>. Acesso em: 9 jun. 2018.

SNAPP, Martin. How a Berkley eccentric beat the russians – and then made useless, wondrous objects. *California Magazine*, 2016. Disponível em: <https://alumni.berkeley.edu/california-magazine/spring-2016-war-stories/how-berkeley-eccentric-beat-russians-and-then-made>. Acesso em: 7 nov. 2019.

SOCIAL-ENGINEER. *Social engineering*, 2014. Disponível em: <https://infospectives.files.wordpress.com/2014/04/socialengineeringinfographic.jpg>. Acesso em: 9 jun. 2018.

SUMARES, Gustavo. Facebook desativa inteligência artificial que criou linguagem própria. *Olhar Digital*, 2017. Disponível em: <https://olhardigital.com.br/noticia/facebook-desativa-inteligencia-artificial-que-criou-linguagem-propria/70075>. Acesso em: 15 ago. 2020.

SYDOW, Spencer. *Curso de direito penal informático*. Salvador: JusPodivm, 2020.

SYMANTEC. Internet Security Threat Report 2018. *Symantec*, v. 23, 2018. Disponível em: <http://images.mktgassets.symantec.com/Web/Symantec/%7B3a70beb-8-c55d-4516-98ed-1d0818a42661%7D_ISTR23_Main-FINAL-APR10.pdf?aid=elq_>. Acesso em: 9 jun. 2018.

SYMANTEC. Relatório de Ameaças à Segurança da Internet. *ISTR*, v. 23, mar. 2018. Disponível em: <http://images.mktgassets.symantec.com/Web/Symantec/%7B4367e625-7050-4087-b199-9640c778699f%7D_ISTR23-FINAL_PT.pdf>. Acesso em: 2 maio 2018.

SYMANTEC. *Symantec Corporation*, 2018. Disponível em: <https://www.symantec.com/pt/br>. Acesso em: 9 jun. 2018.

THE HACK. Vazamentos – às vezes, coisas que deveriam ser secretas acabam se tornando públicas. Disponível em: <https://thehack.com.br/tag/vazamentos/>. Acesso em: 10 ago. 2020.

TOWNSEND, Caleb. A brief and Incomplet history of Cybersecurity. *United States Cibersecurity Magazine*, 2019. Disponível em: <https://www.uscybersecurity.net/history/>. Acesso em: 7 nov. 2019.

TUPINAMBÁ, Marcos. *Investigação policial de crimes eletrônicos*. São Paulo: Acadepol, 2019.

VEJA. Exposto à internet, robô da Microsoft vira racista em 1 dia. *Veja*, 2016. Disponível em: <https://veja.abril.com.br/tecnologia/exposto-a-internet-robo-da-microsoft-vira-racista-em-1-dia/>. Acesso em: 15 ago. 2020.

VELHO, Jesus. *Tratado de computação forense*. Campinas: Millenium, 2016.

VERIZON. *2020 Data Breach Investigation Report*. Disponível em: <https://enterprise.verizon.com/resources/reports/2020-data-breach-investigations-report.pdf>. Acesso em: 10 ago. 2020.

VIANNA, Catarina Morawska. Lições em engenharia social: a lógica da matriz de projeto na cooperação internacional. *Horizontes Antropológicos*, v. 20, n. 41, jan./jun. 2014. Disponível em: <http://www.scielo.br/pdf/ha/v20n41/v20n41a04.pdf>. Acesso em: 2 maio 2018.

VIANNA, Tulio Lima. *Fundamentos do direito penal informático*: do acesso não autorizado a sistemas computacionais. Rio de Janeiro: Forense, 2003.

VILAS, Sara Marques. *A implementação da gestão de risco operacional numa instituição financeira portuguesa tendo como base a abordagem de mediação avançada*: processo, desafios e oportunidades. 2015. Dissertação (Mestrado em Estatística e Gestão de Informação) – Universidade Nova de Lisboa, Lisboa, 2015. Disponível em: <https://run.unl.pt/bitstream/10362/17370/1/TEGI0363.pdf>. Acesso em: 23 abr. 2018.

WALTERS, Robert. The truth about outsourcing cyber security. Disponível em: <https://www.robertwalters.co.uk/career-advice/cyber-security/the-truth-about-outsourcing-cyber-security.html>. Acesso em: 23 abr. 2018.

WARD, Mark. Cryptolocker victims to get files back for free. *BBC*, 2014. Disponível em: <https://www.bbc.com/news/technology-28661463>. Acesso em: 10 ago. 2020.

WENDT, Emerson; BARRETO, Alessandro Gonçalves. *Inteligência digital*. Rio de Janeiro: Brasport, 2013.

WESTTERMAN, George; HUNTER, Richard. *O risco de TI*: convertendo ameaças aos negócios em vantagem competitiva. São Paulo: M. Books, 2008.

WOMBLE BOND DICKISON. Smart cities need smart laws, 2016. Disponível em: <https://www.womblebonddickinson.com/uk/insights/articles-and-briefings/smart-cities-need-smart-laws>. Acesso em: 10 ago. 2020.

ANEXOS

ANEXO 1 –
Modelos de Documentos

1. MODELO DE CÓDIGO DE CONDUTA ÉTICA

[Empresa]

Objetivo

O Código de Conduta Ética tem como objetivo estabelecer os princípios de um relacionamento ético da empresa entre seus colaboradores, fornecedores, clientes, sociedade e o governo. Além disso, direciona a empresa na gestão de profissionais e na tomada de decisões de modo moralmente sustentável.

Com a publicação do Código de Conduta Ética, a empresa formaliza seu compromisso com o exercício de atividades de maneira ética e respeitosa em relação ao público interno e externo, fornecendo subsídios para que a sociedade e seus clientes saibam que atuará em seus negócios de maneira íntegra e proba.

Índice

> **NOTA DO AUTOR:** Este é um índice básico, mas dependendo do porte da empresa, visando um Código de Conduta simplificado e mais objetivo, recomenda-se se tratar todas as relações em um único tópico de boas práticas e das condutas éticas digitais (postura em mídias sociais e grupos de WhatsApp, entre outros usos de tecnologia, em capítulo específico). Há itens que exigem customização conforme o segmento da empresa ou a própria cultura empresarial (visão, missão e valores). Portanto, para eles serão usados exemplos gerais.

- → Carta do presidente...
- → Princípios fundamentais...
- → Orgulho de ser empresa...
- → Relações com clientes...
- → Relações com fornecedores...
- → Relações com concorrentes...
- → Relações com órgãos públicos...
- → Relações com sindicatos...
- → Relações com os meios de comunicação...
- → Relações com a comunidade local...
- → Relações com o meio ambiente...
- → Normas e conduta no ambiente de trabalho...
- → Higiene, apresentação e segurança...
- → Relações com superiores hierárquicos...
- → Seleção, contratação e promoção de colaboradores...
- → Relações de parentesco entre colaboradores...
- → Conflito de interesse...
- → Segurança da informação...
- → Uso dos recursos...
- → Brindes, eventos e presentes...
- → Corrupção e fraude...
- → Cumprimento do código de conduta ética...
- → Violação do código de conduta ética...
- → Canal de denúncia e dúvidas...
- → Publicidade...
- → Termo de ciência e responsabilidade...

Carta do presidente

Nosso Código de Conduta Ética demonstra a preocupação da empresa com valores éticos e morais, com os direitos humanos e a responsabilidade social. É a forma que encontramos para materializar a visão, a missão e os valores da nossa empresa.

Nossos relacionamentos são pautados na ética, visando a sustentabilidade das atividades que orientam e conduzem nosso negócio.

Por isso, estimulamos o respeito às pessoas, à integridade, à igualdade, à transparência e à legalidade como base para uma relação de confiança e cooperação. Esperamos que todos pratiquem as diretrizes deste Código de Conduta Ética.

Comentário: O Código de Ética deve receber o máximo de endosso do alto escalão. Além da introdução do presidente, ou mesmo do conselho, pode ser feito um vídeo que deixe bem clara a importância do alinhamento da conduta individual dos colaboradores com as diretrizes da empresa.

Princípios fundamentais

A EMPRESA e seus colaboradores adotam primordialmente os seguintes princípios como fundamento de todas as relações:

- → respeito: reconhecer e aceitar as qualidades, as diferenças e os direitos do outro e da sociedade, de forma pacífica e saudável;
- → integridade: ser moralmente íntegro e imparcial em todas as condutas e relacionamentos estabelecidos, sem prejudicar o próximo ou agir somente em benefício próprio;
- → igualdade: tratar a todos de maneira igual, sem privilégios ou qualquer espécie de discriminação, preconceito ou favorecimento;
- → transparência: sempre informar aquilo que possa afetar, mesmo que de maneira negativa, a sociedade e nossos clientes. Tratar com sinceridade uns aos outros no dia a dia profissional;
- → legalidade: agir em conformidade com a legislação brasileira.

> **NOTA DO AUTOR:** É sempre importante alinhar os princípios do Código de Ética com os valores da empresa. Dependendo do perfil, pode ser oportuno citar, por exemplo, diversidade, honestidade, colaboração ou disciplina.

Reputação é fundamental

Nossa imagem e reputação são resultado do esforço e dedicação de todos nós. Nossos relacionamentos são pautados na ética no relacionamento com os integrantes internos e externos e no desenvolvimento diário do próprio negócio.

Todos os colaboradores, portanto, são responsáveis por zelar e manter íntegras a imagem e a reputação da empresa para garantir a excelência de nossos serviços.

> **NOTA DO AUTOR:** Deve-se destacar no Código de Ética a importância da proteção da reputação, visto que as ações individuais impactam a marca e não apenas o próprio indivíduo que as praticou.

Relações com a comunidade

Os negócios dependem de relacionamentos. Por isso, saber preservar as relações é um requisito de proteção do patrimônio da empresa. Tendo isso em vista, é indispensável:

- → repassar informações verdadeiras, claras e no tempo certo;
- → entregar qualidade, seja de serviço ou produto, sempre respeitando as leis, os contratos e as políticas internas;
- → estar sempre disposto a atender e tratar todos com excelência;
- → estabelecer relações profissionais e imparciais, independentemente das condições sociais;
- → manter a cordialidade e o respeito junto a todos os interlocutores da marca (stakeholders), como forma de fortalecer o relacionamento e o nosso negócio;
- → praticar o sigilo profissional e garantir a confidencialidade das informações repassadas que exijam proteção, conforme as exigências das leis e dos acordos celebrados.

Procuramos contribuir para o desenvolvimento social local, por meio de parcerias com órgãos públicos e organizações não governamentais que se apoiam no reconhecimento de necessidades e identificação de valores sociais para auxiliar no desenvolvimento pessoal e profissional e na melhoria das condições de vida.

Sendo assim, torna-se fundamental:

- → estimular a prática de ações voluntárias junto a nossos colaboradores e fornecedores;
- → direcionar os pedidos da comunidade para eventos sociais ou outras atividades para avaliação da área responsável.

Nossos princípios devem permear todas as relações estabelecidas, por isso, não é aceitável:

- → discriminar qualquer pessoa por meio de manifestações de intolerância, pois além de ser uma prática ilegal, prejudica a imagem das pessoas e fere sua dignidade;
- → durante suas atividades, sobrepor interesses pessoais aos interesses da comunidade formada pela empresa e sua rede de clientes;
- → realizar qualquer pagamento impróprio com o intuito de facilitar a aquisição de nossos produtos ou serviços, mesmo se isso puder significar perder oportunidades de negócio;

→   burlar dispositivos legais ou de regulamentos internos para beneficiar interessados, sejam eles clientes, fornecedores, parceiros ou outros colaboradores com os quais se mantêm relações pessoais;
→   deixar de agir com boa-fé nas relações. A empresa pode perder credibilidade junto a seu público devido ao comportamento individual de um colaborador.

> **NOTA DO AUTOR:** O Código pode ser escrito de forma mais ampla, tratando das boas práticas em todas as relações, ou detalhar especificamente alguns tipos de relações, como com clientes, fornecedores, autoridades. A seguir um exemplo de detalhamento de relações com fornecedores.

Relações com fornecedores

Os fornecedores desempenham papel muito importante na cadeia de valor de nosso negócio. Por isso, é fundamental que as relações estejam baseadas na transparência, no respeito, na confiança e no bom relacionamento comercial.

Buscamos vantagens competitivas mútuas e sustentáveis, sempre atendendo os princípios da livre concorrência e da proteção do indivíduo (usuário/consumidor).

Para isso, é fundamental:

→   cumprir a legislação vigente, as normas internas e as melhores práticas de mercado relativas ao escopo da contratação;
→   proporcionar oportunidade e tratamento iguais a todos, utilizando apenas critérios técnico-comerciais, no processo de credenciamento e seleção dos fornecedores;
→   buscar a imparcialidade nas negociações e na gestão dos contratos, visando garantir a melhor relação custo-benefício;
→   informar ao [Comitê de Ética] sobre as empresas que oferecem gratificações diretas ou indiretas aos gestores ou demais colaboradores para obter tratamento diferenciado, salvo práticas de mercado controladas e autorizadas pela direção;
→   acompanhar sistematicamente a situação cadastral e fiscal dos fornecedores, (caso seja constatada alguma irregularidade, deve ser solicitada ao fornecedor a adoção das medidas corretivas necessárias e informar o [Comitê de Ética]);
→   preservar o sigilo das informações compartilhadas e das transações comerciais realizadas;

- → realizar o pagamento das despesas com os fornecedores desde que justificadas e que obedeçam às políticas internas de desembolso, ou que, excepcionalmente, sejam aprovadas pela diretoria;
- → garantir o sigilo na apuração de denúncias realizadas ao [Comitê de Ética] de fatos relacionados a coações ou privilégios de determinado fornecedor;

Estimulamos e promovemos a livre concorrência, sem interferência nas demandas e ofertas do mercado. Sendo assim, não admitimos:

- → receber cortesias do fornecedor, a não ser em caráter excepcional e desde que autorizadas pela diretoria tendo em vista a dinâmica de trabalho;
- → induzir ao descumprimento da legislação vigente;
- → receber favores de qualquer tipo do fornecedor visando estreitar relações internas ou externas para influenciar na tomada de decisão ou vislumbrar tratamento diferenciado;
- → receber dos fornecedores, pessoalmente ou por meio de parentes, brindes (exceto material promocional do fornecedor), ingressos em eventos ou entretenimentos, viagens, refeições, hospedagens, participação em congressos e feiras, desde que não sejam previamente analisados e autorizados pelo [Comitê de Ética];
  - caso não seja possível realizar a devolução ou a recusa gere constrangimento a outra parte, o colaborador deve encaminhar o presente ao [Comitê de Ética], que providenciará sua doação para instituição assistencial credenciada na empresa;
- → firmar contrato com fornecedor por conta de relações de amizade ou parentesco (em qualquer grau), sem que ocorra uma análise prévia e autorização formal do [Comitê de Ética] e o colaborador seja substituído no processo de decisão;
- → que fornecedores falem em nome de nossa empresa, com exceção de quem seja contratado para tanto, ou tenham sido previamente autorizados, com validação expressa do conteúdo;
- → receber incentivos ou bonificações de fornecedores para efetivar transações comerciais do interesse deles, salvo práticas de mercado controladas e autorizadas pela direção;
- → realizar qualquer prática de corrupção, direta ou indiretamente, para acelerar procedimentos públicos ou burlar dispositivo legal.

NOTA DO AUTOR: Recomenda-se criar um Comitê de Ética para analisar os casos que necessitem de apuração. A questão de recebimento de brindes e presentes é bem controversa e gera muito espaço para dúvidas. O ideal é a empresa publicar uma lista do que seriam brindes e presentes aceitáveis, ou determinar uma referência de valor (que pode variar conforme a porcentagem da remuneração do colaborador, visto que um presente de R$ 100,00 para alguém que recebe salário mínimo tem um impacto muito maior do que para um executivo de diretoria). Atualmente, têm sido aceitas cortesias como livros (em caráter de doação), convites para cursos, capacitações, aulas (que ofereçam um ganho de conhecimento direto para a empresa e relacionadas à atividade daquele que as recebe) e convites VIP para participação em eventos de networking. Quando há definição de valor, podem ser excluídos brindes que possam não ser compatíveis com os valores da empresa (depende muito de seu segmento de atuação, como ocorre com brindes relacionados a bebidas alcóolicas, tabagismo e outros).

Relações com concorrentes

Estimulamos e respeitamos a livre iniciativa e a concorrência leal, por meio de negociações comerciais e estratégias competitivas de acordo com a Lei de Defesa da Concorrência no Brasil. Por isso tratamos nossos concorrentes com respeito profissional para receber o mesmo por parte deles.

Dessa forma, não é permitido:

→ fazer comentários que desabonem a imagem de nossos concorrentes ou que possam contribuir para disseminação de boatos por qualquer meio, tradicional ou digital, inclusive nas mídias sociais e nos grupos de WhatsApp;

→ enviar informações internas ou confidenciais ou discutir assuntos internos ou que tenham informações de segredos de negócios ou protegidas por sigilo por motivo de lei ou contrato, com os nossos concorrentes, incluindo-as em canais digitais como mídias sociais, grupos de WhatsApp, LinkedIn e similares, salvo neste último caso em associações de defesa de interesse do setor;

→ obter informações de nossos concorrentes por métodos escusos. Para saber se um método é considerado escuso basta não ser possível a revelação da origem legítima da informação, atendendo ao princípio de transparência já tratado neste Código;

→ atuar na manipulação das condições de mercado de forma ilícita e/ou contrária à ética dos negócios.

Relações com órgãos públicos

Nossas relações com os órgãos públicos são pautadas pela transparência e pela legislação que estabelece a atuação das autoridades públicas.

Toda empresa e todo cidadão têm papel importante na prevenção e combate à corrupção em nossa sociedade. Por isso, cada negociação deve ser cuidadosamente avaliada, evitando qualquer suspeita de favorecimento ou corrupção.

Buscamos assegurar a construção de relacionamentos francos, íntegros e contributivos. Desse modo, é indispensável:

- → exercer uma conduta profissional e íntegra nas relações com as autoridades públicas;
- → disponibilizar de modo diligente às autoridades públicas competentes os documentos e informações quando solicitados pelas vias adequadas;
- → manter isenção em relação à política e evitar manifestações institucionais sobre decisões ou atuação de agentes públicos;
- → respeitar a liberdade de expressão, devendo garantir sempre a separação entre a opinião do indivíduo e o posicionamento da empresa.

Incentivamos e promovemos boas práticas corporativas internamente e externalizamos tais práticas aos nossos clientes e fornecedores, visando uma conduta responsável e comprometida com nossos valores éticos. Sendo assim, não admitimos:

- → privilegiar agentes públicos em virtude da função exercida, mesmo que para beneficiar a empresa;
- → aliciar agentes públicos ou candidatos para favorecer nosso negócio, agilizar procedimentos ou realizar obrigações legais por meio de presentes, promessas, privilégios ou vantagens pessoais;
- → prestar auxílio aos órgãos públicos, exceto quando solicitado por ofício formal e seja para beneficiar a comunidade local ou após autorização da diretoria.

Relações com sindicatos

> **NOTA DO AUTOR:** Quando a empresa lida com sindicatos, recomenda-se criar também um tópico específico de melhores práticas para reger esse relacionamento. Este capítulo exige customização específica dependendo da empresa, segmento e suas relações sindicais.

Relações com os meios de comunicação

Os meios de comunicação, como televisão, rádio, Internet e mídias sociais são fundamentais para garantir a imagem de nossa empresa. Desse modo, mantemos um canal de atendimento à imprensa composto de profissionais devidamente capacitados e autorizados para preservar nossa imagem e estabelecer um relacionamento transparente, objetivo e verdadeiro na divulgação de informações.

Visando a continuidade desse relacionamento respeitoso e pautado na ética, é fundamental:

- → garantir o direito de liberdade de expressão responsável;
- → estabelecer um atendimento eficaz e respeitoso com os profissionais de imprensa;
- → manter atualizadas as credenciais dos profissionais de imprensa;
- → garantir que apenas os colaboradores autorizados pela diretoria [ou definir quais áreas podem emitir esta autorização] emitam opiniões ou declarações em nome da empresa;

Sendo assim, não é permitido:

- → que pessoas não autorizadas estabeleçam contato com profissionais de imprensa para dar entrevistas ou prestar esclarecimentos em nome da empresa;
- → gravar (áudio ou vídeo) ou fotografar nossos colaboradores ou as dependências de nossa empresa sem autorização prévia formal da área [ou definir quais áreas podem emitir esta autorização];
- → prestar informações em detrimento de nossos concorrentes ou terceiros, ainda que possam gerar algum benefício ao nosso negócio.

Relações com o meio ambiente

Sabemos que conservar o nosso meio ambiente é fundamental. Por isso, além do comprimento da legislação ambiental, estimulamos uma gestão sem papel. Diante disso, é indispensável:

- → consumir os recursos não renováveis com seriedade e sem desperdício;
- → estimular as iniciativas internas que buscam reduzir os impactos no meio ambiente e a eliminação do uso do papel no ambiente de trabalho e no negócio;
- → apoiar a redução de consumo e o uso eficaz da água e energia em campanha internas;

→ orientar o descarte correto do lixo e demais resíduos sólidos para apoiar o processo de reciclagem do material.

> **NOTA DO AUTOR:** Dependendo do tipo de segmento da empresa, deve haver algumas recomendações específicas nas práticas ambientais.

Normas e conduta no ambiente de trabalho

Nosso relacionamento com os colaboradores é baseado:

→ na legislação nacional vigente, nos normativos internos, no respeito à dignidade, à liberdade de expressão, aos valores sociais e à individualidade de cada um;

→ no respeito mútuo, na honestidade, no profissionalismo, na confiança, na integridade, na igualdade e no estímulo às inovações e ao desenvolvimento profissional.

→ temos como objetivo principal promover um ambiente de trabalho sadio e harmonioso, visando à valorização do ser humano e ao seu bem-estar profissional, estimulando o trabalho em equipe e a prática da alteridade e do respeito ao próximo, visto que o direito de um vai até onde se inicia o direito do outro.

Por isso, não aceitamos que nossos colaboradores:

→ tenham um comportamento agressivo, ofensivo, difamatório, ridicularizante, humilhante, calunioso, constrangedor ou violento;

→ pratiquem atos que denotem ou estimulem qualquer tipo de discriminação ou preconceito, seja em meio presencial ou digital, a exemplo de exposição ao ridículo, intimidação, hostilidade, constrangimento em consequência de cor, raça, sexo, origem étnica, língua, idade, condição econômica, nacionalidade, naturalidade, condição física, mental ou psíquica, parentesco, religião, orientação sexual, ideologia sindical ou posicionamento político;

→ tenham uma conduta abusiva junto os demais colaboradores, como assédio sexual ou moral, independentemente se de modo presencial ou pelos meios digitais de comunicação;

→ trabalhem sob o efeito de bebidas alcoólicas ou drogas ilegais. Igualmente, é vedado seu porte ou consumo em nossas dependências ou com o uso do uniforme;

→ portem qualquer tipo de armamento, seja armas de fogo ou brancas, em nossas dependências, independentemente de possuir o devido registro;

- → comercializem qualquer tipo de produtos em nossas dependências por meio de seus recursos ou utilizando nossa imagem ou marca;
- → realizem propaganda política, religiosa ou comercial em nossas dependências ou com a utilização de nossos recursos.
- → prezamos a atitude educada e a competência profissional com excelência, por isso exigimos que nossos colaboradores:
- → atendam sempre com transparência, atenção, empatia, simpatia e clareza de informações;
- → mantenham os locais de trabalho e ambientes comuns conservados, limpos e organizados, inclusive vestiários, armários, banheiros;
- → sejam pontuais e, em caso de qualquer imprevisto, avisar imediatamente o superior hierárquico;
- → mantenham o celular/smartphone em modo silencioso no ambiente de trabalho para evitar perturbar a concentração dos demais;
- → atendam as limitações e/ou restrições de uso do celular/smartphone conforme a função ou atividade que estiver desempenhando, sempre que puder colocar em risco a segurança do trabalho, das informações e/ou das pessoas.

Higiene, apresentação e segurança

> **NOTA DO AUTOR:** Dependendo do tipo de segmento da empresa, deve haver algumas recomendações específicas nas práticas de higiene pessoal, apresentação perante os clientes (público) e segurança. Portanto, este é um capítulo que exige customização caso a caso.

Relações com superiores hierárquicos

Todo superior hierárquico é responsável por fiscalizar, estimular, orientar e assegurar o cumprimento deste Código de Conduta Ética pelos colaboradores supervisionados. Além disso, deve garantir o conhecimento e a divulgação dos princípios éticos aplicáveis aos relacionamentos internos e externos sob sua responsabilidade, principalmente porque servirá de exemplo para os demais.

Os colaboradores, no entanto, não devem executar ordens de superiores hierárquicos ou de qualquer outro colaborador que sejam ilegais ou que causem danos à integridade, imagem, reputação ou patrimônio da empresa, de si próprios ou de outros colaboradores. Situações como essas devem ser reportadas para o canal de denúncia apropriado [inserir informações sobre o canal de denúncia ou a área responsável para recepcionar as denúncias – Compliance, Ética, outra].

Seleção, contratação e promoção de colaboradores

Asseguramos isenção e transparência nos processos de seleção, contratação e promoção de nossos colaboradores. Os candidatos e colaboradores sempre serão avaliados conforme suas competências técnicas e profissionais, de acordo com os requisitos exigidos para o cargo, bem como pelo seu atendimento às normas da empresa especialmente relacionadas à segurança da informação, e a sua conduta moral e ética, conforme os padrões exigidos pela empresa.

Relações de parentesco entre colaboradores

Permitimos a contratação de profissionais com relação de parentesco, desde que precedida de processo de seleção e avaliação para assegurar a imparcialidade, isenção e transparência nos processos de captação e contratação de profissionais.

> **NOTA DO AUTOR:** Este tópico pode variar dependendo do perfil da empresa, visto que há muitas empresas de origem familiar, e uma restrição muito ampla seria inviável na prática. Portanto, a questão de permitir ou não relação de parentesco direto ou indireto, com ou sem subordinação entre as partes, preexistente ou após a relação de trabalho (casos em que os colaboradores casam), precisa estar bem definida para evitar situações constrangedoras.

Conflito de interesse

Nossas relações internas e externas são baseadas na integridade, na transparência, na reciprocidade e no respeito aos princípios éticos.

As decisões profissionais de nossos colaboradores devem ser isentas e sempre baseadas neste Código de Conduta Ética e na defesa dos interesses da empresa.

Por isso, não aceitamos:

- → que as decisões sejam influenciadas por relações ou interesses pessoais ou de terceiros;
- → participação do colaborador em atividades que possam comprometer a isenção político-partidária da empresa;

→ que os recursos da empresa sejam utilizados para fins particulares ou benefício de terceiros;

→ que os colaboradores prestem serviços ou ocupem cargos junto a nossos fornecedores ou concorrentes enquanto ainda vinculados à empresa.

Os colaboradores devem informar seus superiores hierárquicos ou realizar uma denúncia ao Canal de Ética <<descrever qual é>> sobre situações que possam caracterizar conflito de interesses.

> **NOTA DO AUTOR:** A questão do conflito de interesses pode ter itens bem específicos, conforme o negócio da empresa. Por exemplo, quando no ramo farmacêutico, há restrições em compartilhar informações no ambiente acadêmico que possam implicar a revelação de uma pesquisa que a empresa está realizando. Logo, itens que podem ser incluídos dependendo do caso:
> → o exercício de outras atividades que possam ser concorrentes ou que comprometam suas responsabilidades com a empresa;
> → o uso de informações relacionadas à empresa e seus negócios em trabalhos acadêmicos sem autorização prévia e expressa específica;
> → subordinação direta ou indireta entre parentes (se houver restrição na empresa quanto a parentesco).

Segurança da informação

Todos os integrantes da comunidade da empresa devem praticar segurança da informação, seja colaborador, cliente, parceiro, fornecedor ou terceiro. Quando uma informação for rotulada como confidencial deve receber o tratamento de proteção necessária conforme seu nível de classificação.

Os colaboradores devem honrar o dever de sigilo profissional mesmo após o término do vínculo contratual com a empresa, assim como os fornecedores e os parceiros devem honrar o dever de confidencialidade contratual estabelecido nas relações de negócios havidas com a empresa.

Uso dos recursos

Nossos colaboradores devem fazer uso ético, seguro e legal das informações e dos recursos disponibilizados, de forma exclusivamente profissional e de acordo com o interesse da empresa, respeitando os normativos internos.

Dessa forma, não é permitido o uso dos recursos tecnológicos da empresa, por exemplo, conexão de Internet para acesso a conteúdos pornográficos, obscenos, imorais, ofensivos ou que desrespeitem a privacidade ou intimidade de terceiros.

Todo colaborador deve zelar pela correta utilização, integridade e preservação dos recursos da empresa e suas instalações, a exemplo de energia elétrica, papel, telefone e água.

A empresa monitora e inspeciona seus ambientes físicos e lógicos, com o uso de câmeras e soluções de registro e monitoramento, para proteção do próprio negócio e das pessoas com quem se relaciona.

Brindes, eventos e presentes

NOTA DO AUTOR: Este item depende de customização, conforme a empresa. Quando se estipula um valor-limite para gratificações em geral é utilizado o seguinte clausulado:

→ Entendemos como legítima a valorização dos relacionamentos profissionais com brindes enviados por nossos clientes ou fornecedores desde que direcionados à empresa e não diretamente a nossos colaboradores. Além disso, o brinde não deve ultrapassar o valor de R$ XXXX,00;

→ Incentivamos a participação de nossos colaboradores em eventos de entretenimento ou cerimoniais relacionados ao nosso negócio ou resultantes dele, além do aprimoramento intelectual e profissional. Contudo, não permitimos oferecer ou aceitar qualquer gratificação em dinheiro, presentes, benefícios ou vantagem que afetarão ou influenciarão as decisões profissionais ou que sirvam de recompensa por decisões já tomadas;

→ Caso o valor do brinde ultrapasse o estipulado, o Comitê de Ética deverá aprovar a idoneidade, com base nos critérios da proporcionalidade, pertinência, relevância e integridade;

→ Se o brinde entregue implicar conflito de interesse ou acarretar prejuízo para a empresa ou ao expediente de nossos colaboradores, o Comitê de Ética pode recusar, devolver, inutilizar ou reencaminhar a gratificação conforme conveniência dos interesses da empresa;

→ Presentes oferecidos ou trocados entre colaboradores podem ser entregues diretamente, sem a necessidade de intermediação da empresa, mas devem respeitar os requisitos de licitude e discrição do ambiente corporativo.

No caso de a empresa não realizar comissionamento para quem traz negócios (e, portanto, proibir que qualquer um o faça), é utilizado o seguinte clausulado (no entanto, se a empresa comissiona ou bonifica por trazer negócios, essa restrição já se torna incoerente no Código de Ética):

> → É vedado que nossos colaboradores sugiram ou aceitem participações, comissões ou outra forma de remuneração pessoal relacionada a qualquer transação ou negócio envolvendo a empresa, salvo práticas de mercado controladas e autorizadas pela direção. O mais importante é que o Código de Ética tenha muita aderência e coerência com o modelo de negócio da empresa, para que seja implementável e torne-se exigível.

Condutas digitais

Devemos ter muito cuidado com a postura em ambientes digitais, especialmente nas mídias sociais e demais redes de relacionamento como LinkedIn, assim como no uso de comunicadores como Skype, WhatsApp e similares, que permitem a documentação e o compartilhamento público de manifestações de pensamento e informações que possam estar relacionadas com atividades de trabalho ou que de algum modo possam impactar a imagem e reputação da empresa. Devemos evitar o uso de palavras que gerem dupla interpretação ou subjetividade que possam denotar algum tipo de preconceito, ofensa, discriminação, abuso da liberdade de expressão, falha ética, assédio moral ou sexual ou ato de corrupção.

> **NOTA DO AUTOR:** O capítulo de condutas digitais tem se destacado nos códigos de conduta, visto que aborda tipos de comportamentos que mais geraram incidentes nas empresas nos últimos anos, especialmente por ainda não haver um bom senso coletivo estabelecido nem uma orientação familiar mais rigorosa nos limites éticos do uso desses recursos. Há tanto um aumento nas situações de conduta de má-fé como de comportamento "sem-noção" dos colaboradores.

Corrupção e fraude

Nossa empresa está em conformidade com a legislação de combate à corrupção no Brasil. Repudiamos toda e qualquer forma de corrupção, fraude, suborno, favorecimento, extorsão, recompensa e propina nas relações comerciais que estabelecer ou durante processo de negociação.

Cumprimento do código de conduta ética

É obrigação de todos os integrantes da comunidade da empresa estar cientes e cumprir este Código de Conduta Ética, em todas as relações e atividades profissionais ou que envolvam a nossa empresa. Por isso, ele ficará publicado no site (inserir endereço online).

Violação do código de conduta ética

Quaisquer atitudes contrárias ao estabelecido por este Código de Conduta Ética, inclusive a tentativa de burla, são consideradas violações e estão sujeitas à análise do Comitê de Ética para aplicação das sanções cabíveis, a exemplo de advertência verbal ou escrita, suspensão e até rescisão contratual, conforme a natureza e gravidade da conduta, sem prejuízo de eventual instauração de procedimentos judiciais ou administrativos.

Canal de denúncia e dúvidas

Os casos de violação ou suspeitas de violação ao estabelecido por este Código de Conduta Ética ou demais normativos da empresa devem ser imediatamente reportados ao canal de ética <<indicar os contatos, se há preservação de anonimato ou não naquele canal>>.

As denúncias serão registradas e analisadas pelo comitê de ética com imparcialidade, prezando o sigilo da identidade do denunciante quando a denúncia for realizada com natureza anônima.

As dúvidas ou questões não reguladas por este Código de Conduta Ética também podem ser direcionadas para apreciação do comitê de ética por meio do canal de ética.

Publicidade

Cumprindo o dever de garantir publicidade e transparência das regras de conduta, o presente documento terá divulgação interna deste Código de Conduta Ética a todos os integrantes da comunidade da empresa, em especial colaboradores e fornecedores, além de ser disponibilizado nos canais oficiais da empresa na Internet para possibilitar o acesso por clientes, acionistas, investidores, autoridades e demais partes externas.

Termo de ciência e responsabilidade

Para ciência eletrônica: deve ser coletado o de acordo (usar como barreira de navegação no login da rede, ou publicar na Intranet com envio para o e-mail de todos com a frase a seguir acompanhando ou em local de acesso obrigatório).

Termo de Ciência e Responsabilidade (eletrônico)

Confirmo que estou ciente do conteúdo do **Código de Conduta Ética** da empresa, e reafirmo meu dever de cumprir, disseminar e manter-me sempre atualizado sobre as regras lá estabelecidas.

Para ciência com assinatura autógrafa:

Termo de Ciência e Responsabilidade

Eu, _____, pelo presente, confirmo estar ciente do conteúdo do **Código de Conduta Ética** da empresa, e reafirmo meu dever de cumprir, disseminar e manter-me sempre atualizado sobre as regras lá estabelecidas.

_____, __/__/____

Local, Data

_____

Assinatura do Colaborador

Matrícula do Colaborador

---

2. MODELOS DE POLÍTICA DE SEGURANÇA DA INFORMAÇÃO (PSI)

2.1 Modelo 1

Um documento do tipo PSI deve adotar um sumário básico para se manter em conformidade com as regras de segurança das informações, privacidade e proteção de dados. Deste modo, aponta-se tal sumário básico:

1. **Objetivo e abrangência do PSI:** neste tópico são abordadas as razões de existência do documento, assim como o alcance das ações e condições envolvidas.
2. **Princípios da Segurança da Informação:** os princípios norteadores do documento servem para indicar os valores que motivam e acompanham a prática dos trabalhos.
3. **Diretrizes gerais de aplicação do PSI:** as diretrizes são o guia de ação e atividades gerais que envolvem o PSI dentro da organização. Servem para pontuar o modo que as atividades devem ser executadas.
4. **Responsabilidades:** elencar os agentes envolvidos nos processos e seus devidos papéis, é muito importante para criar limitações e definir a abrangência de atuação de cada ator envolvido.
5. **Penalidades:** neste tópico são pontuadas as sanções aplicadas em caso de descumprimento das diretrizes.
6. **Termos e definições/ Glossário:** devido às características técnicas envolvida neste tipo de documento, é de primordial importância criar uma lista de termos e definições, para que não haja problemas de interpretações e/o entendimentos no futuro.

7. **Termo de ciência e responsabilidade do colaborador/ Termo de ciência e compromisso:** o mero envio da PSI organizacional não é suficiente para garantir a conformidade dos colaboradores, por isso é importante formalizar com o termo de ciência e responsabilidade.

Para entender melhor como desenvolver o seu PSI, acompanhe o modelo abaixo:

Objetivo

A presente Política de Segurança da Informação (PSI) tem como objetivos centrais:

→ A formalização do compromisso da direção da <<nome da empresa>> na promoção e aplicação das diretrizes, responsabilidades, competências e apoio ao Sistema de Gestão da Segurança da Informação (SGSI) interno;
→ A proteção dos ativos tangíveis e intangíveis da <<nome da empresa>>;
→ O estabelecimento de responsabilidades e limites de atuação dos diferentes agentes e colaboradores envolvidos com a <<nome da empresa>> em relação à segurança da informação;
→ A promoção e disseminação da cultura de conformidade em segurança da informação no ambiente interno e/ou externo da <<nome da empresa>>.

Abrangência do PSI

Esta PSI é um documento interno, dotado de valor jurídico, de aplicação imediata e indistinta a partir de sua publicação, alcançando todos os colaboradores da <<nome da empresa>>.

e/ou

Esta PSI é um documento externo, dotado de valor jurídico, de aplicação imediata e indistinta a partir de sua publicação, alcançando todos os colaboradores da <<nome da empresa>> assim como parceiros e terceiros envolvidos na cadeia processual.

Princípios da segurança da informação

A <<nome da empresa>> adota como princípios norteadores de sua conduta:

→ A **preservação e proteção da informação** da <<nome da empresa>>, assim como informações sob a sua responsabilidade e zelo, durante todo o ciclo de vida dos dados, independente de seu suporte, formato, vulnerabilidades e ameaças envolvidos;

→ A **prevenção e redução de impactos** em situações de incidentes de segurança da informação, com base nas boas práticas em segurança da informação, como garantia da confidencialidade, integridade, disponibilidade, autenticidade e legalidade no desenvolvimento das atividades e processos;

→ A **transparência nas relações** com base na ética, de modo a coibir toda e qualquer forma de corrupção, fraude, suborno, favorecimento e extorsão por parte de seus colaboradores;

→ A **conformidade e cumprimento da legislação** brasileira e demais instrumentos de regulação relacionados à segurança da informação.

Diretrizes gerais de aplicação

Para garantir a conformidade das ações e processos da <<nome da empresa>>, é necessário seguir as diretrizes gerais no cotidiano organizacional:

→ A **interpretação** desta PSI e documentos correlatos deve ser feita de forma restritiva, ou seja, se alguma atividade não estiver abarcada pelo documento, devem passar por um processo de validação formal por parte do Gestor do colaborador antes de sua aplicação;

→ A PSI e documentos correlatos devem ser divulgados aos colaboradores da <<nome da empresa>> pela <<área responsável>>, visando a garantia da **publicidade** das informações;

→ Todas as informações geradas, acessadas, manuseadas, armazenadas ou descartadas durante a atividade dos colaboradores, assim como demais ativos intangíveis e tangíveis disponibilizados, são de **propriedade, responsabilidade** e detêm o **direito de uso** exclusivo da <<nome da empresa>>, sendo utilizados somente para fins profissionais;

→ Toda e qualquer utilização de obras intelectuais, softwares, desenhos industriais, marcas, identidades visuais e/ou quaisquer outros sinais distintivos atuais ou futuros da <<nome da empresa>> são de **propriedade intelectual** de <<nome da empresa>>. Por isso requerem autorização prévia, independente do suporte adotado;

→ Todas as informações de propriedade e/ou sob responsabilidade da <<nome da empresa>> devem seguir um sistema de **classificação** e **proteção com controles específicos** em todo o seu ciclo de vida;

→ Deve ser garantido o **sigilo das informações de** propriedade e/ou sob responsabilidade da <<nome da empresa>>, a qualquer tempo, de modo que qualquer revelação só poderá ser realizada com a prévia e formal autorização do Gestor de Informação;

→ Todos os ativos de propriedade e/ou sob responsabilidade da <<nome da empresa>> devem ser **usados somente para fins profissionais** e de acordo com as orientações dos fabricantes e da <<nome da empresa>>;

→ Todos os **Recursos de TIC** de propriedade e/ou sob responsabilidade da <<nome da empresa>> devem ser usados somente para fins profissionais e de forma lícita, ética e moral, seguindo as regras da <<nome da empresa>>;

→ A <<nome da empresa>> deve realizar um **inventário de hardwares e softwares** de sua propriedade e/ou sob responsabilidade, de maneira que o Departamento de TI é o responsável por indicar os procedimentos e informações hábeis para ser feito o registro, armazenamento e manutenção/atualização dos materiais;

→ A <<nome da empresa>> realizar o **controle de acessos** aos seus ambientes, ativos e informações, devendo os colaboradores respeitarem as regras impostas e vinculadas a cada acesso fornecido;

→ A **contratação de colaboradores e terceiros** as quais envolvam o compartilhamento de informações de propriedade e/ou sob responsabilidade da <<nome da empresa>> deve ser dotada de termos de confidencialidade e cláusulas contratuais relativas à segurança da informação;

→ A <<nome da empresa>> adota um mecanismo e processo de **salvaguarda (backup)** completa de seus sistemas com fins de conformidade com requisitos legais, operacionais e de lógica de negócio. No caso de falhas ou incidentes de segurança da informação, deve ser realizada a recuperação das informações de maneira ágil e segura;

→ A <<nome da empresa>> realiza o **monitoramento** de seus ambientes – físicos e lógicos – para que a eficácia dos controles seja garantida, a proteção do patrimônio assegurada, assim como a reputação e identificação de alertas/situações garantidas em relação à segurança da informação;

→ A <<nome da empresa>> resguarda o direito de realização de **auditorias e inspeções** dos recursos de TIC e segurança da informação, sempre que achar necessário e atendendo aos princípios da proporcionalidade, razoabilidade e privacidade dos usuários;

→ A <<nome da empresa>> deve estabelecer um **Comitê de Segurança da Informação (CSI)**, de modo que a equipe do CSI deve ser dotada de multidisciplinaridade e ter atuação permanente. O CSI será responsável pelo acompanhamento e gestão da implementação de controles estabelecidos pelo SGSI;

→ A <<nome da empresa>> possui um **canal de comunicação de incidentes**, cuja divulgação é realizada junto a seus colaboradores para o reporte de incidentes de segurança da informação através dos canais de contato << e-mail e demais formas de contato do canal>>;

→ A <<nome da empresa>> respeita os regulamentos e leis relativos à **proteção da privacidade e dados pessoais** do Brasil, assim como demais normas correlatas, adotando uma postura de conformidade com as boas práticas e medidas de segurança em privacidade e proteção de dados pessoais;

→ A <<nome da empresa>> deve adotar um **plano periódico de capacitação** em segurança da informação junto aos colaboradores;

→ A <<nome da empresa>> deve adotar um **programa de revisão/manutenção desta PSI e suas normas complementares** sempre que necessário e que não deve ultrapassar o período de 12 (doze) meses;

→ Todas as alterações devem ser devidamente comunicadas aos colaboradores e terceiros abarcados por esta PSI;

→ Todos os pedidos de **exceções** devem ser devidamente comunicados e autorizados pelo << cargo responsável>>, sempre de maneira temporária;

→ Todas as **dúvidas** relacionadas a esta PSI devem ser encaminhadas à área de tecnologia da informação, através dos canais de contato << e-mail e demais formas de contato >>.

Responsabilidades

Colaboradores e terceiros

- Conhecer e assinar o "Termo de ciência e de Reponsabilidade";
- O cumprimento desta PSI em todas as suas atividades profissionais e que envolvam a <<nome da empresa>>, seguindo todas as recomendações e indicações pontuadas;
- A comunicação junto ao canal de comunicação de quaisquer incidentes ou reportes envolvendo segurança da informação;
- A adoção de boas práticas em segurança da informação e proteção de privacidade e dados pessoais em sua rotina de trabalho;
- A busca da área de TI para retirar quaisquer dúvidas referentes à segurança da informação;
- A comunicação e solicitação de autorização junto ao seu gestor para a realização de atividades em exceção.

Área de Gestão de Pessoas

- Adoção de uma postura exemplar em segurança da informação;
- O cumprimento e promoção da conscientização desta PSI junto aos colaboradores e terceiros, assim como a garantia da disponibilidade e publicidade da PSI;

- Estabelecer e aplicar controles de segurança relativos aos processos de contratação e/ou alteração das atividades e processos dos colaboradores e terceiros;
- Divulgar, colher e guardar os termos de ciência e responsabilidade assinados pelos colaboradores e terceiros durante sua admissão/contratação;
- Aplicar as decisões administrativas quando ocorrer o descumprimento da PSI.

Área Jurídica

- Elaborar, apoiar e orientar as demais áreas acerca dos requisitos e prática jurídicas necessárias para o desenvolvimento de suas atividades, o que inclui a contratação, procedimentos, documentação e controles em segurança da informação;
- Validar os documentos em segurança da informação e garantir a sua conformidade com as leis brasileiras de segurança da informação, privacidade e proteção de dados pessoais, e correlatas.

Área de Comunicação

- Elaborar, controlar, padronizar e autorizar ou não o uso da marca, identidade e quaisquer sinais distintivos atuais e/ou futuros da <<nome da empresa>>;
- Auxiliar a Área de Gestão de Pessoas na divulgação e promoção da cultura de segurança da informação da <<nome da empresa>>, interna e externamente;
- Auxiliar a Área de Gestão de Tecnologia da Informação na elaboração de materiais informativos e educativos/didáticos junto aos colaboradores e terceiros, de maneira a garantir a democracia e acesso à informação;
- Autorizar ou não, além de estabelecer padrões e procedimentos, para a gravação de vídeos/áudios, realização de fotos e demais documentações das dependências da empresa e/ou de suas atividades, assim como a divulgação de tais materiais coletados.

Área de Gestão de Tecnologia da Informação

- Definir e implementar as regras de instalação, manuseio e boas práticas na implementação e atualização de hardwares e softwares de propriedade da <<nome da empresa>>;
- Definir, criar, implementar e monitorar o SGSI da <<nome da empresa>>;

- Validar e homologar o uso de equipamentos pessoais – como smartphones, notebooks, tablets e outros – para uso profissional do colaborador e terceiro da <<nome da empresa>>;
- Realizar a classificação das informações e estabelecer os controles de acesso da <<nome da empresa>>, mantendo os processos sempre atualizados, seguros e fidedignos;
- Monitorar e gerir o uso de recursos de TIC de propriedade ou sob responsabilidade da <<nome da empresa>>;
- Identificar, avaliar e propor soluções mediante os riscos relativos à segurança da informação;
- Elaborar, verificar e assegurar que os procedimentos de salvaguarda (backup) das informações, assim como rotinas e aquisição de tecnologias de maneira a garantir a sua atualização, requisitos legais e boas práticas em TI;
- Auxiliar a área de Gestão da Pessoas na garantia de aplicação, divulgação e conscientização dos colaboradores e terceiros em segurança da informação;
- Auxiliar a área de Gestão da Pessoas na capacitação contínua dos colaboradores e terceiros em segurança da informação;
- Auxiliar e analisar os incidentes e reportes em segurança da informação;
- Auxiliar, elaborar e acompanhar estudos em segurança da informação junto ao Comitê de Segurança da Informação.

Comitê de Segurança da Informação (CSI)

- Ter ciência, realizar a análise e aprovação da PSI e documentos correlatos da <<nome da empresa>>;
- Garantir a atualização, manutenção e otimização da PSI e documentos correlatos da <<nome da empresa>>;
- Garantir a implementação e continuidade desta PSI e do SGSI juntos aos processos, aos colaboradores e terceiros;
- Promover e disseminar a cultura de boas práticas em segurança da informação na <<nome da empresa>>;
- Propor e captar os recursos e investimentos necessários para a manutenção, adequação e otimização da PSI e do SGSI, adotando uma postura em prol da harmonização do custo-benefício;
- Auxiliar a Área de Gestão de Pessoas na publicidade e capacitação em segurança da informação;
- Auxiliar a Área de Gestão de Tecnologia da Informação na avaliação e plano de resposta a incidentes e reportes em segurança da informação;

- Criar uma equipe de trabalho multidisciplinar, ativa e realize reuniões periódicas <<estabelecer período>>, de maneira ordinária, e reuniões de emergência em caso de situações de incidente ou necessidade, de maneira extraordinária.

Gestores de pessoas e de processos
- Cumprir e fazer cumprir a PSI e a adoção de boas práticas em segurança da informação, com garantia da implementação e respeito ao SGSI da <<nome da empresa>>;
- Adotar uma postura de diligência em relação à segurança da informação, de modo a prevenir e/ou reduzir os impactos ao negócio;
- Autorizar ou não o uso de Recursos de TIC ou dispositivos móveis por parte dos colaboradores e terceiros em atividades que envolvam a <<nome da empresa>>;
- Autorizar ou não a postura de exceção às regras da PSI;
- Auxiliar a Área de Gestão da Tecnologia da Informação na elaboração, implementação e manutenção de procedimentos de segurança da informação em sua área/equipe/processo e junto a terceiros;
- Auxiliar a Área de Gestão de Pessoas na disseminação e comunicação de informativos, capacitação e estímulo à cultura de segurança da informação junto a colaboradores e terceiros;
- Informar e auxiliar a Área de Gestão de Pessoas na decisão e adoção de posturas administrativas frente ao descumprimento da PSI e normas correlatas;
- Identificar os incidentes e quaisquer ações prejudiciais em segurança da informação adotadas por seus colaboradores e terceiros, e comunicar ao CSI de forma imediata ou assim que possível, quando for justificável.

Diretoria
- Análise, aprovação e formalização de seu comprometimento com a PSI e normas correlatas junto aos colaboradores e terceiros;
- Análise e aprovação dos investimentos e recursos dispendidos em segurança da informação da <<nome da empresa>>;
- Análise e aprovação das posturas de exceção à PSI, assim como penalizações e demais repercussões administrativas em situações de descumprimento das normas pelos colaboradores ou terceiros.

Penalidades

Caso colaboradores – independente do cargo ou posição – ou terceiros que prestem serviços ou sejam parceiros da <<nome da empresa>>

descumpram ou tentem burlar esta PSI e normas correlatas, são previstas as seguintes penalizações:

- → **Advertência verbal** – comunicação do colaborador ou terceiros de maneira verbal, assim como a indicação de instruções e materiais educativos necessários;
- → **Advertência formal** – notificação documentada do colaborador e da Área de Gestão de Pessoas, sendo que estas notificações podem ocorrer no máximo 3 vezes;
- → **Aplicação de medidas disciplinares** – seguindo critérios de responsabilização, proporcionalidade e avaliando a reincidência das condutas, serão aplicadas as medidas disciplinares cabíveis da <<nome da empresa>>.

Importante observar que as penalizações podem ser aplicadas de maneira concomitante, a depender da necessidade e gravidade da tentativa e/ou descumprimento.

Glossário[1]

Ativos: bens com valor associado para a <<nome da empresa>> e que necessitam de proteção adequada;

Ativos tangíveis: bens concretos da organização, como imóveis, equipamentos, máquina etc.

Ativos intangíveis: bens incorpóreos da organização, como a marca, informação, conhecimento de negócio etc.

Incidente de segurança: atividade e/ou ocorrência que indica a violação à PSI e normas correlatas, o que inclui falhas de controles, ações, situações previamente desconhecidas etc.

Recursos de TIC: os Recursos de Tecnologia da Informação são hardwares, softwares, serviços de conexão, comunicação, infraestrutura física necessários e utilizados para a criação, registro, armazenamento, manuseio, transporte, compartilhamento e descarte de informações.

Salvaguarda (Backup): procedimento que busca salvar e assegurar as informações através da reprodução e/ou espelhamento dos arquivos base,

---

[1] Importante notar que o Glossário deve ser adaptado às necessidades específicas de cada empresa, de maneira a ser estendido ou até mesmo ter a sua interpretação modificado de acordo com os processos e ações internas. Neste modelo, buscou-se apenas dar um norte exemplificativo.

cujo objetivo é a recuperação das informações em situações de incidentes ou necessidade.

Segurança da Informação: conjunto de ações, posturas e procedimentos que buscam preservar a confidencialidade.

Violação: toda e qualquer atividades que desrespeite as regras estabelecidas nos documentos e normas da <<nome da empresa>>.

Termo de ciência e responsabilidade do colaborador

Formato digital

> Declaro estar ciente acerca do conteúdo da Política de Segurança da Informação da <<nome da empresa>> e afirmo o meu compromisso em cumprir, disseminar, respeitar e manter a minha atualização frente às regras estabelecidas na PSI e normas correlatas.

Formato impresso

> Eu, <<nome e documento do colaborador>>, declaro estar ciente acerca do conteúdo da Política de Segurança da Informação da <<nome da empresa>> e afirmo o meu compromisso em cumprir, disseminar, respeitar e manter a minha atualização frente às regras estabelecidas na PSI e normas correlatas.
>
> _____
> *Assinatura*
>
> <<Local>>, <<data __/__/____>>.

Dicas finais!

O modelo indicado busca trazer os elementos básicos que uma PSI deve possuir, isso não significa que bastante 'copiar e colar' estar informações na realidade de sua empresa.

É necessário analisar o cenário interno e verificar as adições necessárias de acordo com os procedimentos e necessidades únicas de sua empresa. Este procedimento deve ser realizado de maneira multidisciplinar e executado pelo CSI.

Algumas indicações extras são adicionar junto ao documento: a política de classificação de informação adotada na empresa, a explicação dos cargos e responsabilidades de maneira mais explicativa e de acordo com a realidade da empresa, as competências dos cargos e comitês – quando julgar necessário, a estrutura organizacional da empresa, a política de resposta a incidente da organização e o mapa de segurança a informação da empresa.

2.2 Modelo 2

POLÍTICA DE SEGURANÇA DA INFORMAÇÃO

Introdução

O/A <<empresa>> reconhece a importância da Segurança da Informação como ferramenta para cumprimento da sua missão, aspiração e valores, bem como investe constantemente no crescimento profissional de seus colaboradores e em tecnologias que garantam a excelência de seus produtos e serviços.

Por isso, é essencial a proteção dos seus ativos, uma vez que quando utilizados de modo indevido podem gerar danos irreparáveis ao/à <<empresa>>, além de afetar a sua imagem perante o mercado. Deste modo, preservar ativos como: a informação, equipamentos tecnológicos e a sua reputação torna-se essencial.

Desta forma, a Política de Segurança da Informação foi elaborada para garantir a sua aderência à legislação vigente e aos requisitos do negócio.

É responsabilidade de todos, independentemente de cargo ou função, estarem cientes e cumprirem a Política de Segurança da Informação do/a <<empresa>>, além de aplicá-la constantemente nas suas atividades diárias, respeitando e disseminando o seu conteúdo.

ÍNDICE

1. OBJETIVO
2. ABRANGÊNCIA
3. PRINCÍPIOS DE SEGURANÇA DA INFORMAÇÃO
4. DIRETRIZES GERAIS
5. PENALIDADES
6. RESPONSABILIDADES
7. DISPOSIÇÕES FINAIS
8. TERMOS E DEFINIÇÕES
9. TERMO DE CIÊNCIA E RESPONSABILIDADE

1. OBJETIVO

1.1. Esta Política de Segurança da Informação (**PSI**) tem como objetivos:

1.1.1. Declarar formalmente o comprometimento da Direção do/a <<empresa>> na promoção de diretrizes estratégicas, responsabilidades, competências e apoio ao Sistema de Gestão de Segurança da Informação (SGSI), a fim de garantir a proteção dos seus ativos tangíveis e intangíveis;

1.1.2. Estabelecer as responsabilidades e os limites de atuação dos colaboradores do/a <<empresa>> em relação à segurança da informação, reforçando a cultura interna e priorizando as ações necessárias conforme o negócio.

2. ABRANGÊNCIA

2.1. Esta **PSI** é um documento interno, com valor jurídico e aplicabilidade imediata e indistinta, a partir de sua publicação, aos colaboradores do/a <<empresa>>.

3. PRINCÍPIOS DE SEGURANÇA DA INFORMAÇÃO

3.1. Preservar e proteger a informação do/a <<empresa>> ou sob sua responsabilidade, em todo o seu ciclo de vida, contida em qualquer suporte ou formato, de vulnerabilidades e ameaças;

3.2. Prevenir e reduzir impactos gerados pelos incidentes de segurança da informação, assegurando a confidencialidade, integridade, disponibilidade, autenticidade e legalidade no desenvolvimento das atividades profissionais;

3.3. Zelar por relações transparentes e éticas e coibir toda forma de corrupção, fraude, suborno, favorecimento e extorsão praticados por colaboradores;

3.4. Cumprir a legislação brasileira e os demais instrumentos regulamentares relacionados ao negócio no que diz respeito à segurança da informação.

4. DIRETRIZES GERAIS

4.1. Interpretação: Esta **PSI** e seus documentos complementares devem ser interpretados de forma restritiva, ou seja, as atividades que não estão tratadas nos normativos só devem ser realizadas após prévia e formal autorização do Gestor do colaborador.

4.2. Publicidade: Esta **PSI** e seus documentos complementares devem ser divulgados aos colaboradores pela [ÁREA RESPONSÁVEL], visando dar publicidade para todos que se relacionam profissionalmente com o/a <<empresa>>.

4.3. Propriedade: As informações geradas, acessadas, manuseadas, armazenadas ou descartadas no exercício das atividades realizadas pelos colaboradores, bem como os demais ativos intangíveis e tangíveis disponibilizados, são de propriedade ou estão sob a responsabilidade e direito de uso exclusivo do/a <<empresa>> e devem ser utilizados unicamente para fins profissionais.

4.4. Propriedade Intelectual: A utilização de obras intelectuais, softwares, desenhos industriais, marcas, identidade visual ou qualquer outro sinal distintivo atual ou futuro do/a <<empresa>> em qualquer suporte, inclusive na Internet e mídias sociais, deve ser previamente autorizada pelo/a <<empresa>> e vinculada as atividades profissionais.

4.5. Classificação da Informação: Todas as informações de propriedade ou sob a responsabilidade do/a <<empresa>> devem ser classificadas e protegidas com controles específicos em todo o seu ciclo de vida.

4.6. Sigilo: É vedada, a qualquer tempo, a revelação de informação de propriedade ou sob a responsabilidade do/a <<empresa>> sem a prévia e formal autorização do Gestor da Informação, excetuando-se a informação pública.

4.7. Uso dos Ativos: Os ativos de propriedade ou sob a responsabilidade do/a <<empresa>> devem ser utilizados somente para fins profissionais e de acordo com as orientações dos fabricantes e da <<empresa>>.

4.7.1. Uso dos Recursos de TIC: Os Recursos de TIC de propriedade ou sob a responsabilidade do/a <<empresa>> devem ser utilizados somente para fins profissionais, de modo lícito, ético e moral e conforme as regras do/a <<empresa>>.

4.7.2. Manutenção dos Ativos: A gestão dos ativos no/a <<empresa>> deve atender às recomendações dos fabricantes e desenvolvedores, sendo que qualquer necessidade de manutenção, atualização ou correção de falhas técnicas somente pode ser realizada pela **Área de TI**, de acordo com o tipo de ativo.

4.7.3. Inventário dos Ativos: O/A <<empresa>> deve realizar inventário de hardwares e softwares que possuir, devendo a **Área de TI** indicar as informações necessárias e ser a responsável pelo seu registro, armazenamento e atualização.

4.7.4. Dispositivos Móveis Corporativos: Os dispositivos móveis devem ser utilizados quando fornecidos ou autorizados prévia e expressamente pelo Diretor da Área/Gerência do colaborador e aprovado pela Diretoria, conforme a função do colaborador e as necessidades do negócio.

4.8. Uso dos Recursos de TIC/Dispositivos Móveis Particulares: Não é permitido o uso de Recursos de TIC/Dispositivos Móveis particulares na execução de qualquer atividade profissional, exceto quando autorizado e fundamentado pelo [NOME DO CARGO] e aprovado pelo [NOME DO CARGO/ÁREA].

4.9. Repositórios Digitais e Dispositivos Removíveis: É vedado aos colaboradores o uso de repositórios digitais ou dispositivos removíveis não autorizados ou homologados pelo/a <<empresa>> para armazenar ou transmitir informações de propriedade ou sob a responsabilidade do/a <<empresa>>.

4.10. Aplicativos de Comunicação Instantânea: O uso de aplicativos de comunicação instantânea para troca de informações corporativas deve atender as regras estabelecidas pela **Área de TI**.

4.11. Mídias Sociais: O uso das mídias sociais para realização das atividades profissionais em favor do/a <<empresa>> deve ocorrer somente quando necessário e de forma restrita aos objetivos do negócio, de acordo com o Código de Conduta e Ética vigente. Tais atividades devem ser executadas por meio dos Recursos de TIC do/a <<empresa>>.

4.11.1. Conduta do Colaborador no Uso das Mídias Sociais: O colaborador deve ser cauteloso, ético e seguro em relação à sua exposição de modo que não afete a reputação do/a <<empresa>>, a exemplo de rotinas, trajetos e contatos, além do dever de preservar o sigilo profissional nas mídias sociais.

4.12. Controle de Acesso: O/A <<empresa>> controla o acesso físico e lógico aos seus ambientes, ativos e informações. Desse modo, o colaborador recebeu uma identidade digital de uso individual, intransferível e, sempre que aplicável, de conhecimento exclusivo.

4.12.1. O colaborador é responsável pelo uso, proteção e sigilo de sua identidade digital, não sendo permitido compartilhar, revelar, salvar, replicar, publicar ou fazer uso não autorizado de suas credenciais, tal qual de terceiros.

4.12.2. Para garantir o controle de acesso aos ambientes físicos e lógicos do/a <<empresa>>, utiliza os critérios do mínimo conjunto necessário (*least privilege*) e estritamente necessários (*need to know*) ao definir os acessos de cada colaborador.

4.13. Ambientes Lógicos: Os sistemas e Recursos de TIC que suportam os processos e as informações do/a <<empresa>> devem ser confiáveis, íntegros, seguros e disponíveis a quem deles necessitem para execução de suas atividades profissionais. Para garantir a segurança acima estabelecida, o/a <<empresa>> utiliza os seguintes sistemas de proteção, ativos e atualizados:

4.13.1. Contra programas maliciosos e acessos indevidos, como antivírus e firewall;

4.13.2. Para indicar tentativas de intrusão realizada aos ambientes lógicos, como Sistemas de Detecção a Intrusão (Intrusion Detection Systems) ou IPS (Intrusion Protection Systems);

4.13.3. Contra mensagens eletrônicas indesejadas ou não autorizadas, como Antispam.

4.14. Ambientes Físicos: O/A <<empresa>> deve estabelecer perímetros de segurança para proteção de seus ativos, especialmente aqueles que processam ou armazenam informações/ativos críticos para o negócio, e implementar controles para identificação e registro de acessos aos seus ambientes.

4.15. Áudio, Vídeos e Imagens: É vedado aos colaboradores qualquer atividade relacionada a captura de áudio, vídeo ou imagens dentro das dependências do/a <<empresa>>, sem a prévia e formal autorização da **Área de Marketing**, exceto em eventos oficiais do/a <<empresa>>.

4.16. Contratação de Colaboradores e Prestadores de Bens e Serviços: As contratações em que ocorram o compartilhamento de informações de propriedade ou sob a responsabilidade do/a <<empresa>> ou a concessão de acesso aos seus ambientes ou ativos críticos, devem ser precedidos por termos de confidencialidade e cláusulas contratuais relacionadas à segurança da informação.

4.17. Desenvolvimento e Aquisição de Software: Tanto o desenvolvimento interno e externo de softwares como aquisições de mercado devem garantir o cumprimento dos requisitos de segurança da informação e controles de acesso previstos nesta **PSI** e demais Normas Complementares, além de serem realizadas somente pela **Área de TI**.

4.18. Salvaguarda (backup): O/A <<empresa>> mantém um processo de salvaguarda das informações e dos dados necessários para completa recuperação dos seus sistemas (backup), a fim de atender os requisitos operacionais e legais, além de garantir a continuidade do negócio em caso de falhas ou incidentes ou sua recuperação o mais rápido possível.

4.19. Análise dos Processos e Recursos de TIC: Os Gestores das Áreas devem analisar seus processos e Recursos de TIC, em intervalos regulares, visando assegurar que estejam devidamente inventariados e com seus gestores identificados e cientes, assim como suas vulnerabilidades e ameaças de segurança mapeadas.

4.20. Monitoramento: O/A <<empresa>> monitora seus ambientes físicos e lógicos, visando a eficácia dos controles implantados, a proteção de seu patrimônio, a reputação e a identificação de eventos ou alertas de incidentes referentes à segurança da informação.

4.20.1. Auditoria e Inspeção: O/A <<empresa>> pode auditar ou inspecionar os Recursos de TIC que estiverem em suas dependências ou que interajam com seus ambientes lógicos sempre que considerar necessário, atendendo aos princípios da proporcionalidade, razoabilidade e privacidade de seus proprietários ou portadores.

4.21. Gestão de Risco: A **Área de TI** deve identificar e avaliar os riscos relacionados à segurança da informação e adotar as melhores práticas para o seu gerenciamento.

4.22. Gestão de Mudança: O andamento e o resultado de uma mudança, principalmente nos sistemas e na infraestrutura tecnológica do/a <<empresa>>, devem preservar os controles relacionados a disponibilidade, integridade, sigilo e autenticidade das informações e realizados somente pela **Área de TI**.

4.23. Continuidade do Negócio: Os procedimentos de gestão de Continuidade do Negócio devem ser executados em conformidade com os requisitos de segurança da informação do/a <<empresa>>.

4.24. Investimentos: Os investimentos em segurança da informação no/a <<empresa>> devem ser estudados e deliberados pela **Área de TI** junto à Diretoria, alinhado com as áreas de negócio, considerando a viabilidade dos investimentos (custo x benefício) e os impactos de sua aplicação à qualidade dos processos de negócio.

4.25. Comitê de Segurança da Informação (CSI): O/A <<empresa>> deve estabelecer um CSI responsável por assessorar e gerenciar a implementação dos controles estabelecidos pelo SGSI, analisar questões específicas ao tema, auxiliar com a melhoria constante dos padrões e observância dos normativos de segurança da informação, além de tratar questões relacionadas ao uso indevido dos ativos do/a <<empresa>>, interno ou externo.

4.25.1. O CSI deve ser composto por uma equipe multidisciplinar, submetido à Diretoria do/a <<empresa>>, com atuação permanente, reunindo-se periodicamente, conforme a necessidade, para tratar de pautas relacionadas à segurança da informação.

4.26. Comunicação de Incidentes: O/A <<empresa>> possui um canal de comunicação divulgado aos seus colaboradores para reportar possíveis casos de incidentes de segurança da informação: [INFORMAR E-MAIL].

4.27. Proteção de Dados Pessoais: O/A <<empresa>> respeita a privacidade. Assim deve garantir a disponibilidade, integridade e confidencialidade dos dados pessoais, em todo o seu ciclo de vida, em qualquer formato de armazenamento ou suporte, tendo o mesmo nível de tratamento de informações confidenciais. O/A <<empresa>> deve avaliar as seguintes medidas de segurança da informação quanto ao tratamento de dados pessoais:

4.27.1. Tratamento autorizado nos termos da legislação de proteção de dados pessoais vigente;

4.27.2. Adoção de medidas de segurança para proteger os dados pessoais de acesso não autorizados, situações acidentais ou ilícitas de destruição, perda, alteração, comunicação ou tratamento inadequado ou ilícito;

4.27.3. Elaboração de plano de análise e resposta às violações de dados pessoais;

4.27.4. Armazenamento de modo seguro, controlado e protegido, especialmente quando se tratar de dados pessoais sensíveis;

4.27.5. Processos de anonimização e pseudonimização, sempre que necessário;

4.27.6. Protocolos de criptografia na transmissão e armazenamento, quando verificado necessário;

4.27.7. Registro lógico das operações de tratamento de dados pessoais;

4.27.8. Descarte seguro dos dados pessoais ao término de sua finalidade e sua conservação de acordo com as hipóteses legais e regulatórias;

4.27.9. Transferência aos Agentes de Tratamento de modo seguro e contratualmente previsto;

4.27.10. Mapeamento e manutenção de inventário de fluxos de dados pessoais;

4.27.11. Elaboração de relatórios de impacto à proteção de dados pessoais, quando necessário;

4.27.12. Gestão e tratamento adequado de incidentes que envolvam dados pessoais.

4.28. Capacitação: O/A <<empresa>> deve estabelecer um plano periódico e anual de capacitação direcionado ao desenvolvimento e manutenção das habilidades dos colaboradores sobre segurança da informação.

4.29. Revisão e Atualização: O/A <<empresa>> deve possuir e manter um programa de revisão/atualização desta **PSI** e das Normas Complementares sempre que se fizer necessário, desde que não exceda o período máximo de 12 (dozes) meses, visando à garantia que todos os requisitos de segurança técnicos e legais implementados estejam sendo cumpridos e atualizados.

4.30. Alterações: As alterações desta **PSI** e das Normas Complementares devem ser devidamente comunicadas aos colaboradores.

4.31. Exceções: As exceções somente são admitidas de forma excepcional a essa **PSI**, devendo ser temporárias e aprovadas previamente pelo Diretor para produzirem efeito.

4.31.1. Os pedidos de exceção devem ser encaminhados por escrito ao Gestor do colaborador e, se julgado pertinente, será remetido ao Diretor para análise de viabilidade. Se necessário, o pedido de exceção será submetido à Diretoria Executiva para aprovação ou denegação.

4.31.2. As exceções podem ser revogadas a qualquer tempo por mera liberalidade do Gestor do colaborador ou do Diretor, devendo as Áreas relacionadas serem informadas imediatamente da denegação por quem a fez para providências, sob pena de responsabilização de quem se omitiu de eventuais prejuízos sofridos pelo/a <<empresa>>, seus clientes ou terceiros.

4.32. Dúvidas: Qualquer dúvida relativa a esta **PSI** deve ser encaminhada à Área de Tecnologia da Informação por meio do endereço eletrônico: [INDICAR O E-MAIL].

5. PENALIDADES

5.1. Violações: Qualquer atividade que desrespeite as diretrizes estabelecidas nesta **PSI** ou em quaisquer dos documentos complementares do/a <<empresa>> deve ser considerada como uma violação e tratada pelo CSI a fim de apurar as responsabilidades dos envolvidos de acordo com as "Medidas Disciplinares" do/a <<empresa>>, visando aplicação de sanções cabíveis previstas em cláusulas contratuais e na legislação vigente.

5.2. Tentativa de Burla: A tentativa de burlar as diretrizes e controles estabelecidos, quando constatada, deve ser tratada como uma violação.

6. RESPONSABILIDADES

6.1. Diretoria

6.1.1. Analisar, aprovar e declarar formalmente o seu comprometimento com esta **PSI**;

6.1.2. Aprovar os investimentos em segurança da informação no/a <<empresa>>, considerando a viabilidade e os impactos de sua aplicação à qualidade dos processos de negócio;

6.1.3. Analisar e aprovar, ou não, as exceções de forma excepcional a essa **PSI**.

6.2. Comitê de Segurança da Informação – CSI

6.2.1. Estar ciente desta **PSI** e demais documentos complementares do/a <<empresa>>;

6.2.2. Analisar e aprovar esta **PSI** e demais Normas Complementares;

6.2.3. Promover e realizar a gestão do SGSI, garantindo a implementação de controles, modelos, padrões e recursos necessários para a proteção da informação;

6.2.4. Promover cultura de segurança da informação no/a <<empresa>>;

6.2.5. Analisar e priorizar ações necessárias, balanceando custo e benefício;

6.2.6. Auxiliar, sempre que necessário, a área de **Gestão de Pessoas** na capacitação dos colaboradores em segurança de informação;

6.2.7. Orientar para que as atividades desempenhadas pela **Área de TI** estejam adequadas ao negócio do/a <<empresa>>;

6.2.8. Aprovar os investimentos em segurança da informação no/a <<empresa>> juntamente com a Diretoria, considerando a viabilidade e os impactos de sua aplicação à qualidade dos processos de negócio;

6.2.9. Analisar os incidentes de segurança da informação reportados e submeter relatório para deliberação da Diretoria, sempre que necessário;

6.2.10. Instaurar, quando couber, procedimento disciplinar para apuração de responsabilidades dos envolvidos em violações de segurança da informação, e aplicar as penalidades, quando necessário.

6.3. Área de TI

6.3.1. Fazer cumprir esta **PSI** e demais documentos complementares por todos os colaboradores do/a <<empresa>>;

6.3.2. Identificar e avaliar os riscos relacionados à segurança da informação e propor melhorias e recursos necessários às ações de segurança da informação;

6.3.3. Realizar e acompanhar estudos de tecnologias, com o apoio do Comitê de Segurança da Informação, quanto a possíveis impactos na segurança da informação;

6.3.4. Elaborar e manter atualizado os documentos que compõem o SGSI, além de submetê-los à aprovação da Diretoria ou do CSI;

6.3.5. Propor, junto com o CSI, normas e procedimentos internos relativos à segurança da informação no/a <<empresa>>;

6.3.6. Realizar a gestão, manutenção e administração dos Recursos de TIC de propriedade ou sob a responsabilidade do/a <<empresa>>;

6.3.7. Garantir que todos os Recursos de TIC utilizados no/a <<empresa>> atendam as recomendações de seus fabricantes ou desenvolvedores;

6.3.8. Definir, analisar e priorizar ações necessárias, balanceando custo e benefício;

6.3.9. Realizar o registro e o monitoramento dos acessos aos ambientes lógicos do/a <<empresa>>;

6.3.10. Disponibilizar e realizar a gestão das identidades digitais de acesso ao ambiente lógico do/a <<empresa>>;

6.3.11. Analisar ou auxiliar na análise dos incidentes de segurança da informação reportados;

6.3.12. Avaliar se os requisitos de segurança da informação estão presentes antes da aquisição, manutenção ou desenvolvimento de softwares;

6.3.13. Garantir andamento e o resultado de mudanças preservem os controles relacionados à disponibilidade, integridade, confidencialidade, autenticidade e legalidade das informações, sobretudo nos sistemas e na infraestrutura tecnológica do/a <<empresa>>;

6.3.14. Garantir a rápida recuperação em situações de contingência de seus sistemas e processos que envolvam os Recursos de TIC do/a <<empresa>>;

6.3.15. Elaborar e/ou manter procedimentos de salvaguarda das informações e dos dados necessários para recuperação dos sistemas do/a <<empresa>>;

6.3.16. Assegurar que os procedimentos de Gestão da Continuidade do Negócio sejam executados em conformidade com os requisitos de segurança da informação;

6.3.17. Auxiliar a área de **Gestão de Pessoas** na capacitação dos colaboradores em segurança de informação.

6.4. Área Jurídica

6.4.1. Participar, apoiar e orientar, de acordo com os aspectos jurídicos, os processos de contratação e as exigências legislativas relacionadas à segurança da informação;

6.4.2. Validar as minutas que devem atender aos controles de segurança da informação aplicáveis aos contratos.

6.5. Área de Gestão de Pessoas

6.5.1. Realizar campanhas de capacitação e divulgação da segurança da informação;

6.5.2. Estipular controles de segurança especificamente relacionados aos processos de contratação, encerramento e modificação das atividades dos colaboradores;

6.5.3. Garantir a publicidade e disponibilidade dos documentos que compõe o SGSI no/a <<empresa>>;

6.5.4. Disponibilizar os normativos do/a <<empresa>>, além de custodiar e colher assinatura do "Termo de Ciência e Responsabilidade" na admissão de novos colaboradores.

6.6. Área de Marketing e Comunicação

6.6.1. Autorizar ou não, o uso das marcas, identidade visual e qualquer outro sinal distintivo atual ou futuro do/a <<empresa>>;

6.6.2. Autorizar ou não, a gravação de áudio, vídeo ou foto das dependências do/a <<empresa>>.

6.7. Gestor da Informação

6.7.1. Autorizar ou não, a revelação de qualquer informação de propriedade ou sob a responsabilidade do/a <<empresa>>;

6.7.2. Identificar violações ou qualquer ação duvidosa praticada pelos colaboradores no uso da informação do/a <<empresa>> e comunicar ao CSI e ao Gestor do colaborador.

6.8. Gestor do Colaborador

6.8.1. Garantir e gerenciar o cumprimento desta **PSI** e demais documentos complementares pelos seus colaboradores;

6.8.2. Identificar e medir as vulnerabilidades e ameaças nos processos e atividades de sua responsabilidade, as quais devem ser tratadas diligentemente de modo a reduzir os impactos ao negócio;

6.8.3. Autorizar, ou não, a utilização de Recursos de TIC ou dispositivos móveis particulares por seus colaboradores para execução de qualquer atividade profissional no/a <<empresa>>;

6.8.4. Garantir que os ativos de propriedade ou sob a responsabilidade do/a <<empresa>> sejam utilizados com cuidado e de acordo com as orientações do fabricante e do/a <<empresa>>;

6.8.5. Aplicar, após definição com a área de Gestão de Pessoas, as sanções de violação desta **PSI** e documentos complementares;

6.8.6. Identificar incidentes de segurança da informação ou qualquer ação duvidosa praticada por seus colaboradores, comunicando o CSI imediatamente.

6.9. Colaboradores

6.9.1. Estar ciente e manter-se atualizado com esta PSI e demais documentos complementares;

6.9.2. Conhecer e assinar o "Termo de Ciência e Responsabilidade";

6.9.3. Utilizar os ativos de propriedade do/a <<empresa>> ou sob sua responsabilidade de acordo com as orientações do fabricante, do desenvolvedor e do/a <<empresa>>, com cuidado e zelo;

6.9.4. Utilizar os ativos e informações do/a <<empresa>> somente para fins profissionais, de forma ética e legal, respeitando os direitos e as permissões de uso concedidas;

6.9.5. Preservar a integridade, a disponibilidade, a confidencialidade, autenticidade e a legalidade das informações acessadas ou manipuladas, não as utilizando, enviando, transmitindo ou compartilhando indevidamente, em qualquer local ou mídia, inclusive na Internet;

6.9.6. Não revelar qualquer informação de propriedade ou sob a responsabilidade do/a <<empresa>> sem a prévia e formal autorização;

6.9.7. Utilizar as marcas e outros sinais distintivos, patentes, desenhos industriais, softwares e demais direitos de propriedade intelectual de titularidade do/a <<empresa>> somente para finalidades profissionais e autorizadas pelo/a <<empresa>>, de acordo com a atividade e função exercida;

6.9.8. Zelar pela segurança da sua identidade digital, não compartilhando, divulgando ou transferindo a terceiros;

6.9.9. Responder por toda e qualquer atividade realizada nos Recursos de TIC do/a <<empresa>> realizada mediante o uso de sua identidade digital;

6.9.10. Cumprir a legislação nacional vigente e demais instrumentos regulamentares relacionados às atividades profissionais;

6.9.11. Reportar formalmente ao seu Gestor quaisquer eventos relativos à violação ou possibilidade de violação de segurança ou atividades suspeitas.

7. DISPOSIÇÕES FINAIS

7.1. O presente documento deve ser lido e interpretado sob a égide das leis brasileiras, no idioma português, em conjunto com as Normas e Procedimentos aplicáveis pelo/a <<empresa>>.

7.2. Esta **PSI** bem como as demais Normas e Procedimentos do/a <<empresa>> encontram-se disponíveis na Intranet ou, em caso de indisponibilidade, podem ser solicitadas para a **Área de TI**.

7.3. Esta **PSI** entra em vigor na data de sua publicação.

8. TERMOS E DEFINIÇÕES

Ameaça: Causa potencial de um incidente indesejado, que pode resultar em dano ao/à <<empresa>>.

Aplicativos de Comunicação: Conjunto de código e instruções compiladas, executados ou interpretados por um Recurso de Tecnologia da Informação e Comunicação, armazenados em um dispositivo ou na nuvem, que são usados para troca rápida de mensagens, conteúdos e informações multimídia.

Ativo: É qualquer coisa que tenha valor para o/a <<empresa>> e precisa ser adequadamente protegido.

Ativo Intangível: Todo elemento que possui valor para o/a <<empresa>> e que esteja em suporte digital ou se constitua de forma abstrata, mas registrável ou perceptível, a exemplo, mas não se limitando à dados, reputação, imagem, marca e conhecimento.

Autenticidade: Garantia de que a informação é procedente e fidedigna, sendo capaz de gerar evidências não repudiáveis da identificação de quem a criou, editou ou emitiu.

Backup: Salvaguarda de informações, realizada por meio de reprodução e/ou espelhamento de uma base de arquivos, com a finalidade de plena capacidade de recuperação em caso de incidente ou necessidade de *restore*, ou ainda, constituição de infraestrutura de acionamento imediato em caso de incidente ou necessidade justificada do/a <<empresa>>.

Colaborador: Empregado, estagiário, prestador de serviço, terceirizado, fornecedor, menor aprendiz ou qualquer outro indivíduo ou organização que venham a ter relacionamento profissional, direta ou indiretamente, com o/a <<empresa>>.

Confidencialidade: Garantia de que as informações sejam acessadas somente por aqueles expressamente autorizados e que sejam devidamente protegidas do conhecimento alheio.

Disponibilidade: Garantia de que as informações e os Recursos de Tecnologia da Informação e Comunicação estejam disponíveis sempre que necessário e mediante a devida autorização para seu acesso ou uso.

Dispositivos Móveis: equipamentos que podem ser facilmente transportados devido a sua portabilidade, com capacidade de registro, armazenamento ou processamento de informações, além da possibilidade de estabelecer conexões com a Internet e outros sistemas, redes ou qualquer dispositivo.

Dispositivos Removíveis de Armazenamento de Informação: Dispositivos capazes de armazenar informações que pode ser removida do equipamento, possibilitando a portabilidade dos dados, como CD, DVD e pen drive.

Gestor da informação: Colaborador responsável pela criação/recebimento, classificação, divulgação, compartilhamento, eliminação e destruição da informação. Também é incumbido da gestão de validação, liberação e cancelamento dos acessos à informação destes. Vale ressaltar que tais atividades podem ser delegadas para outro colaborador, desde que concedidas pelo Gestor da informação.

Homologação: Processo de avaliação e aprovação técnica de Recursos de Tecnologia da Informação e Comunicação para serem utilizados dentro do ambiente do/a <<empresa>>.

Identidade Digital: É a identificação do colaborador em ambientes lógicos, sendo composta por seu nome de usuário (login) e senha ou por outros mecanismos de identificação e autenticação como crachá magnético, certificado digital, token e biometria.

Incidente de Segurança da Informação e Comunicação: Ocorrência identificada de um estado de sistema, dados, informações, serviço ou rede, que indica possível violação à Política de Segurança da Informação ou Normas

Complementares, falha de controles ou situação previamente desconhecida, que possa ser relevante à segurança da informação.

Informação: Conjunto de dados que, processados ou não, podem ser utilizados para produção, transmissão e compartilhamento de conhecimento, contidos em qualquer meio, suporte ou formato.

Integridade: Garantia de que as informações estejam íntegras durante o seu ciclo de vida.

Internet: Rede mundial de computadores interconectada pelo protocolo TCP/IP cuja infraestrutura tem caráter aberto e colaborativo, acessível por meio de dispositivos com conexão e autorizações suficientes e que permite obter informação de qualquer outro dispositivo que também esteja conectado à rede, desde que configurado adequadamente.

Legalidade: Garantia de que todas as informações sejam criadas e gerenciadas de acordo com as disposições do Ordenamento Jurídico em vigor.

Recursos de Tecnologia da Informação e Comunicação (Recursos de TIC): hardware, software, serviços de conexão e comunicação ou de infraestrutura física necessários para criação, registro, armazenamento, manuseio, transporte, compartilhamento e descarte de informações.

Repositórios Digitais (*Cyberlockers*): Plataformas de armazenamento na Internet, a exemplo de Google Drive, OneDrive, Dropbox, iCloud, Box, SugarSync, Slideshare e Scribd.

Risco: Combinação da probabilidade da concretização de uma ameaça e seus potenciais impactos.

Segurança da Informação: é a preservação da confidencialidade, integridade, disponibilidade, legalidade e autenticidade da informação. Visa proteger a informação dos diversos tipos de ameaças para garantir a continuidade dos negócios, minimizar os danos aos negócios, maximizar o retorno dos investimentos e de novas oportunidades de transação.

Tentativa de Burla: Atos que busquem violar as diretrizes estabelecidas nos documentos normativos do/a <<empresa>> e sejam frustrados por erro durante o planejamento ou durante sua execução.

Violação: Qualquer atividade que desrespeite as regras estabelecidas nos documentos normativos do/a <<empresa>>.

9. TERMO DE CIÊNCIA E RESPONSABILIDADE

Formato Disclaimer (para ciência eletrônica)

Deve ser coletada a ciência do colaborador por meio de barreira de navegação no login da rede ou publicado na Intranet com envio para o correio eletrônico corporativo de todos, conforme descrito abaixo:

> **Termo de Ciência e Responsabilidade**
>
> Confirmo que estou ciente do conteúdo da Política de Segurança da Informação do/a <<empresa>>, e reafirmo meu dever de cumprir, disseminar e manter-me sempre atualizado com as regras lá estabelecidas.

Formato Impresso (para assinatura)

> **Termo de Ciência e Responsabilidade**
>
> Eu, _____, pelo presente, confirmo que estou ciente do conteúdo da Política de Segurança da Informação do/a <<empresa>>, e reafirmo meu dever de cumprir, disseminar e manter-me sempre atualizado com as regras lá estabelecidas.
>
> _____, __/__/____
> Local, Data
>
> _____
> Assinatura do Colaborador
> Código de Crachá do Colaborador

3. MODELO DE POLÍTICA DE PRIVACIDADE E PROTEÇÃO DE DADOS (PARA PLATAFORMA)

Versão Simplificada

Olá, seja bem-vindo(a)! A Empresa XXXXX registada no Brasil sob o n.º XXXXX e com sede social em XXXXX, (doravante "**XXXX**") exerce a atividade através do seu site www.xxxx.com ("o Site").

Quando você utiliza nossos serviços está fornecendo algumas informações para que possamos atingir as suas expectativas também com relação à qualidade de nosso atendimento, bem como para que possamos realizar comunicações necessárias para conduzir nosso relacionamento atual e futuro.

Assim, entendemos que também nos está confiando a proteção de suas informações e isso é uma grande responsabilidade para nós.

Você está aqui para saber quais dados coletamos, para que utilizamos e como estamos fazendo isso; para isso detalhamos abaixo nossa Política de

Privacidade e Proteção de Dados (Política). Por favor, leia esse documento atentamente, pois ele lhe ajudará a gerenciar melhor todos os seus direitos, conforme a nova lei brasileira 13.709/2018 (LGPD).

1. **DADOS QUE COLETAMOS**

Na tabela abaixo trazemos uma lista dos dados que coletamos e as finalidades de tratamento.

> **PODEMOS COLETAR OU VOCÊ PODERÁ NOS FORNECER** seu nome completo, seu CPF, RG, endereço, e-mail, telefone (de preferência o celular), número de cartão de crédito ou outro meio de pagamento, para fins de sua identificação e de execução do contrato. Além disso, podemos coletar ou você poderá nos fornecer os seus dados de contato, tais como telefones e e-mail para prestarmos nossos serviços e realizar o seu atendimento. Também coletamos, caso necessário, algumas informações técnicas do seu dispositivo, tais como, endereço IP e Porta Lógica de Origem, registros de data e horário de cada ação que você realizar, telas acessadas, ID da sessão e Cookies, visando confirmar acesso aos cursos, ampliar o nosso relacionamento, enviar ofertas e comunicados de novos cursos, lembretes de calendários, divulgar promoções e descontos de parceiros, cumprir com obrigações legais e alertas de segurança.

> Usamos esses dados, também, para informar sobre novidades, funcionalidades, conteúdos, notícias e eventos relacionados aos nossos serviços. Além disso, os dados também são utilizados para a sua proteção, seja para cumprir obrigações legais e assim assegurar seus direitos ou até mesmo para prevenir alguma fraude.

Além disso, esclarecemos as finalidades específicas que precisaremos tratar os seus dados (cumprir obrigações legais, atender suas expectativas e otimizar nossa relação). Para realizar nosso serviço nós também precisamos compartilhar seus dados com nossos parceiros, e pode haver a internacionalização dos dados devido ao uso de recurso de computação em nuvem!

2. **PRAZO E LOCAL DE ARMAZENAMENTO DOS DADOS**

Nós armazenamos seus dados por períodos diferentes, utilizando diversas tecnologias, de acordo com a natureza do dado e de acordo com determinações legais. Seus dados serão armazenados pelo prazo em que durar a nossa relação, ou que você requisite o apagamento ou ainda que decorram todos os prazos legais de guarda, findo os quais, serão definitivamente eliminados.

3. ACESSIBILIDADE DOS DADOS PESSOAIS

Você pode exportar uma cópia das suas informações ou excluí-las a qualquer momento, desde que não envolvam informações relacionadas a segredo comercial ou não haja impeditivos legais para tanto.

4. CANAL DE CONTATO

Em caso de qualquer dúvida com relação às disposições da Política, você poderá entrar em contato por meio do endereço eletrônico https://XXXXXX/contato/ ou falar com nosso DPO (encarregado de dados): XXXXX (e-mail).

ANEXO 2 –
"Patente: US4405829A"

Resumo: Um sistema e método de comunicação criptográfica. O sistema inclui um canal de comunicação acoplado a pelo menos um terminal com um dispositivo de codificação e a pelo menos um terminal com um dispositivo de decodificação. Uma mensagem a ser transferida é codificada para texto cifrado no terminal de codificação, codificando primeiro a mensagem como um número M em um conjunto predeterminado e, em seguida, aumentando esse número para uma primeira potência predeterminada (associada ao receptor pretendido) e, finalmente, computando o restante, ou resíduo, C, quando o número exponenciado é dividido pelo produto de dois números primos predeterminados (associados ao receptor pretendido). O resíduo C é o texto cifrado. O texto cifrado é decifrado para a mensagem original no terminal de decodificação de maneira semelhante, aumentando o texto cifrado para uma segunda potência predeterminada (associada ao receptor pretendido) e calculando o resíduo M', quando o texto cifrado exponenciado é dividido pelo produto dos dois números primos predeterminados associados ao receptor pretendido. O resíduo M' corresponde à mensagem original codificada M.

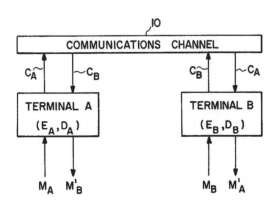

FIG. 1

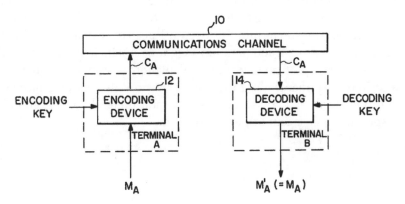

FIG. 2

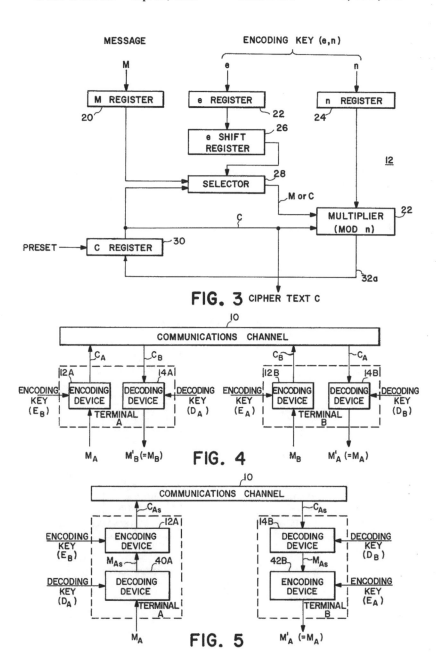

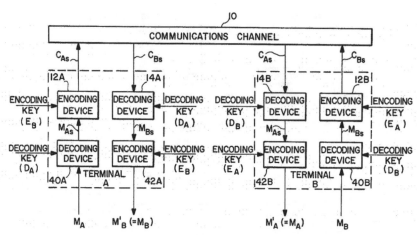

FIG. 6

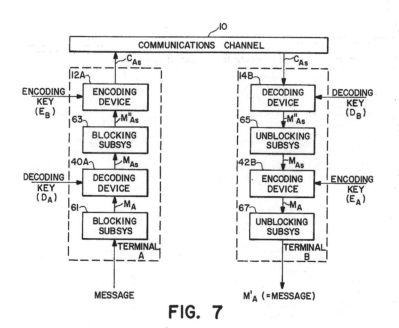

FIG. 7

ANEXO 3

Norma ISO	Tema
ISO/IEC 27000:2018	Tecnologia da informação – Técnicas de segurança – Sistemas de gestão de segurança da informação – Visão geral e vocabulário
ISO/IEC 27001:2013	Tecnologia da informação – Técnicas de segurança – Sistemas de gestão de segurança da informação – Requisitos
ISO/IEC 27002:2013	Tecnologia da informação – Técnicas de segurança – Código de prática para controles de segurança da informação
ISO/IEC 27003:2017	Tecnologia da informação – Técnicas de segurança – Sistemas de gestão de segurança da informação – Orientação
ISO/IEC 27004:2016	Tecnologia da informação – Técnicas de segurança – Gestão da segurança da informação – Monitoramento, medição, análise e avaliação
ISO/IEC 27005:2018	Tecnologia da informação – Técnicas de segurança – Gerenciamento de riscos de segurança da informação
ISO/IEC 27006:2015	Tecnologia da informação – Técnicas de segurança – Requisitos para organismos que fornecem auditoria e certificação de sistemas de gestão de segurança da informação
ISO/IEC 27007:2020	Segurança da informação, cibersegurança e proteção da privacidade – Diretrizes para auditoria de sistemas de gerenciamento de segurança da informação
ISO/IEC 27009:2020	Segurança da informação, cibersegurança e proteção da privacidade – Aplicação específica do setor da ISO / IEC 27001 – Requisitos

Norma ISO	Tema
ISO/IEC 27010:2015	Tecnologia da informação – Técnicas de segurança – Gestão da segurança da informação para comunicações intersetoriais e interorganizacionais
ISO/IEC 27011:2016	Tecnologia da informação – Técnicas de segurança – Código de prática para controles de segurança da informação com base na ISO / IEC 27002 para organizações de telecomunicações
ISO/IEC 27013:2015	Tecnologia da informação – Técnicas de segurança – Orientação sobre a implementação integrada da ISO / IEC 27001 e ISO / IEC 20000-1
ISO/IEC 27014:2013	Tecnologia da informação – Técnicas de segurança – Governança da segurança da informação
ISO/IEC 27017:2015	Tecnologia da informação – Técnicas de segurança – Código de prática para controles de segurança da informação com base na ISO / IEC 27002 para serviços em nuvem
ISO/IEC 27018:2019	Tecnologia da informação – Técnicas de segurança – Código de prática para proteção de informações de identificação pessoal (PII) em nuvens públicas agindo como processadores de PII
ISO/IEC 27019:2017	Tecnologia da informação – Técnicas de segurança – Controles de segurança da informação para a indústria de energia
ISO/IEC 27021:2017	Tecnologia da informação – Técnicas de segurança – Requisitos de competência para profissionais de sistemas de gestão de segurança da informação
ISO/IEC 27031:2011	Tecnologia da informação – Técnicas de segurança – Diretrizes para prontidão da tecnologia da informação e comunicação para a continuidade dos negócios
ISO/IEC 27032:2012	Tecnologia da informação – Técnicas de segurança – Diretrizes para cibersegurança
ISO/IEC 27033-1:2015	Tecnologia da informação – Técnicas de segurança – Segurança de rede – Parte 1: Visão geral e conceitos

Norma ISO	Tema
ISO/IEC 27033-2:2012	Tecnologia da informação – Técnicas de segurança – Segurança de rede – Parte 2: Diretrizes para o projeto e implementação de segurança de rede
ISO/IEC 27033-3:2010	Tecnologia da informação – Técnicas de segurança – Segurança de rede – Parte 3: Cenários de rede de referência – Ameaças, técnicas de *design* e problemas de controle
ISO/IEC 27033-4:2014	Tecnologia da informação – Técnicas de segurança – Segurança de rede – Parte 4: Protegendo as comunicações entre redes usando *gateways* de segurança
ISO/IEC 27033-5:2013	Tecnologia da informação – Técnicas de segurança – Segurança de rede – Parte 5: Protegendo as comunicações em redes usando Redes Privadas Virtuais (VPNs)
ISO/IEC 27033-6:2016	Tecnologia da informação – Técnicas de segurança – Segurança de rede – Parte 6: Protegendo o acesso à rede IP sem fio
ISO/IEC 27034-1:2011	Tecnologia da informação – Técnicas de segurança – Segurança de aplicativos – Parte 1: Visão geral e conceitos
ISO/IEC 27034-2:2015	Tecnologia da informação – Técnicas de segurança – Segurança de aplicativos – Parte 2: Estrutura normativa da organização
ISO/IEC 27034-3:2018	Tecnologia da informação – Segurança de aplicativos – Parte 3: Processo de gerenciamento de segurança de aplicativos
ISO/IEC 27034-5:2017	Tecnologia da informação – Técnicas de segurança – Segurança de aplicativos – Parte 5: Protocolos e estrutura de dados de controles de segurança de aplicativos
ISO/IEC 27034-6:2016	Tecnologia da informação – Técnicas de segurança – Segurança de aplicativos – Parte 6: estudos de caso
ISO/IEC 27034-7:2018	Tecnologia da informação – Segurança de aplicativos – Parte 7: Estrutura de previsão de garantia
ISO/IEC 27035-1:2016	Tecnologia da informação – Técnicas de segurança – Gerenciamento de incidentes de segurança da informação – Parte 1: Princípios de gerenciamento de incidentes

Norma ISO	Tema
ISO/IEC 27035-2:2016	Tecnologia da informação – Técnicas de segurança – Gerenciamento de incidentes de segurança da informação – Parte 2: Diretrizes para planejar e se preparar para a resposta a incidentes
ISO/IEC 27036-1:2014	Tecnologia da informação – Técnicas de segurança – Segurança da informação para relacionamentos com fornecedores – Parte 1: Visão geral e conceitos
ISO/IEC 27036-2:2014	Tecnologia da informação – Técnicas de segurança – Segurança da informação para relacionamentos com fornecedores – Parte 2: Requisitos
ISO/IEC 27036-3:2013	Tecnologia da informação – Técnicas de segurança – Segurança da informação para relacionamentos com fornecedores – Parte 3: Diretrizes para segurança da cadeia de suprimentos de tecnologia da informação e comunicação
ISO/IEC 27036-4:2016	Tecnologia da informação – Técnicas de segurança – Segurança da informação para relacionamentos com fornecedores – Parte 4: Diretrizes para segurança de serviços em nuvem
ISO/IEC 27037:2012	Tecnologia da informação – Técnicas de segurança – Diretrizes para identificação, coleta, aquisição e preservação de evidências digitais
ISO/IEC 27038:2014	Tecnologia da informação – Técnicas de segurança – Especificação para edição digital
ISO/IEC 27039:2015	Tecnologia da informação – Técnicas de segurança – Seleção, implantação e operações de sistemas de detecção e prevenção de intrusão (IDPS)
ISO/IEC 27040:2015	Tecnologia da informação – Técnicas de segurança – Segurança de armazenamento
ISO/IEC 27041:2015	Tecnologia da informação – Técnicas de segurança – Orientação sobre como garantir a adequação e adequação do método de investigação de incidentes
ISO/IEC 27042:2015	Tecnologia da informação – Técnicas de segurança – Diretrizes para a análise e interpretação de evidências digitais

Norma ISO	Tema
ISO/IEC 27043:2015	Tecnologia da informação – Técnicas de segurança – Princípios e processos de investigação de incidentes
ISO/IEC 27050-1:2019	Tecnologia da informação – descoberta eletrônica – Parte 1: Visão geral e conceitos
ISO/IEC 27050-2:2018	Tecnologia da informação – Descoberta eletrônica – Parte 2: Orientação para governança e gerenciamento de descoberta eletrônica
ISO/IEC 27050-3:2020	Tecnologia da informação – Descoberta eletrônica – Parte 3: Código de prática para descoberta eletrônica
ISO/IEC 27102:2019	Gestão da segurança da informação – Diretrizes para ciberseguro
ISO/IEC 27701:2019	Técnicas de segurança – Extensão para ISO / IEC 27001 e ISO / IEC 27002 para gerenciamento de informações de privacidade – Requisitos e diretrizes
ISO/IEC TR 27016:2014	Tecnologia da informação – Técnicas de segurança – Gestão da segurança da informação – Economia organizacional
ISO/IEC TR 27023:2015	Tecnologia da informação – Técnicas de segurança – Mapeamento das edições revisadas da ISO / IEC 27001 e ISO / IEC 27002
ISO/IEC TR 27103:2018	Tecnologia da informação – Técnicas de segurança – Segurança cibernética e padrões ISO e IEC
ISO/IEC TR 27550:2019	Tecnologia da informação – Técnicas de segurança – Engenharia de privacidade para processos do ciclo de vida do sistema
ISO/IEC TS 27008:2019	Tecnologia da informação – Técnicas de segurança – Diretrizes para avaliação dos controles de segurança da informação
ISO/IEC TS 27034-5-1:2018	Tecnologia da informação – Segurança de aplicativos – Parte 5-1: Protocolos e estrutura de dados de controles de segurança de aplicativos, esquemas XML